関西学院大学研究叢書　第198編

伊勢田 道仁〔著〕
Iseda Michihito

内部統制と
会社役員の法的責任

中央経済社

はしがき

　法令遵守や財務報告の信頼性確保のため構築される内部統制システムは，すでに多くの日本企業において一般化している。ところが最近では複数の上場企業において入札談合や不正会計などの不祥事が発覚し，日本企業に対する信頼性が根本から揺らいでいる。これらの大企業では十分な内部統制システムができているはずなのに，なぜこのようなことが起きるのだろうか。

　コンプライアンスを推進してきたが，内部統制システムは日本の企業風土に合っていないのではないか，という意見も一部には根強い。たしかに，これほど人気のない制度も珍しい。性悪説に立った複雑で面倒な手続きは，業務の効率性を引き下げる要因になることもあるだろう。しかし，企業が利益追求に偏重することなく遵法経営を行うためには一定の内部統制システムが必要であることは否定できない。本来必要である制度が十分に機能していないのは，内部統制システムの意義が明確でないことにも一因があるのではないだろうか。これだけ内部統制が普及しているにもかかわらず，法律上，どのような利益を守るために，誰が，何を，どの程度まで行えば良いのかは実は必ずしも明らかではない。内部統制システムに関する実務書をみても詳細な手続きが説明されているだけで，一向に理解は深まらない。従業員としては，上層部から意味不明のルールが押しつけられ，やむなく従っているのであろう。それでは制度運営に魂が入らないのも不思議ではない。

　本書は，内部統制と役員の法的責任という視点から，錯綜する判例・学説の状況を整理し，比較法的な視点も参考にしつつ，理論的研究を行ったものである。筆者がもっとも伝えたかったことはつぎのとおりである。

　株式会社は個人では不可能なことを実現できる素晴らしい仕組みである。同時に，それは巨大組織として世の中に多大な影響力を持つようになり，時折，暴走を始めることもある。人々の利益のために作られた仕組みが人々の生命・健康を脅かしたり，財産に損害を与えたりすることは望ましくない。法人の内部統制は人間の良心や自己規律にあたるものであり，株式会社が社会において

事業活動をしていくためには必要不可欠のものである。したがって，巨大組織である株式会社を動かすにあたり，経営者は適切な内部統制システムを構築・運営する法的義務を果たしていかなければならない。

　内部統制と会社役員の法的責任は，筆者が研究をはじめて以来，重要なテーマのひとつであった。研究書としてまとめるまでに思いのほか長い時間を要したが，本書が内部統制の法的意義について理解を深め法発展の一助となることができれば誠に幸いである。最後に，本書が世に出るにあたっては中央経済社の露本敦氏にお世話になった。また，勤務先の関西学院大学からは出版助成金を頂いた。ここに記して，心から感謝の意を表したい。

2018年3月

伊勢田　道仁

目　次

序　章

第1節　本書の検討対象 ──────────────── 1
 1．内部統制とは ………………………………………… 1
 2．本書の構成 …………………………………………… 7
第2節　本書の分析方法 ──────────────── 10
 1．会社役員等の善管注意義務違反 …………………… 10
 2．分析のスタンス ……………………………………… 11

第1章　内部統制システムの意義と目的

第1節　本章の課題 ──────────────────── 15
第2節　日本法 ───────────────────── 16
 1．取締役の監視義務 …………………………………… 16
 2．中規模以上の会社における取締役の監視義務 …… 19
 3．会社法・金融商品取引法による内部統制システム構築の要請 … 26
 4．法令遵守体制構築義務の拡大 ……………………… 30
 5．日本法のまとめ ……………………………………… 36
第3節　アメリカ法 ─────────────────── 37
 1．取締役の監視義務 …………………………………… 37
 2．内部統制システム構築義務の否定 ………………… 44
 3．社会的背景の変化 …………………………………… 47
 4．内部統制システム構築義務の肯定 ………………… 52
 5．事業リスク管理体制との区別 ……………………… 56
 6．アメリカ法のまとめ ………………………………… 59
第4節　本章の結論 ──────────────────── 60

第2章　内部統制システムに関する義務を負う者

第1節　本章の課題 ─────────────── 63
第2節　従来型の株式会社における内部統制 ─── 64
1. 総説 ··· 64
2. 取締役会および取締役 ································ 64
3. 代表取締役および業務執行取締役 ··············· 68
4. 監査役 ··· 70
5. 会計監査人 ··· 76
6. 小括 ·· 81

第3節　委員会設置会社における内部統制 ──── 82
1. 総説 ··· 82
2. 内部統制部門を利用した監督 ····················· 82
3. 社外取締役の内部統制に関する義務 ············ 84
4. 小括 ·· 87

第4節　企業グループにおける内部統制 ─────── 88
1. 総説 ··· 88
2. 判例 ··· 88
3. 会社法および省令の改正 ···························· 92
4. 親会社取締役の子会社監視義務 ················· 93
5. 小括 ·· 94

第5節　信頼の権利 ────────────── 95
1. 総説 ··· 95
2. 判例 ··· 95
3. 信頼の権利の前提としての内部統制システム ··· 98
4. 小括 ·· 99

第6節　本章の結論 ────────────── 99

第3章　内部統制システムの法的水準

第1節　本章の課題 ── 101
第2節　日本法 ── 102
1. 取締役の善管注意義務違反の構造 ── 102
2. 平常時の内部統制システム ── 104
3. 異状発生時の内部統制 ── 122
4. 日本法のまとめ ── 129

第3節　アメリカ法 ── 130
1. 裁判手続きの特徴 ── 130
2. 平常時の内部統制システム ── 134
3. 異状発生時の内部統制システム ── 138
4. アメリカ法のまとめ ── 144

第4節　本章の結論 ── 145

第4章　不実開示の防止と内部統制システム

第1節　本章の課題 ── 147
第2節　日本法 ── 148
1. 金商法における民事責任制度の機能 ── 148
2. 発行会社の責任 ── 151
3. 発行会社の役員の責任 ── 153
4. 公認会計士・監査法人の注意義務 ── 158
5. 日本法のまとめ ── 165

第3節　アメリカ法 ── 166
1. 総説 ── 166
2. 開示書類の虚偽記載に対する民事責任制度の概要 ── 167

3．相当な注意の抗弁 ──────────────────────── 169
　4．アメリカ法のまとめ ──────────────────── 184
第4節　本章の結論 ────────────────────────── 185

第5章　法令違反行為と取締役の責任

第1節　本章の課題 ────────────────────────── 187
第2節　日本法 ────────────────────────────── 188
　1．総説 ─────────────────────────────────── 188
　2．法令違反行為と取締役の善管注意義務 ─── 188
　3．日本法のまとめ ───────────────────────── 222
第3節　アメリカ法 ────────────────────────── 223
　1．総説 ─────────────────────────────────── 223
　2．法令違反行為とネグリジェンス責任 ─────── 224
　3．アメリカ法のまとめ ───────────────────── 229
第4節　本章の結論 ────────────────────────── 229

終　章

第1節　本書の主張の要約 ─────────────────── 231
　1．内部統制システムの意義と目的（第1章）── 231
　2．内部統制システムに関する義務を負う者（第2章）── 232
　3．内部統制システムの法的水準（第3章）─── 233
　4．不実開示の防止と内部統制システム（第4章）── 234
　5．法令違反行為と取締役の責任（第5章）─── 236
第2節　残された課題 ──────────────────────── 237
　1．損害賠償の減額要素 ───────────────────── 237

2．罰金等の損害性 ·· 238
第3節　結語 ——————————————————— 241

重要判例集

日本編（J）
【J1】大和銀行株主代表訴訟事件（本案）　247
【J2】ダスキン株主代表訴訟事件　250
【J3】ヤクルト株主代表訴訟事件　253
【J4】日本システム技術開発事件　256
【J5】新潮社貴乃花名誉毀損事件　259
【J6】NOVA事件　261
【J7】セイクレスト事件　264

アメリカ編（A）
【A1】アリスチャルマース株主代表訴訟事件　269
【A2】ケアマーク株主代表訴訟事件　271
【A3】マッコール対スコット事件（株主代表訴訟）　274
【A4】アボット株主代表訴訟事件　278
【A5】ストーン対リッター事件　280
【A6】シティグループ株主代表訴訟事件　283

事項索引 ·· 287
判例索引 ·· 291

序　章

第1節　本書の検討対象

1．内部統制とは

　本書では，「内部統制」または「内部統制システム」の語を使用するが，まず，法的分析の対象としての「内部統制」または「内部統制システム」がいかなる内容を有するかを明らかにしておく必要がある。そこで，本書の対象となる「内部統制」という概念について，監査論，会社法，および金融商品取引法の各領域において，どのように扱われているかを簡単に確認しておきたい。

（1）　監査論における内部統制[1]

　内部統制（internal control）とは，もともと監査論の領域で用いられていた概念であり，狭義では公認会計士による外部監査との関連における内部牽制組織や内部監査の仕組みを意味することもあるが，広義では企業内部における経営管理上の業務統制全般をいう。

　わが国において内部統制という用語が使われたのは，1948年（昭23）の公認会計士法に基づく公認会計士による法定監査の導入に際してである[2]。内部

1）　以下の記述は，松本祥尚「企業集団における内部統制概念の展開」弥永真生編著『企業集団における内部統制』（同文舘出版・2016）38頁〜50頁を参照した。

2）　公認会計士による財務諸表の監査は，特定の財務諸表項目について合理的なサンプル数を抽出したうえで詳細に検査し，それを母集団に還元するという方法の試査により行われるが，そのためには，試査の前提となる母集団に含まれるサンプルの同質性を確保する必要があった。しかし，監査を受ける企業側に内部統制の考え方が存在していなかったことから，1950年に経済安定本部企業会計基準審議会の中間報告として公表された監査基準・監査実施準則において内部統制概念が明らかにされ，また1951年には通産省産業合理化審議会により内部統制の意義が規定され，企業への導入が図られた。以上のような施策によって，公認会計士監査の制度化が進められたのである。松本・前掲注1）40頁。

統制をはじめて定義した1950年(昭25)の経済安定本部による企業会計基準審議会の中間報告によると、「企業の内部統制組織即ち内部牽制組織及び内部監査組織」とされており、内部統制組織および内部監査組織からなるものとされていた。内部統制組織とは企業等で日常の業務執行の過程で生じる誤謬や不正を業務の職務分掌によって防止・発見できるように図る組織であり、また、内部監査組織とは各部門に対してその有効性や効率性を独立的に監査する従業員による組織を意味しており、いずれも経営者による経営管理目的で設置・運用されるものであった。一方、1951年(昭26)の通産省産業合理化審議会は、「ここに内部統制とは、企業の最高方策にもとづいて経営者が、企業の全体的観点から執行活動を計画し、その実施を調整しかつ実績を評価することであり、これらを計算的統制の方法によって行うものである。」と内部統制の意義を規定していた。

その後、1980年代にアメリカで生じた金融機関を含む多くの企業破綻や粉飾決算に端を発して、1992年(平4)に同国のトレッドウェイ委員会支援組織委員会(COSO)が「内部統制——統合的枠組み(Internal Control-Integrated Framework)」を公表した。これはアメリカ公認会計士協会が中心となって不正な財務報告の原因を把握し、その発生を抑止するための方策を検討して報告書をまとめた上で、さらに、財務報告に限らず企業内部における不正を防止・是正することを可能とする枠組みに関しても検討を加えて、最終的に報告書としてまとめたものである。同報告書では内部統制を次のように定義している。

「内部統制とは、①業務の有効性と効率性、②財務報告の信頼性、③関連法規の遵守の範疇に分けられる目的の達成に関して合理的な保証を提供することを意図した、事業体の取締役会、経営者およびその他の構成員によって遂行されるプロセスとして定義される。また、内部統制は、以下の5つの、相互に関連のある要素、すなわち、①統制環境(事業体に属する人々の誠実性・倫理的価値観・能力・経営者の哲学・行動様式など)、②リスクの評価(目的の達成に関するリスクを識別・分析すること)、③統制活動(経営者の命令が実行されているとの保証を与えるのに役立つ方針と手続き)、④情報と伝達、⑤監視活動、によって構成されている。」[3)]

以上のようなCOSO報告書の内部統制の枠組みは、アメリカのSarbanes-

Oxley法（2002）に取り込まれ，また，わが国をはじめとする各国の内部統制に関する議論にも大きな影響を与えることとなった。その後もCOSOは内部統制に関する継続的な見直しを行い，2013年（平25）に報告書改訂版を公表した。改訂版では，内部統制の3つの目的と5つの構成要素は基本的に踏襲されているが，内部統制の3つの目的のうち「財務報告の信頼性」は，最近の非財務情報の開示の進展に対応して，「報告の信頼性」に置き換えられている。

(2) 会社法における内部統制

会社法においては，「内部統制」という用語は使われておらず，「株式会社の業務の適正を確保するための体制」という文言となっている。すなわち，会社法362条4項6号は，監査等委員会設置会社および指名委員会等設置会社を除く取締役会設置会社について，取締役に委任することができない取締役会の決議事項（専決事項）として以下の事項をあげ，かつ，同条5項は大会社に対し取締役会でこれらの事項を決定することを義務付けている。

「取締役の職務の執行が法令および定款に適合することを確保するための体制その他株式会社の業務並びに当該株式会社及びその子会社から成る企業集団の業務の適正を確保するために必要なものとして法務省令で定める体制の整備」

また，同号にいう法務省令で定める体制としては，会社法施行規則100条1項がつぎの通り定めている。

「①取締役の職務の執行に係る情報の保存及び管理に関する体制
　②損失の危険の管理に関する規程その他の体制
　③取締役の職務の執行が効率的に行われることを確保するための体制
　④使用人の職務の執行が法令及び定款に適合することを確保するための体制
　⑤次に掲げる体制その他の当該株式会社並びにその親会社及び子会社から成る企業集団における業務の適正を確保するための体制
　　イ　当該株式会社の子会社の取締役，執行役，業務を執行する社員，法

---

3) COSO, Internal Control−Integrated Framework (1992). 鳥羽至英＝八田進二＝高田利文訳『内部統制の統合的枠組み・理論編』（白桃書房・1996）。

第598条1項の職務を行うべき者その他これらの者に相当する者（ハ及びニにおいて「取締役等」という。）の職務の執行に係る事項の当該株式会社への報告に関する体制
　ロ　当該株式会社の子会社の損失の危険の管理に関する規程その他の体制
　ハ　当該株式会社の子会社の取締役等の職務の執行が効率的に行われることを確保するための体制
　ニ　当該株式会社の子会社の取締役等及び使用人の職務の執行が法令及び定款に適合することを確保するための体制」

　さらに，当該株式会社が監査役設置会社（監査役の監査範囲が会計に限定されている場合を含む）である場合には，上記の体制には以下に掲げる事項が含まれていなければならないとしている（会社法施行規則100条3項）。

①監査役の職務を補助すべき使用人に関する事項
②前号の使用人の取締役からの独立性に関する事項
③監査役の使用人に対する指示の実効性の確保に関する事項
④取締役及び会計参与並びに使用人，または，子会社の役員等もしくはこれらの者から報告を受けた者からの監査役への報告に関する体制
⑤前号の報告をした者が不利な取扱いを受けないことを確保するための体制
⑥監査役の職務の執行について生ずる費用または債務の処理に係る方針に関する事項
⑦その他監査役の監査が実効的に行われることを確保するための体制

　なお，取締役会を設置していない会社（会社法348条3項4号・4項）についても，上記と同内容の定めが置かれている。また，監査等委員会設置会社（会社法399条の13第1項1号ロ・ハ・2項，会社法施行規則110条の4）および指名委員会等設置会社（会社法416条1項1号ロ・ホ・2項，会社法施行規則112条）については，その会社形態に応じた修正がされたうえで，ほぼ同様の定めがおかれている。

　以上のように，会社法は，「株式会社の業務の適正を確保するための体制」に関しての規定をおいているが[4]，これらはあくまでも，取締役会もしくは取締役集団の専決事項としての定めであり，その具体的内容を定義したものではないことに注意すべきである。したがって，会社法分野の裁判例においては

「内部統制システム」あるいは「リスク管理体制」という語句が用いられているが、それらは事案に応じてさまざまな内容を意味することがあり得る。

(3) 金融商品取引法における内部統制

金融商品取引法において、「内部統制」という用語は、同法の適用がある上場会社等に対して提出が義務付けられている内部統制報告書および確認書に関連して使用されている。

まず、内部統制報告書とは、財務報告を中心に開示情報全般の正確性を確保するために社内に設けられた体制について、経営者自身がその有効性を評価した報告書である。すなわち、内部統制報告制度の適用会社は、事業年度ごとに、当該会社の属する企業集団および当該会社に係る財務計算に関する書類その他の情報の適正性を確保するために必要な体制について評価した報告書を有価証券報告書と併せて内閣総理大臣に提出しなければならない（金商法24条の4の4第1項）。経営者により作成された内部統制報告書は、特別の利害関係のない公認会計士または監査法人により監査証明を受けることが要求される（金商法193条の2第2項）。

つぎに、確認書とは、上場会社等の代表者が有価証券報告書等の書類の記載が法令に基づき適正であることを確認した旨を記載する書類である。すなわち、上場会社は、内部統制報告書のほかに、有価証券報告書等とあわせて、有価証券報告書等の記載内容が法令に基づき適正であることを確認した旨の確認書を内閣総理大臣に提出しなければならず（金商法24条の4の2第1項）、上場会社以外の継続開示会社においても、任意に確認書を提出することができる（同条2項）。確認書の提出義務があるにもかかわらずそれを怠った場合には、適用会社の代表者または役員に対しては過料の制裁がある（金商法208条2号）。上場会社の代表者が有価証券報告書等の書類の記載を個別に確認することは事実上不可能であるから、このような確認書を提出するためには会社の内部統制システムが有効に機能していなければならない。したがって、代表者に確認書の

---

4) なお、「株式会社の業務の適正を確保するための体制」の整備に係る決定の概要に加えて、その運用状況が事業報告書に記載されることになっている。会社法施行規則118条2号。

提出を義務付けることによって上場会社における内部統制システムの整備を促すことができるのである5)。

さらに，金融商品取引所の規則によって，上場会社に対しては内部統制システムの適時開示が求められている。内部管理体制等に改善の必要性が高いにもかかわらず，改善の見込みがない場合は，最終的に上場廃止となることもありえる6)。

なお，金融商品取引法において公認会計士・監査法人による評価・監査の対象とされる財務報告に係る内部統制の内容については，2007年（平19）に，企業会計審議会が意見書を公表している。そこでは，内部統制の定義として以下のように定められている。

「内部統制とは，基本的に，業務の有効性及び効率性，財務報告の信頼性，事業活動に関わる法令等の遵守並びに資産の保全の4つの目的が達成されているとの合理的な保証を得るために，業務に組み込まれ，組織内のすべての者によって遂行されるプロセスをいい，統制環境，リスクの評価と対応，統制活動，情報と伝達，モニタリング（監視活動）及びIT（情報技術）への対応の6つの基本的要素から構成される。」7)

同意見書においては，前出のCOSO報告書を参考としつつ，内部統制の目的として「資産の保全」が加えられ，また，基本的要素として「IT（情報技術）」が加えられている点が特徴的である。

以上のように，金融商品取引法においては財務報告の信頼性を確保するために必要なものとして内部統制に関する諸制度が整備されている。これらの内部統制に関する規定は，内部統制の構築を直接に求めるものではないが，利害関係者が多数存在する上場会社において経営者により適切な内部統制システムが

---

5) 黒沼悦郎『金融商品取引法』（有斐閣・2016）193頁。
6) 東京証券取引所規則では，2010年6月以降，「コーポレート・ガバナンスに関する報告書」における「適時開示体制の概要」として，上場会社の社内体制の状況についての報告を求めている。
7) 企業会計審議会「財務報告に係る内部統制の評価及び監査の基準並びに財務報告に係る内部統制の評価及び監査に関する実施基準の設定について（意見書）」（平成19年2月15日）。なお，同意見書は平成23年3月30日付けで改訂版が公表されているが，内部統制の定義については変更はない。

構築されることを開示規制という間接的手法により確保することを目指したものである。

2．本書の構成

　内部統制システムの構築・運用に関する責務を，取締役，会計参与，監査役，など株式会社の役員および会計監査人（これらの者を本書では「会社役員等」という）の法的責任という文脈の中で，理論的に位置付けることが本書の主たる目的である[8]。しかし，内部統制は複数の法分野において現れるトピックであり，その法的意義を統一的に理解するためにはさまざまな視点からの考察が必要である。そこで本書では以下のような5つの論点を設定し，各章において検討を加えた。

(1) 内部統制システムの目的と役割

　上述のとおり，もともと監査論における内部統制は，公認会計士監査の制度化にあたり，経営者の経営管理を支援する目的で構築されるものであった。しかし，現在のわが国では，いわゆる企業不祥事が生じたとき，株式会社の内部統制が不十分であったと指摘されることが多い。現代の株式会社の活動は国民生活の隅々まで及んでおり，ひとたび不祥事が生じると，それは社会の広範囲に影響を及ぼさざるを得ない性質を持っている。また，企業不祥事はそれ自体の発生およびそれに対する各種の制裁という形で，株式会社のステイク・ホルダー（株主，取引先，従業員，地域社会）に対しても多大な損害を与える可能性がある。したがって，会社役員等に対しては，それぞれの立場に応じて法令遵守を確保するため有効な内部統制システムを確保しておくことが求められるのである。このように内部統制システムの目的は多様であり，それが使われる場面によっても，論者によっても異なる意味を持ちうるのである。したがって，内部統制と会社役員等の責任を検討するにあたっては，後の議論における混乱

---

[8] このテーマに関する文献は多数あり，すべてを列挙することはできない。しかし，本書と同様の比較法的視点に立った総合的な先行研究として以下のものをあげておく。柿崎環『内部統制の法的研究』（日本評論社・2005），南健吾「企業不祥事と取締役の民事責任（一）～（五・完）」北大法学論集61巻3号817頁（2010），61巻4号1251頁（2010），61巻5号1677頁（2011），61巻6号1983頁（2011），62巻4号747頁（2011）。

を最小限に止めるために，まず，会社法上，会社役員等が負うべき法的責任という文脈において内部統制が有する役割を検討し，その意義と目的を明確にしておくことが不可欠である。

(2) 内部統制システムに関して責任を負う者

つぎに，企業内部における内部統制システムの構築・運営について，会社法上，誰が，どのような法的責務を負っているのかが重要な問題である。複雑に分化した現代の株式会社内部にはさまざまな機関が存在しており，それぞれが異なった権限と責務とを有している。それぞれの会社機関が有する権限と責務とに対応して，内部統制システムがもつ役割もまた異なってくると考えられる。したがって，具体的に各機関がどのような権限と責務を負っているのかを明らかにすることが必要である。また，会社の規模の大小を問わず，人的組織においては構成員の相互信頼がなくては効率的に業務を行うことができないことは自明である。しかし一方で，不祥事を防止するためには業務執行について継続的監視を行うことが不可欠であり，これらの相互信頼と継続的監督とは適切なバランスの上で実施される必要がある。かかる文脈において内部統制システムはどのように位置付けられるのかという問題を検討しなければならない。さらに，2014年（平26）には，会社法の中に企業集団における内部統制システムに関する規定がおかれるに至った。企業グループにおける内部統制については，最近，海外子会社における不祥事が日本の親会社の財務や経営に多大な影響を与える事例も生じており，重要な問題である。

(3) 内部統制システムの法的水準

一応の内部統制システムが社内に構築されていたにもかかわらず，不正の未然防止や早期発見ができなかった事案は少なくなく，そのような場合には内部統制が十分に機能していなかったと指摘されることもある。無制限の予算があるならば万全の内部統制を構築すべきであるが，内部統制システムの構築に関わる費用は決して安価ではなく，むしろそれを維持していくためには相当のコストがかかる。内部統制の効用に対して批判的意見があることも当然であろう。また，多くの会社が行っている事業にはさまざまなものがあり，内部統制が対象とすべきものは広範囲に及ぶ。厳密な内部統制システムをおくことは円滑な企業経営の障害となることもあるだろう。限られた費用で効果的な内部統制シ

ステムをどのように構築していくかは，まさに経営者の裁量が発揮されるべき点である。経営者としては，どの程度の内部統制システムを維持しておくことが法律上要求されるのかが関心のある問題であろう。この法律上の問題に対して，一定の回答が示されなければならない。

(4) 不実開示の防止と内部統制システム

　金融商品取引法においては，上場企業に対して内部統制報告書の提出を求め，会社内部の適切な内部統制システムの構築を間接的に促進することにより，財務情報を含む開示書類の記載の正確性・完全性・適時性を確保している。一方で，上場企業が公表する開示書類において虚偽記載があった場合，投資者は虚偽記載により被った損害の賠償を請求する権利が認められている。ただし，虚偽記載について発行企業が無過失であった場合，および，発行会社役員等が相当な注意を尽くしていた場合には，それらの者は損害賠償責任を免れることができる。このような金融商品取引法上の民事責任の文脈においても，内部統制システムは意義を有していると思われるが，わが国においては十分な議論がなされていない。したがって，この問題につき検討することは有意義である。

(5) 法令違反行為と取締役の責任

　最後に，企業不祥事は従業員によるものばかりではなく，経営者自身により行われることもある。たとえば，会社の事業が独占禁止法に違反した場合，または，公人に対する贈賄行為を行ったような場合である。結果的に会社が行った事業活動が違法である場合には，それを決定した取締役が刑事責任および民事責任を問われることがある。このとき，会社の利益拡大のために行ったものだとしても，取締役の行為が善管注意義務違反となり，会社に対する損害賠償責任を問われることがあるのはなぜだろうか。また，違法性の認識なく行為を行った場合にも，法律専門家ではない取締役は責任を問われるのであろうか。さらに，代表取締役は違法な会社の事業活動を防止するためにどのような行動をすべきであるのか。以上のような問題につき理論考察を行うことに加え，取締役の法令遵守義務と内部統制システムの構築がどのような関係をもっているのかについても検討する。

第2節　本書の分析方法

1. 会社役員等の善管注意義務違反

　内部統制システム構築義務違反を理由として会社役員等の損害賠償責任を追及する裁判においては，さまざまな請求原因が主張される。まず，「任務懈怠」を要件とする会社に対する責任（会社法423条1項）が株主代表訴訟により追及されることが多いし，債権者など会社以外の第三者から「職務執行における悪意または重過失」を要件とする責任（会社法429条1項）を追及される場合もある。これらの請求原因については，その性質は法定責任とされ，また，それぞれ成立要件が異なっているが，いずれも会社役員等が会社に対して負う善管注意義務（会社法330条，民法644条）を基礎としている点では共通している[9]。また，一般不法行為（民法709条）のほか，代表取締役その他の代表者の職務執行における故意・過失を要件として[10]，株式会社の責任が追及される場合もある（会社法350条）。これらの請求原因については，第三者に対する注意義務違反が問われることになるが，内部統制システムの構築・運営が適切に行われていたかどうかの判断が過失の有無の判断に直結すると考えられる場合が多い。このように，内部統制システムの構築・運営に関する会社役員等の行為基準は，善管注意義務違反もしくは過失の評価の中で決定される。

9）　なお，周知のように，取締役の善管注意義務の内容に関しては，それが忠実義務を含むかどうかという点に関して，学説上，同質説と異質説が長い間対立しており，いまだに議論が収束する気配はない。判例は従来から同質説に立っているが，学説では今なお異質説の立場も有力である。内部統制の構築義務に関しても，わが国では善管注意義務に関するものであると一般的に理解されてきたが，後にみるようにアメリカ法においては誠実義務違反として捉えられており，それは忠実義務に属する義務とされているのである。本書においては機能的立場をとることとし，上記の議論に深入りすることはしない。したがって，取締役等の役員は内部統制に関してどのような行動をする義務を負っているかを具体的に明らかにすることに努め，その行動基準が注意義務に属するのか忠実義務に属するのかという問題はとりあえず考慮の外とする。

10）　判例（最判昭和49年2月28日判時735号97頁）の立場である。この場合にも代表取締役の会社に対する善管注意義務違反は認められる。近藤光男「会社法350条に基づく会社の責任」正井章筰先生古稀祝賀『企業法の現代的課題』（成文堂・2015）285頁。

そこで，内部統制システムに関する法的責任を複数の法分野にわたって横断的に検討する本書においては，会社役員等の行動基準について可能な限り統一的理解を得るために，以下のような分析方法を試みることにしたい。すなわち，現在一般に受容されている民法法理によれば，契約上の手段債務が問題となっている場合には，契約に照らして債務者に期待可能な合理的注意を尽くした行為をしないことが債務不履行であり，その義務違反は不法行為上の注意義務違反（過失）と事実上同一であるとされている[11]。そこで，会社役員等の善管注意義務違反について，基本的に過失の一般的定式である「結果の予見可能性および結果回避義務違反の枠組み」を用いて事案の分析を行うのである。したがって，内部統制システムの構築・運営にあたり，会社役員等に，会社もしくは第三者の損害発生・拡大という結果についての予見可能性と結果回避義務違反があれば，それは善管注意義務違反＝過失として損害賠償責任を負う可能性が生じることになる。もちろん，それぞれの請求原因により必要とされる予見の内容（加害対象の認識）や回避義務からの逸脱の程度（重過失の有無）は異なるので，それらについては個々の場面に応じて必要な検討を加えることにしたい[12]。

やや大胆な試みではあるが，以上のような分析方法を用いることにより，内部統制に関する会社役員等のより具体的な行為基準を明らかにすることができるものと考える。

2．分析のスタンス

(1) 功利主義的な観点に立たない

最近では，会社法・金融商品取引法の分野において望ましい法規制を実現す

---

11) 潮見佳男『不法行為法Ⅰ〔第2版〕』（信山社・2009）8頁。
12) なお，任務懈怠を理由とする会社役員等の責任に関する会社法423条および同428条の規定は，不完全履行と帰責事由を区分したうえで，帰責事由については「違法性の認識を欠いていた」という主観的意味で取締役の過失を理解する立場である。しかし，ここで採用されている帰責・免責の枠組みについては，現在の民法法理との整合性および立法技術面からの疑問が出されている。潮見佳男『新債権総論Ⅰ』（信山社・2017）381-382頁。

るにあたり，規制の便益と費用とを勘案して，便益が費用を上回る範囲で（すなわち効率的な限度で）規律を課すべきだとする立場が有力になっている。これは，いわゆる法と経済学の観点に立ち，法解釈や立法提言にあたり新古典派経済学（シカゴ学派）の知見を規範的に用いる立場とみられるが，内部統制に関する会社役員等の法規制を検討するにあたり，本書では費用・便益分析の立場をとっていない。筆者としても，経済学の視点を用いて法規制の説明をすることは大いに有用であると考えるが，それは功利主義に立つ新古典派経済学によるものではない[13]。筆者の支持する考え方によれば，私人間の紛争に関する望ましい法規制はある国の社会制度，規範意識，文化，習慣など多様で複雑な要素を考慮した上で，具体的な訴訟事案の処理を通じて裁判官によって発見されるものであり，効率性あるいは利益衡量の結果によって決定されるべきものではない。そうすると，具体的な判断基準は事案ごとに決定されるほかなく，法規範は抽象的なものにとどまることになる。しかし，学説は，体系的・比較法的もしくは歴史的研究などを通じて裁判所が結論を導くにあたり考慮すべきいくつかの重要な要素を提供することはできるのであり，わが国の法学研究および裁判実務は伝統的にこのような手法によって次第に発展してきたと思われる。

(2) 判例に現れた事実と法規範を重視する

以上のような筆者の立場からは，伝統的な手法に従い，法解釈にあたって判例や学説が重要な分析対象となることはいうまでもない。とりわけ判例の事例分析が中心となる。会社役員等の善管注意義務に係わる法規範は裁判となる事件の事実関係に依存するところが多いため，本書においては判決中の法規範の定立に係わる部分だけではなく，事実認定の部分についても冗長にならない範囲でできるだけ紹介することにした。筆者のこれまでの経験からは，裁判官がどのような事実を認定した結果，その法規範を導き出したかを検証することが研究者にとっても重要だと考えるからである。したがって，本書では判決文からの引用が多くなったことをお断りしておきたい。しかし，判決文の引用は断

---

13) 伊勢田道仁「オーストリア学派の法と経済学―その可能性―」宮澤節先生古稀記念『現代日本の法過程（下）』（信山社・2017）613-637頁。

片的なものにならざるを得ず，事案の全体像の把握が困難になるおそれがある。そこで，繰り返し登場する重要判例については巻末に一括掲載して，読者がその裁判の事実概要と判決内容を把握できるよう工夫してある。なお，事案の紹介にあたっては，原則として，原告はX，被告はY，訴外個人はA，B，C，訴外会社はP，Q，R，などの記号で表記することにする。

(3) **比較法研究としてアメリカ法を参照する**

本書においては，日本法に加えて，アメリカ法とりわけデラウェア州会社法および連邦証券規制との比較法的観点を用いる。周知のように，アメリカは会社法および証券取引規制の領域における先進国であり，わが国の法制度に対して多くの影響を与えてきた。しかしながら，詳細に検討するならば，社会制度，国民意識，企業文化，とりわけ裁判制度において，両国間には無視しがたい相違が存在することも事実であり，アメリカの法理論をわが国の法解釈に取り入れることには慎重でなければならない。また，アメリカは法と経済学の中心地であり，とりわけ会社法・証券取引規制の理論においては功利主義の影響が感じられる部分も少なくない。本書においては，個々の論点に関連するアメリカ法の検討を行った結果，それを直ちにわが国で手本とすべきではないという見解に達した箇所も少なくはない。しかし，それは比較法的研究が無意味であることを示すものではなく，筆者としては，裁判制度の違いや分析手法の違いに十分配慮した上でもなお，アメリカ法の状況はわが国の法解釈や立法の参考とすべき点が少なくないと考えている。したがって，本書においては，アメリカ法の状況について紹介した上で，わが国の法制度に対して一定の示唆を得ることを試みたいと考える。

第1章

内部統制システムの意義と目的

第1節　本章の課題

　本章では，まず，取締役の善管注意義務の内容として内部統制システム構築義務が認められるまでの経緯を述べる。もともと監査論の領域において経営管理上の業務統制手段であった内部統制が，会社役員等の個人責任を追及する訴訟において問題とされ，それが監視義務の手段として法的義務の内容として認められるに至った原因は何であるのか，という問題である。つぎに，内部統制は誰のどのような利益を守ろうとしているのか，という点に関心を向けたい。わが国では内部統制システムというとき，事業リスク管理体制，法令遵守体制，および財務報告の信頼性確保体制を含んだものとして用いられる。しかし，これらが相互にどのような関係性をもっているのかは十分に明らかではない。取締役会の監督機能の多様性とも関連して，内部統制が機能しうる領域を具体的に検討する必要がある。さらに，アメリカ法と比較したとき，日本法では法令遵守体制が問題となる場面が多いように思われる。内部統制システムは，会社の損害を防止するだけではなく，会社以外の第三者の損害を防止するためにも意義を有しているのではないか。そのような状況が生じている法制度上の理由は何なのか，という問題についても考察する。

　以上のことを検討するにあたり，取締役の監視義務という概念がどのように発展してきたのか，とくに取締役会制度がアメリカ法から導入されて以降，株式会社の業務執行に関する取締役の役割がどのように変化してきたのか，という点に注意を払いたい。そして，取締役会の監督機能の多様性と関連させつつ，

内部統制に関する法的義務が認められるに至った経緯について検証する。

第2節　日本法

1．取締役の監視義務

(1)　取締役会制度の導入まで

　かつて，わが国の株式会社では各取締役が会社代表権および業務執行権をもつ制度がとられていたが，相互の監督に関しては，現実の会社には取締役間の序列が存在しており，下位の取締役が上位の取締役の業務執行を監督することは事実上なかったとされる[1]。

　ところが，1950年（昭25）に取締役会制度および代表取締役制度が導入されると，業務執行についての決定権限と実行権限とが分離され，前者は会議体としての取締役会に，後者は代表取締役もしくは業務執行取締役に与えられることになった。このとき，取締役会が業務執行に関する決定権限を有し代表取締役の選任・解任権を有している以上，取締役会に業務執行の状況に対する監督権限があることは解釈上当然のことと考えられた。しかし，依然として取締役間には序列意識が残っており，具体的に取締役会の構成員にすぎない取締役が代表取締役に対してどのような監視義務を有するかという点はなお不明確なままであった。

(2)　初期の下級審判例

　上述のようにわが国においては当初から取締役会という制度が存在していたわけではなく，当時の判例・学説は取締役会という新しい制度の意義について把握する努力を続けていた。まず，会社の業務全般に関して強い権限を有する代表取締役が他の取締役に対する監視義務を負うことについては，早い段階から認められていた[2]。これに対して，取締役会の構成員にすぎない取締役に

---

[1]　近藤光男『取締役・取締役会制度―発展・最新株式会社法』（中央経済社・2017）2頁。

[2]　東京高判昭和39年7月31日判時384号50頁，最（大）判昭和44年11月26日判時578号3頁，など。

ついては，取締役会に上程されない事項に対する監視義務があるかどうかについて判例・学説の見解が分かれていた。

下級審の裁判例においては，これが否定される傾向にあった。たとえば，「代表権のない各取締役は，取締役会に上呈(ママ)された事実については，他の取締役の行為を監視する義務を負うが，これとは別個に，代表取締役の業務執行行為自体一般を各個に監視する義務を負うものではないと解するのが相当である。」3)として，取締役会に上程されない事項について監視義務違反を問われるのは特段の事情がある場合に限られるとする判例がある。他にも，「現行商法上代表取締役でない取締役は取締役会の決議を通じてのみ会社の業務執行に関与し，他の取締役又は会社使用人を監督し得るにすぎないのであるから取締役会に提出されない案件についてはその権限を及ぼすことが不可能であり，従つて又かかる事項につき取締役の責任を問い得ないものと解すべきである。」4)，「商法上代表権限を有しない取締役は，主として取締役会の構成員として同会を通じて活動する機能を有し，その限りにおいて，代表取締役の業務執行に対する監督の義務を負うものと解されるところ，取締役としては，取締役会に上程されない事項についてはその監督権限を行使することは事実上不可能であるから，右監視義務違背を認めるには，単に取締役であるだけでは足りず，それが，取締役会に付議された事項に関するものであるか，あるいは他に容易に監督し得るような特段の事情を必要とすると解すべきである。」5)として，取締役会非上程事項への監視義務を否定した判例が複数見られる。

以上のような判例の消極的傾向に対して，当時の商法学説ではこれに反対する立場が有力であった。すなわち，取締役がたんに取締役会に上程された議案について受動的に判断するだけでなく，可能な限り取締役会を通じて代表取締役を含む他の取締役の違法な業務執行を防止すべき義務を負うとする見解があった6)。

---

3) 東京地判昭和32年5月13日下民集8巻5号923頁・LEX/DB27410399。
4) 広島地判昭和36年8月30日下民集12巻8号2116頁・LEX/DB27410691。
5) 東京地判昭和45年3月28日判時606号82頁。

(3) マルゼン事件最高裁判決[7]

　上述のような判例・学説における混乱傾向を一変させたのが，有名な1973年（昭48）のマルゼン事件最高裁判決である。この事件では，電気製品販売・修理業を営む株式会社の代表取締役が，他の取締役に相談することなく自動車修理部門に事業拡張することを計画し，その資金を得るため融通手形を振り出したところ，会社は倒産した。手形金を回収できなくなった債権者が取締役の平成17年改正前商法（以下，本書において「旧商法」）266条ノ3の責任を追及したのに対して，東京高等裁判所は被告取締役らが監視を行っていれば会社の損害は回避できたであろうとしてその責任を認めた。最高裁判所第三小法廷は，つぎのように述べて高裁の判断を支持した。

　　「株式会社の取締役会は会社の業務執行につき監査する地位にあるから，取締役会を構成する取締役は，会社に対し，取締役会に上程された事柄についてだけ監視するにとどまらず，代表取締役の業務執行一般につき，これを監視し，必要があれば取締役会を自ら招集し，あるいは招集することを求め，取締役会を通じて業務執行が適正に行われるようにする職務を有するものと解すべきである。」

　この判例は，株式会社の取締役会がもつ監視機能を明確に認めた上で，取締役会の構成員である各取締役が負うべき善管注意義務の内容を明らかにしている点で画期的なものであった。この最高裁判決以後，下級審判例は，取締役会非上程事項に対しても各取締役に監視義務があることを前提とするようになる。そして，最終的に取締役個人に責任を負わせることが妥当でないと思われる事案については，監視義務違反であるとしても，重過失とまではいえない，あるいは，損害との間の相当因果関係がない，などの理論構成を用いるようになっ

---

6) 矢沢惇「違法配当と取締役の責任」鈴木竹雄＝大隅健一郎編『商法演習Ⅰ（会社）』（有斐閣・1960）168頁，龍田節「第三者の直接損害と商法266条の3の適用」法学論叢66巻3号（1959）98頁，林善助「取締役の監視義務」商事法務172号（1960）4頁など。
7) 最（三）判昭和48年5月22日判時707号92頁。

たのである[8]。

(4) 残された課題

マルゼン事件最高裁判決により，取締役会は業務執行を監視する権限を有する機関であることが明確にされ，その構成員である取締役は会社の業務執行に関して広範囲の監視義務を負うことが承認された。しかしながら，従来，取締役の監視義務が論じられてきたのは比較的小規模な会社が倒産した場合において会社の債権者から取締役に対して旧商法266条の3第1項（現会社法429条1項）の責任が追及された事例であることに注意する必要がある。これらの事案ではそもそも取締役会制度が機能していない場合も多く，むしろ個々の取締役の会社業務適切化に対する努力または業務実態に関する知識等が問われており，本来の取締役会の監督機能を論じる局面としては適切なものではない，という指摘もあった[9]。中規模以上の株式会社における取締役会の機能および取締役の監視義務の具体的内容については，わが国では株主代表訴訟制度がほとんど活用されてこなかったために裁判例はなく，学説においてもほとんど議論がなされていなかった[10]。

2．中規模以上の会社における取締役の監視義務

(1) 内部統制システムの構築義務の肯定

(a) 大和銀行株主代表訴訟事件（担保提供申立）[11]

1997年（平9），大阪高等裁判所は，大和銀行事件の株主代表訴訟における担保提供命令の是非を問う事案において注目すべき判断をした。本件事案の概

---

8) 取締役の監視義務に関するわが国の判例の展開については，近藤光男編『判例法理 取締役の監視義務』（中央経済社・2018）を参照。
9) 川濱昇「取締役会の監督機能」森本滋＝川濱昇＝前田雅弘編『企業の健全性確保と取締役の責任』（有斐閣・1997）4頁。
10) 例外として，神崎克郎「会社の法令遵守と取締役の責任」法曹時報34巻4号（1982）14頁では，かなり早い段階から法令遵守体制の構築義務について言及されていた。
11) 大阪高決平成9年12月8日資料版商事法務166号138頁。本件裁判とは別に，大和銀行が支払った罰金額および弁護士報酬と同額の損害金を会社に支払うよう求める株主代表訴訟が提起され，被告から担保提供の申立がなされたが，大阪高等裁判所第11民事部は本件と同様に担保提供を命じた原審の決定を取り消している（大阪高決平成9年11月18日判夕971号216頁）。

要は以下の通りである。

　大和銀行ニューヨーク支店に勤務していた社員が過去11年間にわたり米国債の無断取引を約3万回繰り返し，約11億ドルの損失を同行に発生させ，その損失を隠すため帳簿類の偽造・虚偽記載などを行っていた。この社員から当時の大和銀行頭取に宛てた手紙（告白文）により取締役らは上記の事実を把握していたが，大和銀行はその後も連邦および各州の監督官庁に虚偽の報告を続けた結果，大和銀行はアメリカから全面撤退することを命じられるとともに，24の訴因につき刑事訴追を受けるに至った。同行は一部の訴因について有罪を認めて罰金を支払う旨の司法取引を行い，連邦地方裁判所によって同額の罰金を科す判決を受け，罰金全額を支払った。その後，大和銀行の株主により，同行の取締役および監査役（元取締役および元監査役を含む）を相手として，この社員の無断取引により発生した損失11億ドルと同額の損害金を会社に支払うよう求める株主代表訴訟が提起された。これに対して被告らは，原告による訴訟提起は悪意に基づくものであるとして，株主代表訴訟を本案とする担保提供命令の申立を行った。大阪地方裁判所は合計7億2千万円の担保提供を命じたが，これを不服とする原告が即時抗告した結果，大阪高等裁判所は原決定を取り消し被告らの申立を却下する決定を行った。大阪高等裁判所は，株主代表訴訟における原告らの主張が「悪意」の要件を具備しているか否かを判断する上で，取締役の内部統制システムの構築義務を肯定した。

　「ところで，一般に銀行等金融機関における証券ディーリング業務担当者は，証券取引において，巨額の資金を操作する権限をもつ。また，証券取引は，効率がよい半面，取引量の増大に伴い巨額の損失が発生する危険性が常に伏在している。そして，証券ディーリング業務担当者は，往々にして，自己または第三者の利益を図るため，その権限を濫用した証券取引をする誘惑に陥り易い。また，証券ディーリング担当者は，その不手際を隠すため，自らの行った取引の結果生じた損失の隠蔽を図り，その後の取引で穴埋めをするなどといった不正行為を行う事例も稀ではない。<u>このような不正行為を未然に防止し，またその損害の拡大を最小限にとどめるには，証券ディーリング業務担当者の行った取引を常時チェックする体制を整えることが必要不可欠である</u>。すなわち，証

券取引業務を行う会社は一般にその証券ディーリング業務担当者の行う事務を会社に対する証券取引の注文に限定している。そして，右証券取引の確認，同取引代金の支払，預り証券の残高照合等の手続は，すべて証券ディーリング業務担当者以外の管理部門が行う。これらの手続に証券ディーリング業務担当者が関与することを禁止する。このようにしてチェック体制を整え，不正行為を未然に防止すべく努めているのである。<u>すなわち，右のような内部統制システムの構築および実施は，証券取引業務を行う銀行の業務執行取締役（後示のとおり平取締役及び監査役についても同様）にとって，その基本的な組織運営のあり方にかかわる重要な任務であるといえる。</u>」（下線は筆者）

　このように，大阪高等裁判所は，株主代表訴訟における担保提供命令の是非を問う事案の前提判断において，証券業務を行う銀行の代表取締役，業務担当取締役，平取締役は，基本的な組織運営のあり方にかかわる問題として，内部統制システムの構築および実施に関する事項に常に関心を払い，監視の対象としなければならないと判示した[12]。これについては，証券ディーリング業務がその性質上担当者による不正行為を生じ易いものであること，一般に証券会社ではディーリング業務と管理部門は分離されていることから考えると，不正行為を事前に防止するための内部統制システムを構築しておくことは証券業務を行う銀行の通常の取締役に対して一般に期待される行為であるということができるから，この決定の立場は十分に首肯し得るものである。しかし，同決定は当時のわが国の金融業界を中心に大きな衝撃をもたらし，数多くの批判と議論が生じた。
　さらに，学説においては，内部統制システムが不正行為の監視のために必要とされるのは金融という特定業種の会社に限られる事柄ではなく，取締役が自身の目で監視を行うことが困難であるような規模の会社について一般的に該当するという主張も唱えられた[13]。すなわち，ある程度規模の大きい会社にお

---

[12] なお，本案である大阪地判平成12年9月20日判タ1047号86頁（巻末重要判例【J1】）では，ニューヨーク支店長であった取締役について内部統制システム構築義務違反が認定されている。

いては，業務執行者または従業員による不正行為を防止し適正な業務執行の監督に役立つような内部牽制および内部監査などの内部統制システムを構築しそれを維持することが取締役の善管注意義務として要求されていると考えられたのである。

(b) マルゼン事件最高裁判決との連続性

ところで，前出のマルゼン事件最高裁判決を文言通りに読めば，「代表取締役の業務執行一般につき」とあり「従業員の業務を」監視せよとはなっていない。したがって，この最高裁判決と大和銀行事件決定は不連続なのではないかという疑問が生じる。たしかに，代表取締役の行為を監視することと，従業員の不正を監視することとは一見異なるようにみえる。しかし，代表取締役または業務執行取締役の業務執行は会社の従業員を通じて行われるものであるから，監視の対象としてみれば従業員による行動は業務執行の中に包含されている。マルゼン事件最高裁判決は代表取締役の業務執行のみを監督すれば良いと限定的に読むべきではなく，取締役会に上程されていない事柄であるとしても，会社の業務執行一般について各取締役は監視義務を免れることはできないという点を重視して読むべきである。従業員を監督するのは業務担当取締役や代表取締役の役割であるとして，直属の取締役あるいは代表取締役のみに不祥事の責任を負わせることは妥当ではない。取締役会は会社の機関として会社の業務執行全般について監督する権能を有しているのであるから，少なくとも内部統制システムの全般的設計については取締役会が責任を負うべきである。したがって，「代表取締役の業務執行一般」の中に「従業員による業務」は当然に包含しうるし，取締役会メンバーである各取締役の監視義務は内部統制システムを通じて従業員の行為に対しても及ぶのである。

また，会社の「業務執行」が取締役会の監視の対象となる点は同じであるが，その内容に関して会社規模による相違があることに注意が必要である。小規模会社の場合にはその事業活動の範囲は限られており当該会社の財務状況の健全

---

13) 伊勢田道仁「会社の内部統制システムと取締役の監視義務」金沢法学42巻1号（1999）55頁。また，山田純子「取締役の監視義務─アメリカを参考にして─」森本＝川濱＝前田編・前掲注9）221頁。

性が主要な関心事になるが，中規模以上の会社の場合，とりわけ大和銀行のような国際的大規模会社にあっては，その事業活動が社会の広範囲に及んでいることから，業務執行にあたって法令をはじめとする社会的規範に十分配慮することが求められることになるのである。

(2) 法令遵守（コンプライアンス）体制としての内部統制

(a) 法令遵守体制構築の必要性

　大和銀行代表訴訟事件決定では，取締役や監査役に対して，株式会社がその業務執行を進める上で従うべき法令および規則を遵守するためのプログラムが含まれていることが法的義務として要請された。このような法的義務はつぎのように根拠付けることができると思われる。すなわち，社会の中で事業活動を行う株式会社に対しては，当然に法規範に従うことが要請されている。とりわけ事業活動が広範囲に及ぶ大規模な株式会社の経営をする立場にある取締役は，会社をして法令違反をさせないように注意する法的義務がある。また，業務執行者または従業員の行為により会社が損害を受ける危険性がある点においては，会社に対する不正行為が行われた場合と，法令違反行為の結果として会社が刑罰や行政処分を科せられた場合とで異なるところはなく，いずれの場合においても取締役は会社の損害発生を予防し損害の拡大を防止する義務を負う。以上の理由から，取締役は法令遵守プログラムを含む内部統制システムを構築・運営する善管注意義務を負うのである。

　以上のような見解に対しては，費用・便益分析の観点から，取締役が費用のかかる法令遵守プログラムの構築をするよりも，業務執行者または従業員の法令違反行為を放置しておくほうが会社の利益に合致するという判断をすることは十分あり得ることであり，取締役は会社に対して善管注意義務を負っているのであるから，それ以外の者の利益保護を目的とした社内システムの設置を要求する特別法が存在しない限り，法令遵守プログラムを構築しないことが会社に対する関係で直ちに取締役の善管注意義務に違反するとはいえない，という批判があるかも知れない。しかしこれに対しては，かりに費用・便益分析の観点に立つとしても，以下のような反論が可能である。たしかにわが国では，両罰規定により法人としての会社の処罰が問題となるとき，会社が適正な法令遵守プログラムを構築および実施していた場合であっても，罰金刑の軽減がなさ

れるという法律上の保証はない。しかし実際には，両罰規定により法人としての会社の処罰が問題となるとき，会社が適正な法令遵守プログラムを構築および実施していた場合には，わが国の裁判所は，それを肯定的に評価して情状酌量により会社の罰金額を軽減することが十分に予想できる[14]。また，現在のわが国においては，かかる法令遵守プログラムを含む内部統制システムを構築するために要する原始費用は，それを構築しないまま従業員の法令違反行為が生じた場合に会社が被る損失に比較して，はるかに小さいものと看做すことができる。けだし，法人に対する罰金額が近年次第に引き上げられていることに加えて，わが国では法令違反行為を行った企業に対する社会的制裁が大変厳しく，同時に経済的な損失も莫大なものとなることが多いからである。さらに，すでに多くの企業において法令遵守プログラムが実施されていることも考慮に入れてよい。したがって，法令違反行為を黙認するような取締役の利益考量は許されず，かかる判断は善管注意義務に違反するものと思われる。

以上の考察から，わが国では，中規模以上の会社において取締役が法令遵守プログラムを含んだ内部統制システムの構築を全く検討せず，あるいは，かかるシステムの構築をしないという積極的な判断をすることは，善管注意義務に違反すると考えることができる。

(b) 神戸製鋼所株主代表訴訟事件[15]

大和銀行株主代表訴訟事件の後，内部統制の必要性が会計法規を含めたコンプライアンスという観点から理解された例として，会社から総会屋に対する違法な利益供与がなされていたことを理由に取締役らに対する損害賠償請求がなされた株主代表訴訟において，当事者間の和解にあたり，神戸地方裁判所は以下のような所見を述べている。

---

14) 独禁法違反の事例において，犯行発覚後，会社が法令遵守プログラムを実施したことを他の事情とともに勘案して，罰金額を減額した判決例がみられる（東京高判平成8年5月31日判夕912号146頁参照）。また刑事法の領域においては，適正な法令遵守プログラムを構築・実施していたことが，両罰規定にいう「相当の注意」に該当するとして，会社が刑事責任から免責される可能性があることを示唆する見解がある。川崎友巳「両罰規定における法人の刑事責任とコンプライアンス・プログラム」同志社法学50巻3号（1999）60頁以下参照。

15) 平成14年4月5日神戸地裁和解所見（商事法務1626号52頁）。

「神戸製鋼所のような大企業の場合，職務の分担が進んでいるため，他の取締役や従業員全員の動静を正確に把握することは事実上不可能であるから，<u>取締役は，商法上固く禁じられている利益供与のごとき違法行為はもとより大会社における厳格な企業会計規制をないがしろにする裏金捻出行為等が社内で行われないよう内部統制システムを構築すべき法律上の義務があるというべきである。</u>とりわけ，平成3年9月，経団連によって企業行動憲章が策定され，社会の秩序や安全に悪影響を与える団体の行動にかかわるなど，社会的常識に反する行為は断固として行わない旨が宣言され，企業の経営トップの責務として，諸法令の遵守と上記企業行動憲章の趣旨の社内徹底，社員教育制定の充実，社内チェック部門の設置及び社会的常識に反する企業行動の処分が定められたこと，また，平成7年2月，企業における総会屋に対する利益供与の事実が発覚して社会問題となり，上記経団連企業行動憲章が改訂され，上記に加えて，企業のトップが意識改革を行い，総会屋等の反社会的勢力，団体との関係を絶つという断固たる決意が必要であり，これについては担当部門任せでない，組織的対応を可能とする体制を確立する必要があり，従業員の行動についても『知らなかった』ですませることなく，管理者としての責任を果たす覚悟が必要であるとの趣旨の宣言が追加されたこと，等からも明らかなとおり，上記の内部統制システムを構築すべき義務は社会の強い要請に基づくものでもある。」（下線は筆者）

(3) 取締役会の監督機能の強化

以上のような判例の展開は，わが国において株主代表訴訟制度が整備され，大規模な株式会社における取締役の監視義務が議論の対象となってきたために生じてきた問題である。そこでは，小規模株式会社に関する事案とは異なり，会社内部における機関として取締役会が現実に機能しており，従来から認識されていた業務執行の決定機能に加えて，業務執行に対する監督機能についても注目されるようになったのである。

学説においても，取締役会が会社の業務執行を監督するにあたっては，以下の3つの観点があり，これらを明瞭に区別することが取締役会本来の機能を充実させるために重要であると指摘されている[16]。

①経営者の業績の評価＝効率性の観点からの統制
②会社との利益相反が生じる業務執行の統制
③会社運営の適法性確保のための統制

　このように，わが国でも取締役会の監督機能が自覚的に議論されるようになってきたために，会社運営の適法性確保が取締役会の重要な監督機能のひとつであることが明らかとなり，その監督を実効的に機能させるための方策として，法令遵守体制としての内部統制システムの構築が要請されるようになってきたのである。

3．会社法・金融商品取引法による内部統制システム構築の要請
(1) 旧商法の時代

　当時，アメリカを起点として世界各国に普及していたいわゆるモニタリング・モデルの影響は日本にも及んだ。モニタリング・モデルに基づく機関構成において，取締役会は，業務執行の決定を行わず，純粋な形の業務執行の監督機関とされる。業務執行の決定については，より機動的な他の機関により行うことができるし，さらに業務執行の実行は個々の実行者によって担われることになる。

　2002年（平14）の委員会等設置会社（現在の指名委員会等設置会社）の導入により，このような会社の取締役会は，経営の基本方針の決定，業績評価，業務執行者の選任・解任しか行わず，取締役会の構成員の大部分は業務執行に関与しないことになった。そして，当時の委員会設置会社に関して，監査委員会監査の職務遂行のために必要な事項として，規則の中に内部統制システムの構築が定められていた（旧商法特例法21条の7第1項2号，同施行規則193条）。ただし，これは監査委員が実効的な監査を行うためには内部統制システムが整備されていることが必要だという趣旨から置かれたものにすぎず，取締役会や取締役に対して直接に内部統制システムの構築義務を課すものではなかった。

(2) 会社法の制定

　2005年（平17），新たに会社法が制定された。内部統制システムに関しては，

16）　川濱・前掲注9）25頁。

同法362条4項6号において，代表取締役等に委任できない取締役会の決議事項（専決事項）のひとつとしてつぎのように規定された。
「取締役の職務の執行が法令および定款に適合することを確保するための体制その他株式会社の業務の適正を確保するために必要なものとして法務省令で定める体制の整備に関する事項」
　法務省令で定める体制の整備としては，会社法施行規則100条が以下の事項を定めていた。
　①取締役の職務の執行に関する情報の保存・管理の体制
　②損失の危険の管理に関する規程その他の体制
　③取締役の職務の執行が効率的に行われることを確保する体制
　④使用人の職務の執行が法令・定款に適合することを確保する体制
　⑤企業グループの業務の適正を確保する体制
　⑥監査役の監査が実効的に行われることを確保する体制
　また，取締役会を設置していない会社についても，会社法348条3項4号が上記と同様の定めを置いていた。
　このように，会社法が内部統制システムの構築に関する事項を取締役会（もしくは，取締役による集団決定）の専決事項として掲げたことは，これらの機関こそが内部統制について権限を有する主体であって，代表取締役および業務執行取締役はその監視対象となる客体であることを明確にしたものである。しかし，会社法の規定は内部統制システムの具体的内容について定めるものではなかった[17]。ある会社において内部統制システムを構築するか否か，また，どのような内容（水準）の内部統制を構築するかに関しては，各取締役の善管注意義務の履行として委ねられていることが明らかである。
　また，会社法の本文では「取締役」（施行規則において「使用人」）の職務執行が法令・定款に適合することを確保する体制が求められている。すなわち，会

---

[17]　会社法の規定は，旧商法施行規則の規定を採用したものにすぎず，COSO報告の提案するモデルを含め，判例や学説で示された内部統制システムに関する新たな議論の成果が自覚的に取り入れられた形跡はないことが指摘されている。コンプライアンス研究会編著『内部統制の本質と法的責任』（経済産業調査会・2009）45頁（木村圭二郎）。

社法においては，取締役の職務執行の効率性の確保に加えて，内部統制システムが法令遵守体制を含むことが明確にされたのである。

さらに，大会社に対しては[18]，上記の事項に関して取締役会で決定をすることが義務付けられた（会社法348条4項・362条5項）。会社法規定の文言からは，あえて内部統制システムを構築しないという決定をすることも可能であるように読めるが，すでに述べた通り，内部統制システム構築は善管注意義務の内容として要求されるものであるから，内部統制システムをあえて構築しないという決定をしたことが，結果的に取締役の善管注意義務違反と評価される場合は十分にあり得る。

なお，2014年（平26）会社法改正にあたり，従来は法務省令の中に置かれていた企業集団の内部統制システムの構築に関する事項が会社法の本文規定の中に移された。本書第2章において検討するように，この改正の意義は会社自体の内部統制とそれが所属する企業集団の内部統制に対して同等の重要性を与えた点にあるものと考えられる。

(3) 金融商品取引法の制定

会社法制定翌年の2006年（平18），証券取引法改正により制定された金融商品取引法においては，同法の適用がある上場会社等に対して内部統制報告書および確認書の提出が義務付けられた。このうち，内部統制報告書は，財務報告を中心に開示情報全般の正確性を確保するために社内に設けられた内部統制体制について，経営者自身がその有効性を評価した報告書である。内部統制報告書には公認会計士または監査法人による監査証明を受けることが要求される（金商法193条の2第2項）。これは，2004年（平16）から2005年（平17）にかけて発生した，西武鉄道，カネボウ，ライブドア等の粉飾決算事件により上場企業の会計システムの健全性に対する疑念が生じたことから，各企業の財務報告の信頼性を高めるために，アメリカの制度にならって[19]，内部統制の有効性に

---

18) 当時の委員会設置会社についても，同様の規定が置かれた。会社法旧416条1項1号ホ，2項。

19) エンロン事件を契機として制定された2002年のサーベンス＝オクスリー法である。同法の詳細については，石田眞得編著『サーベンス・オクスリー法概説―エンロン事件から日本は何を学ぶのか』（商事法務・2006）参照。

対する経営者自身による評価と公認会計士・監査法人による監査証明を義務付けたものである。

ただし，この監査証明は，一般に公正妥当と認められる内部統制に関する監査基準に従って内部統制システムが経営者により適切に評価されているかどうかについての意見を表明するものであり，公認会計士・監査法人が直接に内部統制自体の有効性を評価するもの（ダイレクト・レポーティング）ではない点に留意すべきである。したがって，内部統制に「重要な不備」があっても，それが適切に評価されている限り，当該内部統制報告書に対しては適正意見が付されることになる[20]。

なお，金融商品取引法において公認会計士・監査法人による評価・監査の対象とされる財務報告に係る内部統制の内容については，2007年（平19）に企業会計審議会がCOSO報告書を参考としつつ，わが国独自の内容をもつ意見書を公表している[21]。

このように，金融商品取引法の内部統制に関する定めは内部統制システムの構築を直接に求めるものではないが，利害関係者が多数存在する上場会社において経営者により財務報告の信頼性を確保するための社内体制が構築されることを開示規制という間接的手法により確保することを目指したものであるといえる。

(4) 内部統制の3つの意義

以上のように，会社法および金融商品取引法により，内部統制システムに関する法的位置付けが明文規定により確認された。すなわち，会社法では，内部統制システムの必要性は取締役会の監督機能に由来すること，内部統制システム構築の目的としては取締役の業務執行の効率性確保（事業リスク管理体制）に加えて，法令遵守（コンプライアンス）体制の確保が含まれることが明確にされた。また，金融商品取引法では，内部統制の目的は財務報告の信頼性確保にあることが確認されたのである。したがって，今日，わが国で内部統制という場合には以上の3つの意義が含まれていることに注意しなければならない。

---

[20] 黒沼悦郎『金融商品取引法』（有斐閣・2016）197頁。
[21] 本書6頁を参照。

4．法令遵守体制構築義務の拡大

(1) 概　説

　大和銀行株主代表訴訟事件以後，裁判実務において取締役が内部統制システム構築義務を負うことが認識されるようになったこと，会社法により内部統制システムの整備が規定されたこと，などを背景として，最近では，会社経営者が適切な内部統制システム構築を怠っていたことを理由とする訴訟が少なからず生じている[22]。これら最近の判例においては，会社の業務執行の効率性確保という目的から，法令遵守体制の確保という目的に内部統制システムの構築が求められる領域が拡大する傾向がみられる。すなわち，取締役に対して，会社に生じた損害の賠償責任を追及する株主代表訴訟だけではなく，会社以外の第三者に生じた損害の賠償責任を定めた会社法429条1項に基づく訴訟において，内部統制システムの構築義務違反が問われるようになっているのである。これらの対第三者責任訴訟の多くにおいては，法令遵守のため必要な内部統制システムを全く構築してしなかったことが任務懈怠であり重大な過失にあたるとして取締役個人の賠償責任が認められている。

(2) 第三者に対する不法行為を防止する体制

　まず，会社が業務執行を行うにあたり，第三者に対して不法行為を繰り返していた事情がある場合には，その再発を防止する措置を講じる義務が取締役に生じるとされた事案がみられる。

(a) 肖像権侵害による不法行為

　本件では，公判中の刑事被告人が許可なく週刊誌に写真を掲載されたとして，出版社に対する不法行為責任を追及したほか，その代表取締役に対して会社法429条1項に基づく損害賠償請求を行った。大阪高等裁判所は，代表取締役は，本件に至るまでに，肖像権の侵害等を防止するために従来の組織体制につき疑問を持ってこれを再検討し，肖像権の侵害や名誉毀損となる基準を明確に把握して，本件写真週刊誌の取材や報道に関し違法行為が発生しそのため当該相手

---

[22] ただし，すでに関心の中心は内部統制義務の構築が法的義務として求められるかどうかということよりも，内部統制の水準，信頼の権利もしくは経営判断原則との関係へと移ってきている。これらの論点については，本書第3章で検討する

方等に被害を生ずることを防止する管理体制を整えるべき義務があったとした上で，同代表取締役は，写真週刊誌の編集に関しては部下の取締役に一任しており，このような管理体制を整えなかったことが認められるから，記事による不法行為に関し，その職務の執行につき重過失があったと認定した[23]。

　この事件では，書籍および雑誌の出版等を目的とする株式会社において，従来から写真週刊誌の取材・報道に関して違法行為が行われてきており，会社の本来の目的の遂行そのものに関して違法行為が繰り返されてきたことから，会社としては社内的にこのような違法行為を繰り返さないような管理体制をとる必要があったとされた。これを前提として，編集長の地位にあった代表取締役について，違法行為を防止する管理体制を整えていなかったとして，肖像権を侵害されたと主張する原告に対する損害賠償責任が認められたものである。ここでは取材対象者の肖像権侵害という会社以外の者に生じる損害を防止するための社内管理体制構築の必要性が認められており，被告らが主張した「編集権の独立」という事情はこのような管理体制を整えないことの理由にはならないとされたことが注目できる。

(3) **各種法令において定められた義務を遵守する体制**

(a) **労働法における安全配慮義務**

　現代においては，過酷な労働条件による過労死が社会問題化していることを背景に，判例法上，会社経営者に労働者の安全配慮義務によるリスク管理責任が認められている。外食産業における従業員の過労死について経営者の責任が問われた事案がある。

　大阪高等裁判所は，人件費が営業費用の大きな部分を占める外食産業においては会社で稼働する労働者をいかに有効に活用し，その持てる力を最大限に引き出していくかという点が経営における最大の関心事の一つになっていると考えられるとした上で，労働者の勤務実態について取締役らが極めて深い関心を寄せるであろうことは当然のことであって，責任感のある誠実な経営者であれば自社の労働者の至高の法益である生命・健康を損なうことがないような体制を構築し，長時間勤務による過重労働を抑制する措置を採る義務があることは

---

[23]　大阪高判平成14年11月21日民集59巻9号2488頁（新潮社フォーカス事件）。

自明であると述べて，取締役らには悪意又は重過失が認められると判示した[24]。

> 「人事管理部の上部組織である管理本部長であったＹ１や店舗本部長であったＹ２，店舗本部の下部組織である第一支社長であったＹ３は，石山駅店における労働者の労働状況を把握しうる組織上の役職者であって，現実の労働者の労働状況を認識することが十分に容易な立場にあったものであるし，その認識をもとに，担当業務を執行し，また，取締役会を構成する一員として取締役会での議論を通して，労働者の生命・健康を損なうことがないような体制を構築すべき義務を負っていたということができる。また，Ｙ４もＡ会社の業務を執行する代表取締役として，同様の義務を負っていたものということができる。しかるに，上記取締役らが，Ｐ会社をして，労働者の生命・健康を損なうことがないような体制を構築させ，長時間勤務による過重労働を抑制させる措置をとらせていたとは認められない。」

本件において大阪高等裁判所はＹ１ら取締役に対して会社法429条１項に基づく賠償責任を認めているが，判決文では「労働者の生命・健康を損なうことがないような体制」の構築義務違反について一般論として述べながら，実際には，全社的な従業員の長時間労働を認識し，または認識し得たにもかかわらず，是正措置をとるべき義務に違反したかどうかを判断しているようにも読める。そこで，本判決ではむしろＹ１らの不法行為責任を認定しているのではないか，という指摘もある[25]。しかしながら，本判決は，取締役の任務懈怠の有無を判断するにあたって，上記の事情に加えて給与体系や三六協定の問題点を指摘しており，労働者の安全に配慮する体制を適切に構築していたか否かを総合的に判断したものと理解すべきである[26]。

---

[24] 大阪高判平成23年５月25日労働判例1033号24頁（大庄日本海庄や事件）。
[25] 南健吾「判批」新・判例解説Watch（12）（2013）266頁。
[26] 荒達也「従業員の過労死と取締役の第三者に対する責任」別冊ジュリスト229号〔会社法判例百選〔第３版〕〕（2016）225頁。

(b) 金融商品取引法における適合性原則等

　金融商品取引等により損害を受けた投資家が，取引業者等の従業員による不当勧誘を防止するような内部統制システム構築違反を主張して訴えるケースが少なくない。たとえば，商品先物取引において損失を被った投資者であるXらが，取引業者P社の担当従業員らに適合性原則違反などの違法行為があり，これは取締役会の営業方針に従って組織営業として行われた会社ぐるみの不法行為であり，また，P社の取締役Y2らには従業員の教育および顧客との紛争を防止するための管理体制の整備義務違反並びに会社法所定の内部統制システムの構築義務違反があるなどと主張して会社法429条1項に基づき損害賠償を求めた事案について，名古屋高等裁判所は，Xらの請求を棄却した原判決を破棄して，つぎのように述べた[27]。

　　「P社が，長年にわたり顧客との間で多数の紛争を抱え，全国各地で多数の訴訟を提起され，本件と同様に委託者が借入金で取引を行った事例を含め，適合性原則違反や特定売買などの違法行為を認める判決が数多く出されていたこと，P社が，行政当局等から，適合性原則違反や無敷・薄敷等を繰り返し指摘されて業務の改善を求められ，日本商品先物取引協会から過去3度にわたって過怠金を含めた制裁を受けていた上，平成20年12月には，本件取引の4か月半後に行われた立入検査等の結果に基づき，主務省から受託業務停止処分（14営業日）及び業務改善命令という極めて重い行政処分を受けるに至ったこと，上記行政処分の中で，控訴人会社における内部管理体制の抜本的な見直しと体制整備の必要性が指摘されたこと，P社では，取締役会及び経営会議を毎月開催するなどして改善策を協議するなどしていたが，その後も依然として顧客との間で多数の苦情，紛争，訴訟が発生し続けていたこと，このような状況であるにもかかわらず，P社で長年管理部の責任者をしてきたY1（取締役）が，判決の内容に不服がある場合には，担当者に対してそれほどの指導はしていない旨，繰り返し被告として訴訟提起された従業員についても，起きている苦情につき当該従業員にそれほど非があるとは考えていない旨の供述をし，また，長年，P社

---

[27] 名古屋高判平成25年3月15日判時2189号129頁。

の代表取締役を務めてきたＹ２も，Ｐ社に組織的な欠陥はなく，上記の受託業務停止処分及び業務改善命令に対して納得のいかない部分があるなどと供述していること，同社従業員らが，これまでも繰り返し違法行為をしたとして委託者から訴訟提起をされてきたことなどの事情を総合すれば，…各種制度や諸施策の実効性は疑問であり，<u>本件取引が行われた平成20年2月当時，Ｙ２ら５名（取締役）は，Ｐ社の従業員が適合性原則違反などの違法行為をして委託者に損害を与える可能性があることを十分に認識しながら，法令遵守のための従業員教育，懲戒制度の活用等の適切な措置を執ることなく，また，従業員による違法行為を抑止し，再発を防止するための実効的な方策や，会社法及び同法施行規則所定の内部統制システムを適切に整備，運営することを怠り，業務の執行又はその管理を重過失により懈怠したものというべきである。</u>」（下線は筆者）

(c) 特定商取引法における特定継続的役務提供事業者の義務

違法な解約清算方法を是正しなかった等の理由により，外国語会話学校の受講生から運営会社Ｐ社の役員らに対して会社法429条１項に基づく損害賠償請求がなされた事件において，大阪高等裁判所は，代表取締役Ｙ１については社内に法令遵守体制を構築すべきであったにもかかわらずそれを怠っていたとして違法経営義務違反を認め，その他の取締役Ｙ３ら３名についてはつぎのように述べて，その監視義務違反を認めている[28]。

「Ｐ社の取締役会において，本件解約清算方法の採用・維持や，その他の特定商取引法への対応が議題として取り上げられた形跡はない。しかし，取締役の監視義務は取締役会に上程された事項に限らず，代表取締役の業務執行の全般に及ぶものであり，多数の受講者との間で締結する受講契約の内容や新規受講者の勧誘，契約締結時の説明等が特定商取引法等の法令を遵守しているかどうかは，Ｐ社が外国語会話教室の事業を営む上で重要な事項であるから，これらの事項については，取締役として当然関心を持って調査を行い，Ｙ１の業務執行を監視すべきであったということができる。<u>また，Ｙ３ら３名は，Ｐ社の幹</u>

---

28) 大阪高判平成26年2月27日判時2243号82頁（NOVA事件）。

部従業員として，外国語会話教室の運営に関わる業務に従事していたのであるから，日頃の業務を通じて，新規受講者の勧誘や契約締結の実情，受講生からの苦情やトラブルの発生等，P社の特定商取引法違反行為や法令遵守体制の問題点に関する事実を当然認識し得たものと考えられる。特に，Y3は，平成14年に実施された東京都の事業者調査・指導に際し，P社の担当者としてこれに対応し，平成16年7月頃から生徒相談室長として受講生からの苦情に対応していたのであるから，P社の営業活動が特定商取引法に反する疑いがあるとして，その改善を求められていたことや受講生との間で多数のトラブルが発生していたことを認識していたと認められる。また，Y4は，平成18年頃，外国人エリアマネージャーから，レッスンの予約が取りにくいという受講生からのクレームがあることを聞いた旨供述し，Y5も，平成18年半ば頃，インタービジョンの従業員から，レッスンの予約が取りにくいという理由で受講生からの解約が増えていると聞き，これをY1に伝えた旨陳述しているのであるから，Y3，Y4両名も，受講契約をめぐるトラブルや問題点について認識し得たと認められる。しかるに，Y5ら3名は，代表取締役であるY1が特定商品取引法違反の行為を全社的に行わせているのを放置し，何らの是正措置もとらなかったのであるから，重大な過失による監視義務の懈怠があったといわざるを得ない。」（下線は筆者）

本件においてY3らは，もし代表取締役Y1の業務執行に彼らが異を唱えたとしてもY1がこれを聞き入れる可能性はなく，かえって過半数の株主でもあるY1が彼らを取締役から解任する結果となるだけであると主張しているが，大阪高等裁判所は，本件の事実関係の下では，取締役Y3ら3名が取締役会の開催を要求し，取締役会において，語学学校の運営における特定商取引法等の法令の遵守や社内の法令遵守体制の整備を求めるなど，取締役としての権限を行使することによりY1の業務執行を改めさせることは可能であったと述べてこれを退けている。

(4) 内部統制システムの目的の拡大

以上の判例では，いずれも内部統制システム構築義務違反が認められ，会社法429条1項により第三者からの取締役個人に対する損害賠償請求が認められ

ている。同条の構造において内部統制システムを構築・運営することは、あくまでも会社に対する取締役の善管注意義務の内容であるが、結果的に、内部統制システムの目的が法令遵守の確保であることを通じて、会社・株主の利益だけではなく第三者の利益を守ることにまで拡大している状況が示されている。

5．日本法のまとめ

　マルゼン事件最高裁判決により、取締役会の構成員にすぎない取締役は取締役会上程事項に限らず代表取締役や従業員などの業務執行一般を監視すべき義務を負うことが明らかにされ、また、大和銀行株主代表訴訟事件高裁決定により、業務執行が法令を遵守してなされることを確保するために会社の事業の性質や内容において通常求められる内部統制システムを社内に構築・維持しておくことが取締役の善管注意義務の内容として求められ、これを履行しないことは善管注意義務違反にあたるとされた。

　その後、会社法においては、内部統制システムの整備について取締役会が一次的責務を負うことが明文化され、その構築・運営が取締役の善管注意義務から要請されることが確認された。また、金融商品取引法においては、上場会社の経営者による財務書類の適正を確保するための適切な内部統制システムが開示規制により促進されている。

　最近の判例においては、内部統制システムの水準についての議論が深まるとともに、法令遵守体制の確保へと内部統制が求められる対象範囲が拡大する傾向がみられる。各種法令により会社に求められている義務違反を防止するような内部統制システムを構築しないことは、取締役の善管注意義務違反となることがある。たとえば、第三者の権利侵害を防止する体制、各種法令で定められた事業者の義務を遵守する体制、などがその例である。

　以上のように、わが国の会社法における内部統制の目的は、効率的な業務執行の監督ということよりも、むしろ法令遵守の監視体制に重点があると考えられる。会社を損害から守るだけではなく、社会的存在としての会社の遵法経営を実現するための内部統制システムが求められているのである。

第3節　アメリカ法

1．取締役の監視義務
(1) 取締役のネグリジェンス責任

　アメリカにおける各州会社法において特徴的なことは，取締役が会社のみならず株主に対して信認義務（fiduciary duty）を負っていることである[29]。このような取締役の義務は，信託法および代理法の古典的な概念より導入されたものである。すなわち，アメリカの裁判所は，早期から取締役を受託者あるいは代理人の地位に仮託して取締役と会社・株主の間に信認関係を認めてきた。今日では取締役と会社・株主の関係は信託や代理とは異なる特別の法律関係にあるとされているが，取締役は信認義務から派生する忠実義務（duty of loyalty）と注意義務（duty of care）とを負うことが一般に認められている。ある取締役がその信認義務に違反すれば，ネグリジェンスとして損害賠償の責任を負うことになる[30]。

　ネグリジェンスとは，元来，コモンロー上の不法行為の一様態であったが，19世紀半ば以降，およそ不注意な行為により他人に損害を与えたものが負う責任の一般的な基礎と認められたものである。ネグリジェンスは，被侵害利益や侵害行為の態様を特定せず，いわば損害を惹起させた行為の質に焦点をあわせ，合理的行為（reasonable conduct）という抽象的基準に達しない加害行為を責任の基礎とする。ネグリジェンスを理由として取締役に対して提起される訴訟のタイプは，伝統的に，つぎの2つに区分される。第一は，監視を適切に履行することを怠ったことにより会社に損害を与えたという理由であり，第二は，取締役の無能または無謀な行為により会社に損害を与えたという理由である[31]。しかし，従来ネグリジェンスを理由として取締役の個人責任を追及する訴訟は多くの場合において失敗に終わった。その主な要因としては，原告適格が認め

---

29)　Henn & Arexander, Law of Corporations §234 (3ed ed. 1983).
30)　Uhlman, The Legal Status of Corporate Directors, 19 B. U. L. Rev. 12, 15-16 (1939).
31)　Dyson, The Director's Liability for Negligence, 40 Ind. L. J. 341, 342 (1965).

られなかったこと，相当因果関係が証明されなかったこと，そしていわゆる経営判断原則の存在があげられる[32]。

　取締役に対してネグリジェンス訴訟を提起しうる者の範囲，すなわち原告適格の問題は，取締役の法的地位をどのように把握するかという問題と関係している。裁判所が，取締役を株主の受託者であると前提すれば，株主は独自に訴訟提起を認められるであろう。もし取締役がたんなる会社の代理人であるならば，株主の訴訟提起は認められない。同様のことは会社の債権者にも当てはまるとされる。従来から取締役は，コモンローにおいては一般的に代理人として扱われ，エクイティにおいては一般的に受託者として扱われてきた。したがって，株主代表訴訟などコモンロー上の訴訟提起は原則として派生的なものであるが，取締役の責任追及訴訟などエクイティ上の訴訟は独自に提起することができるのである[33]。つぎに，取締役の責任が認められるためには，取締役の義務違反と損害との間に因果関係が存しなければならない。この場合，事実的因果関係（cause in fact）が必要なばかりでなく，生じた損害と取締役の行為との間に責任を課することが正当化されるような密接性（相当因果関係 proximate cause）がなければならない。しかしながら，取締役の不作為が問題となる場合には，とくに困難が生じる。特定の不作為が特定の損害を引き起こしたと結論するためには，その損害を回避できるような慎重な行動過程がその行為者にとって可能であるということを想定するだけでは十分ではない。その行為者にとって可能な慎重な行動過程のみがその損害を回避し得たことを論理的に証明しなければならないのである[34]。

　取締役は要求される程度の注意基準に達しない行為をなし会社に損害を生じさせた場合にネグリジェンスとして個人責任を負うのであるが，問題は取締役に要求される注意基準がどのようなものであるかということである。特定の事件において主張されている事実がネグリジェンスを構成するか否かは，一般に，

[32) Lews, The Business Judgement Rule and Corporate Directors Liability for Mismanagement, 22 Baylor L. Rev. 157, 160 (1970).
[33) Dyson, supra note 31, at 353.
[34) Id. at 360.

陪審により決定されるべき事実問題であり，そして取締役を有責とすべきネグリジェンスの程度を前もって決定しておくこと，または，法律的な基準を公式化することは困難であるとされる[35]。従来アメリカの裁判所は，取締役の注意基準として一般のネグリジェンスの場合と同様に，「合理人（reasonable person）」を中心概念とした基準を用いてきた。一般にネグリジェンスの有無の判断において合理人を基準とすることは，アメリカでは事実認定を担当するのが素人の陪審員であり，彼らが判断しやすいような基準が必要であること，そして責任が生じる基準を裁判官が陪審員らにわかりやすく説示する必要があることと相当な関係があるといわれている[36]。

(2) **監視義務違反に関する判例**

取締役の職責は会社業務に関する意思決定であるが，それだけではなく，会社業務を執行する他の役員あるいは従業員の行動が適切であるかどうかを監視または監督することも，また取締役の重要な職務である。取締役は監視・監督の職務を遂行するにあたっても適切な注意を用いる義務を負っているが，この場合に用いられるべき注意義務の具体的内容は何かが問題である。監視義務違反に関する初期の判例を紹介する。

(a) デピント対プロビデント・セキュリティ・ライフ事件[37]

本件では，開業医であったYが友人Aの経営するP社の取締役に就任したが，あまり経営には関与していなかったところ，乗っ取りを狙ったBグループにより同社の資産がほとんど無価値のQ社株式と交換されてしまった。そこで，P社の株主から取締役であったYに対して損害賠償を求めるネグリジェンス訴訟が提起された。地裁は原告の請求を認容したためYは控訴したが，連邦第9巡回区控訴裁判所は以下のように述べて原審の判断を支持した。

「Yは，P社の財務事項について自己が十分に情報を得ていないことを知って

---

[35] Fetcher, Cyclopedia of The Law of Corporation Vol. 3A at 17 (1982).
[36] 加藤一郎「過失判断の基準としての『通常人』」我妻榮先生追悼論文集『私法学の新たな展開』（有斐閣・1975）435頁。
[37] Depinto v. Provident Security Life Ins. Co., 374 F. 2d 37 (CA9 1967), cert den 389 U.S. 822 (1967).

いた。また，AからBグループへの支配権の譲渡がいささか性急に行われたことにも気付いていた。彼にはP社が赤字を出していることを知っておく義務があった。彼は，Aやその他の者から問題の取引の詳細について聞いていなかった。これらの事実およびその他の状況から，相当な注意を尽くしておれば，あるいはP社の取締役としての信任義務を履行しておれば，Yは，提案された支配権の移動がP社の最上の利益に反するものでないかどうか確認するために相当の努力をしたであろう。そして，Yによる相当の調査は，P社が損害を受けることを明らかにしたであろう。Yにとって，その詐欺的な計画を暴くために必要であったのは，Q社の株式と引き換えにP社の多額の資産が譲渡される事実と，Q社のそれらの株式の価値を確認することのみであった。彼は少なくともQ社が設立後わずか一日の会社であり，その株式価値が疑わしいことに気付いたであろう。また，それらの情報を知っておれば，Yには取締役辞任の要請を断る義務があった。取締役として留まることにより，Yは，取締役会において積極的に異議を提出することができたであろうし，もし必要があれば，P社の株主および保険契約者，さらに州の主務官庁の注意を喚起することもできたであろう。以上のように，提案された計画が会社に悪い影響を及ぼさないかどうかに関する相当の調査を行わなかったこと，かかる調査を行う事なくAからの要請をいれて取締役を辞任したこと，また，P社の取締役として同社の最上の利益のために努力することを怠ったことを総合して判断すれば，これらのYの行為はネグリジェンスかつ信任義務違反であり，P社が問題の取引により被った損害に対して相当因果関係を有する。」[38]

(b) フランシス対ユナイテッド・ジャージー・バンク事件[39]

再保険ブローカー業を行っているP会社は同族会社であったが，同社を支配していた父親の死亡後，息子二人が実権を握り，毎年巨額の会社資産の不正流用をはじめた。このため，P社はまもなく倒産した。同社の取締役であったY夫人は経営にほとんど関与しておらず，事実上，同社の事業内容については無

---

38) Id. at 43-44.
39) Francis v. United Lersey Bank, 432 A. 2d 814 (N.J. 1981).

知であった。再保険ブローカーは、業界の慣行により保険金支払に充当する資産を会社自身の資産から分離することが求められていたが、Ｐ社は分離勘定を実施していなかった。夫の死後、Ｙ夫人はアルコール依存症となり、会社倒産から３年後に死亡した。破産したＰ社の管財人により、元取締役Ｙ夫人に対するネグリジェンス訴訟が提起され、遺言執行者である銀行が被告となった。ニュージャージー州最高裁判所は、つぎのように述べてＹ夫人のネグリジェンス責任を認定した。

「取締役は、会社の営業活動につき継続的に情報を得ておく義務を負っている。さもなければ、取締役は会社の経営に十分に参加することはできないからである。取締役は、社内の不正行為に対して目を閉じることはできず、その不正行為に気が付かなかったとして、彼らが監視義務（duty to look）を負わないと主張することはできない。取締役の管理とは、日常業務を詳細に調査することを要求するものではなく、会社の事業および営業方針に関する一般的監視を要求するのである。したがって、取締役は、取締役会に定期的に出席することを求められる。定期的な出席とは必ずしも取締役が毎回会議に出席することを意味しないが、取締役は実務上の要請に応じて会議に出席すべきである。すなわち、公開会社の取締役は、毎月の定例会議に出席することを求められるが、小規模の同族会社の取締役は、年に一度の会議にのみ出席することを求められるであろう。また、取締役は、会計帳簿を監査することは要求されないが、財務書類に定期的に目を通すことにより会社の財務状況に関する知識を得ておかねばならない。その検討の範囲は、財務書類の性質および作成回数に加えて、その業界の慣行だけでなくその会社の性質および従事する業務内容にも左右される。小規模会社の財務書類は、内部的かつ年一回を原則として作成される場合もあろうし、大規模な公開会社においては同様の書類は、毎月あるいは一定の間隔をおいて作成されるであろう。十分な財務状況の検討は、通常は、公開会社よりも私的会社においてより非公式なものとなろう。…（中略）…

再保険ブローカーとしてＰ社は、受託者として、分離勘定にする義務の下で顧客の多額の金銭を定期的に受け取っていた。この限りにおいて、同社は小規模同族会社というよりも銀行に近い。したがって、Ｙ夫人のＰ社の顧客に対す

る関係は，銀行取締役と預金者との関係に類似するものである。再保険ブローカー業を営む会社の取締役として，彼女は損害保険金および再保険者に対する信託財産として定期的に受領し保有しているというごとを知っておくべきであった。Y夫人は，P社の財務状況に関する年次書類を入手し，読んでおくべきであった。彼女は制定法に基づき用意された財務書類に信頼する権利を有するけれども，かかる信頼は彼女が行動する必要性を免除するものではない。その理由は，それらの書類は，信託財産の不正流用の事実を示していたからである。1970年1月30日の時点で，彼女は，それらの書類から息子たちが『株主への貸付』を装って信託財産を引き出していることに気付くべきであった。1970年1月31日に始まる毎年度の財務書類は，運転資金の欠損と『貸付金』の増加とが相前後して生じていることを示していた。資産の不正流用を調査するためには，特別な技術や突出した勤勉さを要しないであろう。したがって，Y夫人が財務書類を読んでいたならば，彼女は息子たちの信託財産横領を発見できたはずである。財務書類が，会社を死に至らしめるような血液の抜き取りが内部者により行われていることを示している場合には，取締役は，警告を発しその血液の流出を防止すべきである。

　要するに，Y夫人はP社の事業に関する基本的知識を得てその監督をすべき義務を負っている。本件の事実の下でこの義務は，財務書類を読んだ上でそれを理解し，他の役員および取締役による違法行為を調査し防止する相当の努力をすることを含んでいる。彼女はP社の顧客を，彼らが同社に預けた金銭の不正流用を招くような経営方針や方法から守る義務を負っていた。彼女はその義務に違反したのである。」[40]

(3) 監視義務違反の認定要素

　ここにとりあげた事例は，すべて会社の内部者による違法行為を発見できず，その結果会社に対する損害発生の防止を怠った取締役の不作為がネグリジェンスとして問題とされたものである。したがって裁判所は，会社業務の監視において適切な注意義務の履行として取締役が踏むべきであった慎重な行動過程を

---

40) Id. at 822-826.

判示している。それは，以下に述べる通り，取締役の社内的地位，取締役会への出席・財務書類の検討，他者への信頼，合理的調査，適切な是正措置などである。

(a) 取締役の資質および社内的地位

一般的に，ある取締役に期待される注意の程度は，彼の技量と経験により変化し得るものである。たとえば，修正模範事業会社法8.30条(a)項は，取締役の注意義務の程度を決定する上で，弁護士，会計士，投資銀行はその専門家としての経歴を無視できないとしている[41]。また，ある取締役の取締役会における特別の責任およびその他の社内的地位もまた同様に注意基準を変化させるものである。したがって，役員を兼務している内部取締役は，監視職務においてその他の取締役よりも高度の注意義務を負うべきである。彼らは，会社の営業により深くかかわっており，通常，他の取締役よりも容易に情報を得ることができるからである[42]。

(b) 取締役会への出席，財務書類の検討

フランシス事件において判示されたように，取締役は，会社の財務状態および業務運営に関して一般的知識を得ておくことが期待されている。このため，取締役は取締役会に定期的に出席しなければならない。また取締役は，会社の年次財務報告書を要求し，それを読むことが必要である。しかしながら，会社の規模の大小により取締役に対してこれらの行動が要求される頻度は異なり得るものであろう[43]。これらの義務は，取締役が会社の経営に参加するために最低限必要とされる事柄である。これらの義務を適切に履行するため，それぞ

---

[41] The Official Text of the Revised Model Business Corporation Act (1984), § 8.30 (a) Official Comment at 222. しかし，この前提に対しては，注意基準はできるだけ客観的であるべきだという考えに基づく反対説も多い。取締役が弁護士であったり投資銀行家としての訓練を受けている等の事実はそれだけではその取締役が通常の経営機能を果たす上で他の取締役よりも高い注意基準を課す根拠にならないとする。Veasy & Manning, Codified Standard - Safe Harbor or Uncharted Reef? An Analysis of the Model Act Standard of Care Compared with Delaware Law, 35 Bus. Law. 919, 943 (1980).

[42] Knepper & Bailey, Liability of Corporate Officers and Directors, at 18 (4th ed. 1988).

[43] Francis, 432 A. 2d at 822.

れの取締役個人に対しては，制定法またはコモンローにより，会社のすべての帳簿・書類を閲覧し取締役会およびその委員会の議事録の写しを受け取る権利が与えられている[44]。

(c) 他者への信頼

取締役が定期的に取締役会に出席し，会社の財務・業務状態につき一般的な知識を得て基本的な注意義務を尽くしている場合には，取締役は，一般的に，役員の選任に注意を用い，当該状況の下でそうすることが合理的であると認められる限り経営者の誠実性に信頼する権利を有している。しかし，かかる信頼の合理性は，特定事件の事実と状況に左右される[45]。

(d) 相当の調査をする義務

デピント事件から明らかなように，通常の慎重な取締役であれば疑問を抱くであろうような事実が存在しているときに相当の調査を行うことを怠り，その疑いに応じた注意深い行動をとらなかった取締役は，責任を負う可能性がある。

(e) 適切な是正措置をとる義務

取締役は，取締役会に出席し財務書類を検討した結果，あるいは相当の調査を行った結果，会社内部者による違法行為を発見した場合には，その行為を是正し会社の損害を未然に防止するような適切な行為をとるべきである。かかる是正が期待できない場合には，辞任することにより責任を免れることができよう。しかし，デピント事件およびフランシス事件において明らかにされたように，一定の状況の下では，取締役は辞任することが許されず，弁護士への相談または訴訟提起を警告する等，会社の損害を回避するために積極的な行為をすることを要求される場合がある。

2．内部統制システム構築義務の否定

(1) アリスチャルマース株主代表訴訟事件[46]

かつては，アメリカにおいて従業員の違法行為により会社が損害を被った場

---

44) Henn & Arexander, Law of Corporations §216 (3d ed. 1983).
45) Corporate Director's Guidebook, 33 Bus. Law. 1595, 1603 (1978).
46) Graham v. Allis-chalmers Mfg., 188 A. 2d 125 (Del. 1963).（巻末重要判例【A 1】）

合に取締役の監視義務違反が問題とされた裁判例は多くなかった。リーディング・ケースとして有名なものは1963年のデラウェア州最高裁判所によるアリスチャルマース株主代表訴訟事件判決である。

多種類の電気機器を製造・販売している大規模企業であるアリスチャルマース社において，反トラスト法違反行為が摘発された。同社の株主により，取締役および従業員に対して損害賠償を求める株主代表訴訟がデラウェア州衡平法裁判所に提起された。原審では請求が棄却されたために上訴がなされた。取締役らが実際に従業員による反トラスト法違反行為を示すような事実を知っていたという原告の主張は退けられていた。そこで原告は，法律問題として，本件の取締役がたとえ会社従業員の違法行為を実際に知らなかったとしても，彼らはなおかかる違法行為を中止させるために十分な時間的余裕をもってそれを探知しうるような実効性ある監視システムを設置しておくべきであったと主張した。しかし，デラウェア州最高裁判所はつぎのように述べて原告の主張を退けた。

「デラウェア州の判例法は取締役に対してそのような行為を要求しておらず，逆に，違法行為の存在を疑わしめるような事実が生じていない限り，取締役は誠実かつ正直に部下を信頼する権利を有する。アリスチャルマース社の取締役が負う義務の内容は，同社が大規模会社であったことから必然的に従業員全員を個別に知ることはできず，取締役会の構成員として会社の方針の決定に限定される。

取締役が監視義務の懈怠により会社に対して損害を与えたか否かは結局のところ状況により決定される。取締役が不用意にも明らかに信用すべきでない従業員に信頼をおいた場合や，取締役としての義務の履行を理由もなく拒絶もしくは無視した場合，または従業員による違法行為の明白な危険サインを故意もしくは不注意により見落としたような場合には，取締役はその責任を問われることになる。しかし，本件における取締役らは反トラスト法違反行為を中止させその再発を防止するため迅速に行動しており，上述のような場合に該当しない。原告は，違法行為の疑いが存在しなかった時点から，これらの行動がとられるべきであったと主張するが，法は取締役に対してかかる要求をしていな

い。」47)

(2) 同判決に対する評価

アリスチャルマース事件判決の要点は，①同社の取締役は従業員の違法行為を発見するための内部統制システムを設置する法律上の義務を負わない，②違法行為の疑いがない限り取締役は部下を信頼する権利（信頼の抗弁）が認められる，ということになる。

この判決に対しては，取締役は現実に会社の違法な業務執行を知った場合にのみ責任を負うものとするならば，取締役は「目を閉じた見張り番（shut-eyed sentry）」になってしまうとして，会社の業務執行が最高経営者から相当下位の従業員によって行われる大企業においては，取締役は組織的な会社内部の監視システムが働いているかどうかを確認する義務があると解すべきであるという批判がある48)。また，キャリー教授は，デラウェア州会社法が「底辺への競争」のトップに立つものであると批判したことで有名な論文の中で，アリスチャルマース事件判決を同州会社法が取締役の責任を不当に緩和している一例として取り上げている49)。

一方で，費用・便益分析の観点からアリスチャルマース事件判決を肯定的に説明する見解もみられる。クラーク教授はその教科書の中でつぎのような分析を展開している50)。上記のような判決をした裁判所の深層動機は，おそらく，従業員による価格固定行為の結果が会社およびその株主の利益になったということであろう。すなわち，結果として露顕しない反トラスト法違反行為は，消費者を害することになるが，違法行為をした会社およびその株主にとっては利益となる。違法行為が露顕するかあるいは制裁を受ける可能性があるかどうかということ，もしその可能性があればその危険を冒す価値があるかどうかとい

---

47) Id. at 130-131.
48) Coffee, Beyond the Shut-Eyed Sentry: Toward a Theoretical View of Corporate Misconduct and on Effective Legal Response, 63 Va. L. Rev. 1100, 1184 (1977).
49) Cary, Federalism and Corporate Law: Reflections Upon Delaware, 83 Yale L. J. 663, 683 (1974).
50) Clark, Corporate Law, 132 (1986).

うことは，取締役の経営判断の問題である。このような考え方を前提にするならば，取締役が効果的な法令遵守プログラムを構築することは，会社および株主の利益に関する限り，注意義務を尽くしたというよりも無益な行為であると評価されることになりかねない。以上のように述べて，クラーク教授は，デラウェア州の裁判所は株主でない者（消費者等）の利益を保護することを目的とした法令を遵守するための内部統制システムを会社に対して強制してはいない，という結論を導いている[51]。

3．社会的背景の変化
(1) 企業犯罪への取組み
(a) コンプライアンス・プログラムの発展[52]

1950年代末から1960年代初頭にかけて，アメリカでは，電気機器メーカーによって価格協定，談合，市場分割が行われていることが明らかとなった。1961年には電気機器メーカー各社の上級管理職員44名と企業44社が反トラスト法違反で起訴された。前述のアリスチャルマース事件もこれに関連するものである。その結果，上級管理職員7名が実刑，24名が執行猶予付きの有罪判決を受けたほか，企業被告に対しては多額の罰金刑が科された。この事件を契機として，1960年代にアメリカの産業界では，従業員による反トラスト法違反を防止するためのコンプライアンス・プログラムと呼ばれる法令遵守プログラムを導入する企業が増加した[53]。コンプライアンス・プログラムとは，法令遵守に関する社内審査の体制を強化し，それを実施するための企業による自主的取組みである。その具体的内容は会社によってさまざまであるが，一般的には，会社の業務で法令違反が生じる可能性がある分野について，従業員に対する研修やマニュアルの整備を行うとともに，組織の再編や実施責任者を各部署に配置する

---

51) Id. at 133.
52) Pitt & Groskaufmanis, Minimizing Corporate Civil and Criminal Liability: A Second Look at Corporate Codes of Conduct, 78 Geo. L. Rev. 1559 (1990). アメリカにおける法令遵守プログラムの発展および合衆国制裁ガイドラインの内容については，川崎・前掲注14) 60頁以下に詳細な紹介がある。
53) Id. at 1580.

などの方策がとられる。

　1970年代に入ると，ウォーターゲート事件に端を発した海外企業に対する賄賂スキャンダルが発生する。証券取引委員会（SEC）による調査の結果，アメリカにおける多数の大企業が巧妙な会計操作を行って資金を捻出し，違法な政治献金や贈賄を行っていたことが明らかとなった[54]。このため，不正支出を行っている企業に対する社会的批判が高まり，これに対応するため連邦議会は1977年に海外不正慣行禁止法（Foreign Corrupt Practice Act of 1977）を制定した。この法律により，アメリカ企業は社内に会計コントロール・システムを設けることを強制されたが[55]，その結果として，コンプライアンス・プログラムは反トラスト法以外の領域に拡大していくことになると同時に，企業の業務執行が適法に行われることを監視することは経営者の責務であると認識されるようになった。たとえば，1978年に公表された経営者円卓会議では取締役の中心的機能として反トラスト法等に関する全従業員の法令遵守監視システムを設置することを要求している[56]。

　1980年代には，企業のM&Aに関連して大がかりな内部者取引事件が発覚したため，連邦議会は，1988年に内部者取引に対する刑事罰を定めた内部者取引および証券詐欺規制法（Insider Trading and Securities Fraud Enforcement Act of 1988）を制定した。この結果，証券会社や投資銀行などにおいて「チャイニーズ・ウォール」と呼ばれる内部者取引を防止するための特殊なコンプライアンス・プログラムが普及した[57]。

　以上のように，アメリカ企業においてコンプライアンス・プログラムと呼ばれる法令遵守プログラムが一般的になって来たことから，役員および従業員の法令遵守を監視するための社内手続きをまったく欠いている場合には取締役は監視義務違反の責任を負うとする見解も主張されていた[58]。これは，アリスチャルマース事件判決が出された1963年以来，「通常の慎重な取締役」の役割

---

54) Id. at 1582.
55) 15 U.S.C. §§78m(b)(2)(A)-(B).
56) Statement of Business Roundtable, 33 Bus. Law. 2083, 2101 (1978).
57) Pitt & Groskaufmanis, supra note 52, at 1589.

が自然に変化し発展してきた結果であると説明されている[59]。
　(b)　合衆国制裁ガイドラインの改正
　さらに，1990年代に入ると，アメリカでは刑事法の領域において，企業による法令遵守プログラムの構築・実施を促進するための重要な施策がとられた。すなわち，1991年11月に改正された合衆国制裁ガイドラインでは，組織体犯罪に対する罰金額を大幅に引き上げるとともに，一定の要件を満たした効果的な法令遵守プログラムが実施されていた場合，罰金の量刑範囲が軽減されることになった[60]。合衆国制裁ガイドラインとは，連邦裁判所の量刑を改善し，そのばらつきをなくすべく1984年に設置された合衆国量刑委員会により作成されたものである[61]。このガイドラインのうち，会社を含む法人被告向けのガイドラインは，会社への制裁および従業員への制裁の両者を合わせて，正当な制裁，十分な抑止，犯罪行為を防止・発見・報告するための内部メカニズムを維持する誘因を会社に与えることを目的としている[62]。
　1991年改正ガイドラインの下では，一定の条件を満たした適正な法令遵守プログラムを実施していた会社は，実施していなかった会社に比べて適用されるべき罰金刑の量刑範囲における下限および上限を必要的に軽減される[63]。ただし，適正な法令遵守プログラムの内容は，違法行為を防止し報告するために効果的に構築され実施されるものでなければならず，一般的には以下の事項を反映したものでなければならない。すなわち，①会社の規模，②会社の事業の性質に基づく特定の違法行為の傾向，③以前に会社が引き起こした不祥事，④業界の標準的な実務慣行，⑤適用される法令，である[64]。
　会社が適切な法令遵守プログラムを実施していたという事実は，取締役が従業員の違法行為を防止するために相当な注意を払ったということを意味する。

---

58)　Veasey & Manning, supra note 41, at 929.
59)　Id. at 930.
60)　United States Sentencing Commission, U. S. Sentencing Guidelines Manual [U. S. S. G.] Chap. 8 (1996).
61)　U. S. S. G. 1A1.
62)　Id. Chap. 8 Introductory Commentary.
63)　Id. §8C 2.5 (f), (g).

たとえ，その法令遵守プログラムが結果として違法行為を防止できなかったとしても，会社側は必ずしも相当の注意を払ったという証明を妨げられるわけではない[65]。合衆国量刑委員会は，適切な法令遵守プログラムが実施されていた場合であっても不可避的に違法行為が発生し得ることを認めている。したがって，ガイドラインでは違法行為の発見に失敗したときにも量刑範囲の軽減が行われることになっている[66]。

(2) 取締役会の監督機能の重視（モニタリング・モデル）

いわゆるモニタリング・モデルとは，アメリカにおけるコーポレート・ガバナンス改革をめぐる議論において，UCLAのアイゼンバーグ教授により提唱された株式会社の権限配分において取締役会の監督機能を重視する見解である[67]。

アメリカでは1960年代および1970年代に生じた環境汚染，欠陥商品，海外不正支出金など一連の企業不祥事をきっかけに，株式会社内部における適切な経営体制の確保という要請が高まった。その動きに対応して，アメリカ法曹協会（ABA）は，1976年に「取締役ガイドブック」を作成し[68]，取締役がどのような行動をとれば責任を問われる危険が少なくなるかを法律家の立場から助言した。また，アメリカ法律家協会（ALI）が1982年に「会社ガバナンスの原則：分析と勧告」プロジェクトを開始した。このプロジェクトにおいてはアイゼンバーグ教授が主導的な役割を果たした。

その試案が公表されるたびに激しい論争が生じたが，そこで主要な争点となったのは，大規模公開会社に監査委員会の設置を強制すべきか否か，独立取締役が過半数を占める取締役会委員会に関する規定を強行規定にするかそれとも会社慣行の改善を期待するにとどめるか，そして代表訴訟において利害関係のない取締役にどのような役割を認めるのか，といった事項であったとされ

---

64) Id. §8A 1.2 comment (n.3(k)(i), (ii), (iii)).
65) Id. §8A 1.2 comment (n.3(k)).
66) Id.
67) Eisenberg, The Structure of the Corporation: A Legal Analysis (1976).
68) Section of Corporation, Banking, and Business Law, American Bar Association, Corporate Director's Guidebook (rev. ed. 1978) (33 Bus. Law. 1591 (1978)).

る[69]。そして，1992年にALIプロジェクトの最終案が公表されると，モニタリング・モデルは，アメリカを起点に，イギリス，ドイツ，日本などの世界各国に普及していったのである。

ALIの「コーポレート・ガバナンスの原理：分析と勧告」のうち，公開会社の取締役会の役割に関する内容は以下の通りである[70]。

まず，3.02条(a)がつぎのように定めている。

① 主要上級執行役員の選任，定期的な評価，報酬の決定，かつ，必要な場合にはその解任。
② 会社の業務が適切に行われているか否かを評価するための会社の事業活動の監督。
③ 会社の財務事項，主要計画および行動についての審査ならびに，必要な場合にはそれらについての同意を与えること。
④ 会社の財務諸表の作成において用いられるべき適切な監査および会計原則および慣行の主要な変更および他の適切な選択に関する主要な問題の決定の審査，かつ必要な場合には，それらに対して同意を与えること。
⑤ 法に定められ，または会社の基準〔1.36条〕により取締役会に与えられた他の職務の遂行。

また，取締役会の役割にふさわしい会社の組織として，以下が要請されている。

・大公開会社における監査委員会の設置を法により義務付けること（3.05条）。
・大公開会社においては取締役会の過半数それ以外の公開会社では3名以上を独立取締役とすること（3A.01条）。
・独立取締役が過半数を占める指名委員会および報酬委員会を設置することなどを会社の慣行として推奨すること（3A.04条，3A.05条）。

---

[69] 龍田節「序説―コーポレート・ガバナンスと法」証券取引法研究会国際部会訳編『コーポレート・ガバナンス―アメリカ法律協会「コーポレート・ガバナンスの原理：分析と勧告」の研究―』（財団法人日本証券経済研究所・1994）82頁。
[70] The American Law Institute, Principals of Corporate Governance: Analysis and Recommendations (1994). 条文の翻訳は，上記の証券取引法研究会国際部会訳に従った。

4. 内部統制システム構築義務の肯定

(1) 概　説

アリスチャルマース事件判決から36年経過後，デラウェア州衡平法裁判所は，ケアマーク株主代表訴訟事件において，取締役会が会社に対するその義務を履行するにあたり必要な情報や報告を得るための適切な内部統制システムが経営者によって構築されることを確保する責務を負うか否かを検討した。

(2) ケアマーク株主代表訴訟事件[71]

ケアマーク社は患者介護の提供を業務とするヘルスケア会社であり，その従業員数は約7千人で，全国に90の支店を有していた。紹介謝礼禁止法（Anti-Referral Payments Law）は，ケアマーク社のようなヘルスケア提供者が，医療保険・医療扶助の対象となる患者の紹介に対して謝礼金を支払うことを禁止している。ケアマーク社は，公式には，会社の方針として，医療保険・医療扶助の患者紹介を誘導するようなサービスは禁止していると宣言していたが，紹介謝礼禁止法の下でいかなる金銭交付が違反行為となるかは不明確であり，ケアマーク社による医師との契約は，違法な謝礼金に該当する可能性もあった。1994年，ミネソタ州とオハイオ州の連邦大陪審は，それぞれ，ケアマーク社が同社の製品を使用してもらうために，医師に対して110万ドルを超える支払をしたという理由で，ケアマーク社を紹介謝礼禁止法の罪で刑事訴追した。第一訴追の後，ケアマーク社の複数の株主がそれぞれ独立した代表訴訟を提起した。ケアマーク社は，郵便詐欺に関する訴因について有罪を認め，罰金および損害賠償金を支払った。これとほぼ同時に，株主代表訴訟も和解に達した。アメリカ法では株主代表訴訟の和解に際して裁判所の承認を必要とするため，この和解条項は衡平法裁判所において審査されることとなった。和解条項の評価に関する判断において，衡平法裁判所のアレン判事は，つぎのように述べて，会社内部に法令遵守を確保するための内部統制システムを構築および実施しておくことが取締役の義務であることを明らかにした。

---

71) In re Caremark International Inc. Derivative Litigation, No.13670, 698 A. 2 d 959 (Del. Ch. 1996). (巻末重要判例【A 2】) 本件についての詳細な検討は，伊勢田道仁「従業員の違法行為と取締役の監視義務」旬刊商事法務1526号（1999）44頁参照。

「1963年，デラウェア州最高裁判所は，アリスチャルマース事件において，会社が合衆国反トラスト法に違反した結果として会社の受けた損害に対して取締役会の構成員が負うべき責任について判断をした。その事件においては，取締役に対する責任認定の基礎となるような会社従業員の違法行為に関する取締役の認識は存在しなかった。むしろ本件と同様に，取締役はかかる違法行為を認識しておくべきであったし，もし取締役がそれを認識していたならば彼らは会社を法令に従って運営すべき義務の下におかれることになり，その結果，会社の損害は避けられたはずである。デラウェア州最高裁は，その認定した事実によれば，取締役が会社の継続的運営に関して情報を得ておくべき義務に違反したと認定できる証拠はないと判示した。同裁判所は，様々な文言を費やして『取締役は，違法行為の存在を疑うべき理由がない限り，違法行為を発見するために会社の監視システムを構築し実施する義務を負わないことは疑う余地がない』という趣旨を述べている。そして同裁判所は，当該事件においては違法行為を疑うべき理由は存在していなかったことから，会社の損害を導くような行為に取締役が気が付かなかったことは非難に値しないと結論した。今日，このような判決を一般化することはできるだろうか。すなわち，現代において，法令違反行為の疑いを生じさせるような何らかの原因がない限り，取締役は，業務に関連する法令や規則の遵守状況を含んだ，会社内部の重要な行動，出来事，状況に関する情報を上級役員および取締役会に与えるための善意の努力を示すような会社内部の情報収集および報告システムの存在を確保する義務を負わない，ということが可能であろうか。明らかにそうではないと本官は信じる。1963年の時点において最高裁によって採用されたアリスチャルマース判決の立場をかくの如く広汎に一般化することを本官は疑うものである。当該判決の主旨は，不正行為を疑うような理由が存在しない限り，会社の取締役および上級役員はいずれも違法行為に対する責任を問われることはなく，従業員の忠実さおよび彼らの会社の業務執行における誠実さを当然のこととして仮定することが許される，という前提に立つものとして，より狭義に解釈することが可能である。」[72]

---

72) Id. at 969.

(3) 同決定に対する評価

　ケアマーク事件でアレン判事が示した見解は，デラウェア州最高裁がアリスチャルマース事件において採用した立場と矛盾するようにも見える。しかし同判事は，現在の時点では，最高裁も自己の見解に同意するはずであるとして，以下の3つの理由をあげる[73]。第一に，企業買収の事例において見られるように，最近の会社法においては取締役会の役割が重視されていること，第二に，適切かつ適時の情報を得ることはデラウェア州一般事業会社法141条に定められた取締役会の監視・監督職務の遂行にとって極めて重要であるということ，第三に，適正な法令遵守プログラムを構築している会社の違法行為に対しては，特別の量刑計算を行い軽減された制裁を加えるとする合衆国制裁ガイドラインができたことにより，法令遵守プログラムの構築はすでに一般的な企業慣行となっていること。

　さらに学説の中には，費用・便益分析の観点から，法令遵守プログラムの構築を取締役の注意義務の内容として肯定する見解もみられる[74]。まず，法令遵守プログラムを構築するためには費用がかかることは事実である。その作成を依頼した弁護士に支払う報酬は多額であるため，豊富な資金がある大企業を除くその他の会社にとっては相当の負担となる。また，従業員はかかる監視システムを自己が信用されていない証拠でありその忠誠心に対する侮辱であると解釈することから，監視されることを嫌う従業員に対して不愉快な状況を作り出すことになる。これは従業員の士気を低め，仕事に対する満足度を損なうという点において正確に計算することのできない費用を発生させ，法令遵守プログラム構築のための費用をさらに増加させる結果となる。しかしながら，これらの潜在的問題にもかかわらず，①会社の利益を最大化させる取締役の義務，②広範囲に及ぶ企業の違法行為，そして③制裁ガイドラインによって創出された利益という三要素を考慮に入れるとき，法令遵守プログラム構築のための原

---

73) Id. at 970.
74) Schehr, An Analysis of A Corporate Director's Duty to Ferret Out Wrongdoing: Have The Federal Sentencing Guidelines Effectively Overruled Graham v. Allis-Chalmers?, 42 Wayne L. Rev. 1617 (1996).

始費用は相対的に小さなものであるといえる。第一に、会社の長期的利益を最大化させるべき取締役の義務と会社を法令の範囲内において行動させる義務は完全に調和しうる。けだし、合法的な会社活動は長期的利益と株主の富を増大させるものであるから、法令遵守プログラム構築のために要した短期的な原始費用はすぐに補填され得る。第二に、長期的利益を最大化するために会社はその長期的な損失の危険を最小化する必要がある。しかしながら、会社による違法行為の多発という事実が示しているように、アリスチャルマース事件判決が出された1963年当時に比べて、今日では会社が損失を被る危険性は大きくなっている。第三に、合衆国制裁ガイドラインが改正されたことにより、潜在的な損失の危険を最小化するべく作成された適正な法令遵守プログラムの保持は、会社の最善の利益に合致するものとなっている。適正な法令遵守プログラムは、ガイドラインによって科される量刑範囲を大幅に軽減することができるばかりでなく、違法行為の発生を予防するためにも役立つものである。このように、費用・便益分析の観点からみれば、むしろ適正な法令遵守プログラムを構築しないことは長期的な会社の利益に反する行為であり、通常の慎重な取締役がとるべきではない選択であるとされる[75]。

(4) その後の展開

ケアマーク事件において、従業員による法令違反行為を防止するために内部統制システムを構築する義務があることが明らかにされ、企業不祥事が明らかになった事例について内部統制構築義務違反を理由とする取締役の責任追及訴訟が多数生じることが予測された。しかし、アメリカでは株主代表訴訟が濫発することが警戒され、訴訟制度上の制限や取締役の免責条項を認める立法が普及していった。このような状況の中、デラウェア州最高裁判所は、ストーン事件判決において[76]、信認義務違反であることを認識しつつ適切な行為をしなかったという不誠実（Bad Faith）が認められない限り、取締役らは監視義務違反に関する責任を負わないという立場を打ち出した。同判決以降、ケアマーク訴訟は原告が勝訴することが極めて困難なタイプの訴訟となっている。内部統

---

[75] Id. at 1640-1641.
[76] Stone v. Ritter, 911 A. 2d 362 (Del. 2006). (巻末重要判例【A 5】)

制システムの水準をめぐる議論については，本書第3章において詳しく検討する。

5．事業リスク管理体制との区別
(1) 概　説
2009年，いわゆるリーマン・ショックによる金融危機が生じ，アメリカでは事業に失敗した会社の取締役が監督責任を問われるケースが多発した。そのような裁判においては，会社の事業リスクに備えた内部統制システムを構築しておかなかったことが取締役の信認義務違反にあたると主張された。

(2) シティグループ株主代表訴訟事件[77]
著名な金融会社であるシティグループの株主代表訴訟において，原告はサブプライム住宅ローン市場に関連する事業によりシティグループ社が被った多額の損害の賠償を同社の過去および現在の取締役らに対して請求した。原告は，被告取締役らがサブプライム住宅ローン市場に関連する同社の事業を適切に監督することを怠り，また，サブプライム資産に関して同社がもつ危険性を適切に開示しなかったことが，信認義務違反にあたると主張した。また，これらの取引の危険性を示す警告事実が存在していたにもかかわらず，被告取締役らはこれを無視して短期的利益を優先したと主張した。株主代表訴訟の事前請求がなされていなかったために，被告から訴え却下の申立がなされた。デラウェア州衡平法裁判所は本件における提訴請求の無益性を審査した上で，つぎのように述べて原告の訴えを却下した。

「原告が主張する被告取締役が個人責任を負うべき理由は，従来のケアマーク訴訟におけるものとは異なっている。典型的なケアマーク訴訟では，原告は従業員の不正行為や法令違反を適切に監視監督することを怠ったために生じた損害に対する被告の責任を追及する。たとえば，ケアマーク事件では，謝礼禁止に関する連邦法に違反した従業員の行為の監視を取締役会が怠ったと主張され

---

[77] In re Citigroup Inc. Shareholder Derivative Litigation, 964 A. 2d 106（Del. Ch. 2009）.（巻末重要判例【A 6】）

たし，また，ストーン事件における取締役らは銀行機密に関する連邦法に従業員が違反したことに対する監視責任を追及されている。

　これに対して，本件の原告による主張はシティグループの事業リスク，とりわけサブプライム住宅ローン市場に関わる事業を被告取締役らが適切に監視しなかったことを根拠としている。すなわち原告は，被告取締役らは，求められる手続きを履行する善意の努力を怠ったこと，また，サブプライム住宅ローン市場に関する事業についてシティグループが負っているリスクを彼らが完全に知りうるようにするための十分かつ適切な会社内部の情報・報告システムを構築していなかったことから，ケアマーク基準の下で，個人責任を負うと主張している。また原告は，被告らに対してサブプライム住宅ローン市場の問題を示す，いわゆる警告事実の存在を指摘している。そして，①本件取締役の過半数はエンロン事件が生じたときシティグループの取締役の地位にあったこと，②彼らは監査リスク管理委員会の委員であり，財務の専門家であったと考えられることから，取締役会は上記の警告事実に当然に気付くべきであったと主張している。

　これらの主張は原告によりケアマーク訴訟と類似のものと性格づけられているが，原告の理論は実質的に，被告取締役らがサブプライム証券により生じたリスクを完全に認識することに失敗したために，会社に対して個人責任を負うべきであるということに帰着する。もしも，これらの主張を装飾するために監視義務や警告事実という高邁な表現を用いるのであれば，それは被告取締役の経営判断が会社にとって間違ったものであった場合に，原告株主による被告取締役らの個人責任の追及を可能にするものである。デラウェア州の裁判所はこのような種類の主張に何度も直面し，これに対処するために注意義務と経営判断原則の法理を発展させてきた。これらの法理は，決定内容の実質的評価ではなく，決定過程を適切にも重視している。これは，会社の経営判断が正しいか間違っているかを評価することに対する裁判所の不十分さや，後知恵による審査を回避すること，に基づくものである。」[78]

ここで原告が主張する「警告事実」とは，そのほとんどが，サブプライム

---

[78] Id. at 123-124.

ローン市場を含んだ金融市場の状況悪化およびそれに伴う市場参加者の状況悪化を示す公的リポートからの引用であった。たとえば，経済専門家による評論，市場関係機関による発表，企業倒産に関する報道，などである。デラウェア州衡平法裁判所は，これらの「警告事実」が示すものは被告取締役らの経営判断が間違っていたということにすぎない，と述べている。そして，同裁判所はストーン事件判決により示された判断枠組みに基づいて，信認義務違反であることを認識しつつ適切な行為をしなかったという不誠実（Bad Faith）が認められない限り，取締役らは監視義務違反に関する責任を負わないと結論したのである。

(3) 事業リスク管理と経営判断原則

同様の判断は，数年後のゴールドマン・サックス事件[79]においてもなされている。同事件では，従業員に対する過大な報酬支払と反倫理的な取引の実行に対する監督を怠ったことによる信認義務違反を理由として，投資銀行の取締役に対して損害賠償を求める株主代表訴訟が提起されたが，デラウェア州衡平法裁判所は，シティグループ事件判決を引用して，詐欺や違法行為に対する監視義務と事業リスクに対する監視義務を区別した上で，後者に対しては経営判断原則が適用されるとした。

このように，アメリカ判例法においては，事業リスクを管理するための内部統制の構築に関しては取締役に経営判断の余地が認められるとされる。ただし，これらは監視義務に関わる事案であるため，経営判断原則そのものが使われているわけではない。裁判所は，取締役の不作為が問題となるケースにおいて提訴請求の無益性判断に適用されるラレス基準のもとで，経営判断原則にも共通する理由を述べつつ，「不誠実」が認められない限り取締役らは責任を負わないという結論を導いているのである。

---

[79] In re Goldman Sachs Group, Inc., Shareholder Litigation, 2011 Del. Ch. LEXIS 151 (Del. Ch. 2011). 同判決を詳しく検討した邦語文献として，行澤一人「事業リスクに対する取締役の監視義務——内部統制システムにおける事業リスク管理体制とコンプライアンス（法令遵守）体制を区別することの意義——」正井章筰先生古稀祝賀『企業法の現代的課題』（成文堂・2015）545頁以下。

6. アメリカ法のまとめ

　初期の判例法においては，会社の業務執行の監督を怠った取締役に対して，グロス・ネグリジェンス責任が認められていた。しかし，中規模以上の株式会社については，従業員による違法行為が生じた場合に会社が法令遵守プログラムを構築していないとしても取締役の注意義務違反とはならず，むしろ取締役は疑いのある事実が生じていない限り会社役員や従業員を信頼する権利を認められるとされていた。この判例の立場は学説から強い批判を受けていたものの，費用・便益分析の観点からは，法令遵守プログラムの構築・維持には相当の費用が必要とされることから，かかるプログラムの実施によって得られる利益があまり大きくない場合には，法律上取締役の注意義務の内容としては要求されず，会社の内部組織の問題として経営者の裁量に委ねられた問題とみる余地もあった。とりわけ，株主でない者の利益を守るための法令遵守プログラムを会社に強制することに対して裁判所は慎重であるというクラーク教授の指摘には注目しなければならない。

　その後，アメリカにおいては会社が自主的に法令遵守プログラムを構築する動きが広がり，合衆国制裁ガイドラインが適正な法令遵守プログラムを構築していた会社において従業員による犯罪が生じたとき，その量刑範囲を必要的に軽減するという施策を採用した結果，現在では，法令遵守プログラムを含む内部統制システムを構築・維持することが，あらゆる業種の会社を通して取締役の注意義務の内容であるとする見解が一般的になっている。コンプライアンス・システムに関しては，当初，反トラスト法違反の事案が中心であったが，その対象は次第に拡大され，現在では連邦法を含む一般的な法令遵守を目的とする体制が求められているのである。しかし，具体的裁判においては，ストーン事件判決が故意の要件を求めたことから，取締役の監視義務違反を問う訴訟で原告が勝訴することは稀である。

　また，詐欺や法令遵守に対する監督責任と事業リスクに対する監督責任は明確に区別される傾向があり，後者に対しては経営判断原則に類似した基準が取られている[80]。

第4節　本章の結論

　最後に，比較法研究の結果を踏まえて日本法に対する示唆を述べ，本章冒頭で掲げた課題に答えることにしたい。

　まず，両国法の共通点は，取締役会の構成員である取締役はその法的義務として事業執行者に対する監視義務を負っていることである。そして，中規模以上の会社における従業員による法令違反行為に関しては，両国ともに，内部統制システムの構築義務が否定された時期があったが，その後の社会条件の変化や取締役会に期待される機能が次第に変化・拡大するに伴って，法令遵守プログラムとしての内部統制システムを構築することが取締役の法的義務として肯定されるようになった。

　また，日本法とアメリカ法とにおける違いも存在する。アメリカ法の特徴としては，従来，中規模以上の株式会社において会社以外の第三者が取締役個人の責任を追及するという事案がほとんどなく，株主代表訴訟による責任追及が中心であったという点である[81]。内部統制システムの構築は，コンプライアンスの一環として，株主代表訴訟において会社の損害防止という観点から把握されている。他方，日本では，会社法429条１項があるために，取締役の会社に対する善管注意義務違反を理由として会社以外の者が損害賠償請求をすることができる。そのため，取締役は会社自体のリスク管理を超えて，社会の利益を守るような内部統制システムの構築をする必要に迫られる。言い換えれば，法令を遵守した業務執行体制を整えることが強く要請されているのである。

---

80)　これを指摘するものとして，行澤・前掲注79) 551頁。一方，シティグループ事件判決のように違法行為リスクとそれ以外のリスク管理を分けることは妥当ではないと理解した上で，いずれの場合においてもリスク管理の妥当性に関して裁判所が審査を行うことは困難であることを示唆する見解もある。南健吾「リスク管理と取締役の責任──アメリカにおけるAIG事件とCitigroup事件の比較──」小樽商科大学商学討究61巻2＝3号（2010）232-234頁。

81)　しかし，最近は取締役に対する不法行為責任訴訟が増加する傾向がみられる。Rhee, The Tort Foundation of Duty of Care and Business Judgement, 88 Notre Dame L. Rev. 1139 (2013).

このように日本では，アメリカと比較して，株式会社の事業執行における法令遵守について取締役会の監督機能に期待されるところがより大きいといえる。

　株式会社の取締役会は，その機能として，代表取締役らの業務執行の効率性を監督すること，債権者や投資家に対する財務報告の信頼性を確保するとともに，会社の業務活動が法令を遵守していることを確保すべきであり，その結果，取締役会の構成員である各取締役は，その善管注意義務の内容として，上記3つの目的達成のために必要な内部統制システムを構築・運営する責務を負っているのである。そのような制度が積極的に利用される結果として，わが国では内部統制システムの構築が求められる領域が拡大し，会社自体の損害防止から第三者の損害防止へと伸張する傾向が生じているのである。

第2章

内部統制システムに関する義務を負う者

第1節　本章の課題

　株式会社の業務執行に関しては，その決定および実行に携わる機関と，その監督および監査に携わる機関とが分化している。前者に属する機関としては，代表取締役および業務執行取締役，その他の取締役（会計参与，社外取締役，使用人兼務取締役）があり，後者に属する機関としては監査役・監査役会，および外部の専門家として会計監査人があげられる。なお，機関としての取締役会は，原則として，業務執行の決定機能と業務執行の監督機能という両方の役割をもっているが，指名委員会等設置会社および監査等委員会設置会社という会社形態においては，取締役会の役割は監督機能に特化している。

　株式会社の内部統制システムは，主として，業務執行の適法性を確保し，取締役や従業員により引き起こされる可能性がある不祥事を未然に防ぎ，万一それが発生した場合には損害を最小限に抑止するという目的を持っている。したがって，株式会社の業務執行に携わる各機関（外部の会計監査人を含む）は，会社内部の地位に基づくその監視義務の内容に応じて，内部統制システムの構築・維持に対する義務を負うことになる。

　会社に不祥事が起きた場合，取締役等の会社役員が，当該不祥事に関連する問題に対して，社内的にどのような権限を有しており，どのような監視義務を負っていたかを認定することが重要となってくる。すなわち，不祥事の原因は，個別的なミスのこともあるし，個別のミスだけに特定することのできないシステム設計上の問題であることもある。不祥事が生じた部門のトップだけに任務

懈怠責任が問われるわけではなく、内部統制システムの大綱に問題があるケースも考えられる。通常予想されるリスクの発生を防止するために必要と考えられる内部統制システムの構築自体を怠っていたのであれば、取締役会の構成員全員、および場合によっては監査役等も責任を問われる可能性がある。

　本章では、上記のような株式会社の業務執行に携わる機関が、それぞれ内部統制システムの構築・運営に対して負っている具体的な義務の内容について、判例や実務資料の検討を通じて明らかにしたい。また、2014年（平26）、会社法の中に企業集団における内部統制の構築義務が明記されたことから、これに対する義務を負う者およびその義務内容について検討する。さらに、信頼の権利が認められる場合は、業務執行者または業務監督者の権限範囲と密接な関連を有しているものと考えられる。したがって、以上の権限範囲の検討に対応する形で、信頼の権利との関係についても考察する。

第2節　従来型の株式会社における内部統制

1．総　説

　ここで従来型の株式会社と称するのは、わが国においてもっとも多く見られるタイプの会社であり、代表取締役に加えて取締役会と監査役（会）が設置されている会社である。他に、会計監査人を置く会社も増えている。本節ではそれらの各機関がそれぞれどのような監視義務を負っており、また内部統制に関する義務を負うかについて検討する。

2．取締役会および取締役
(1)　取締役会の権限

　内部監査部門や内部牽制組織といった会社の内部統制システムは、本来、経営者がその業務執行の適正さを確保し、経営効率を向上させる目的で任意的に構築されるものであった。その意味では、従来、内部統制システムを構築するか否かおよびその具体的な内容の決定については代表取締役をはじめとする会社の業務執行者の裁量に委ねられているものと考えられてきた。

　しかしながら、すでに検討したように、違法行為の防止を目的とした法令遵

守プログラムを含む内部統制システムを構築することが取締役の法的義務として位置付けられ得る場合には，代表取締役がかかるシステムの構築および実施について主たる権限を有していると解することには疑問が生じる。けだし，取締役会設置会社においては，会社の業務執行の決定および監督権限を与えられているのは取締役会であって，代表取締役は取締役会により決定された業務を執行するための機関ないしは日常的な業務執行の決定を委ねられた機関と考えられるからである。また，法令遵守プログラムを含む内部統制システムの下で監視の対象となる者は従業員ばかりではなく代表取締役をも含めた業務執行者であることを考慮するならば，監視の対象者自身が監督システムを構築し，その実施を確保する義務を負うと解することには問題がある。

したがって，内部統制システムを法律上の要請として捉える場合，その構築・実施に対する権限は，取締役会設置会社において，代表取締役ではなく監督機関である取締役会に存するものと解すべきである。

(2) **取締役会の専決事項**

以上の通り，内部統制システムの決定権限は，取締役会設置会社においては，取締役会にあると解することができ，取締役会の専決事項を定めた会社法362条4項の規定は，この趣旨を明らかに示すものである。したがって，取締役会は内部統制システムの整備を取締役に委任することはできず，代表取締役等が独断で内部統制を設計することはできない。ただし，取締役会で内部統制システムに関する大綱が決定されていれば，細部の設計に関しては代表取締役に委ねることが可能である。

(a) 内部統制システムの大綱の決定

以上のように，取締役会は内部統制の大綱を決定する立場にあり，代表取締役は内部統制システムの全社的な実施を統括し，個々の部門における具体的な内部統制システムの設計内容については各部門の取締役に決定が委ねられる。各取締役は担当する各部門の実情に応じて適切な内部統制システムを構築する必要がある[1]。

大和銀行株主代表訴訟事件の本案訴訟においては，ニューヨーク支店の行員による無断売買が可能になった原因は同支店内の財務省証券の保管残高の確認方法の不備であることが認定され，過去に同支店長の地位にあった取締役のみ

が内部統制システム構築義務違反の責任を負い,取締役会の構成員である取締役らについてはリスク管理体制の大綱等が定められていたとして責任が否定されているのである[2]。

> 「検査部及びニューヨーク支店の指揮系統に属さない取締役(代表取締役を含む。)は,取締役会上程事項以外の事項についても,監視義務を負うのであり,リスク管理体制の構築についても,それが適正に行われているか監視する義務がある。しかしながら,…<u>ニューヨーク支店における財務省証券取引及びカストディ業務に関するリスク管理体制は,その大綱のみならず具体的な仕組みについても,整備がされていなかったとまではいえず,</u>ただ,財務省証券の保管残高の確認方法が著しく適切さを欠いていたものであること,検査業務については,検査部という専門の部署が設けられていたこと,検査の専門の部署が,財務省証券の保管残高を確認するに当たり,バンカーズ・トラストから保管残高明細書を直接入手するという正に必要欠くべからざる手順をとらず,検査対象であるニューヨーク支店あるいはカストディ係にバンカーズ・トラストから財務省証券の保管残高明細書を入手させ,その保管残高明細書と同支店の帳簿とを照合するという,基本的な過誤を犯すことを想定することは困難であること等の諸事情によれば,ニューヨーク支店における財務省証券の保管残高の確認方法について疑念を差し挟むべき特段の事情がない限り,不適切な検査方法を採用したことについて,取締役としての監視義務違反を認めることはできないものと言うべきである。」(下線は筆者)

(b) 情報伝達システムの確保

ところで,取締役会が会社のすべての業務執行について自ら決定する必要がないとしても,下位組織に専決処分を完全に委ねてしまうことが許されるかど

---

1) なお,会計参与設置会社の場合には,会計参与は取締役会の構成員として内部統制システムの大綱の決定に関与するが,会計の専門家であることから,財務報告の信頼性確保に係わる仕組みについて,他の取締役よりも高度の注意義務を負うものと考えられる。
2) 大阪地判平成12年9月20日判タ1047号86頁。(巻末重要判例【J1】)

うかは若干検討を要する問題である。会社の通常の業務執行に属するような一定範囲の業務については，経営担当者（代表取締役または担当取締役または経営委員会等）の裁量に委ねられることが多いが，それはまったく取締役会の監視の対象にならないのであろうか。たとえば，インパクトローン等を含む銀行の貸付が回収不能に陥った事案について，名古屋地方裁判所はつぎのように判示して，常務会メンバーではない取締役について監視義務違反を否定している[3]。

> 「原告は，融資案件のすべてが常務会において専決され，取締役会に報告されることもなかったから，業務担当取締役及び常務会構成員以外の取締役にはこのようなチェックシステムの構築の怠りにおいて善管注意義務，忠実義務違反があると主張する。しかしながら，金融機関においては融資は通常の業務執行に属することであり，取締役会よりも機動性に富んだ常務会の専決に任せることには，優に合理性を肯定することができる。<u>しかも，常務会には，その構成員でない取締役も参列して意見を述べることも可能であったから，常務会の決定に違法または不当な点を発見した場合には平取締役といえども取締役会の開催を求めるなどしてこれを是正することも可能であったのである。</u>そうであるとすれば，融資案件を常務会に専決させたことが善管注意義務，忠実義務の違反であるという余地はなく，また，専決を監督する手段が確保されていなかったということもできない。」（下線は筆者）

融資決定を取締役会よりも機動性に富んだ常務会の決定に委ねることについて合理性が認められる点は，裁判所の指摘する通りである。しかし，取締役について取締役会上程事項に限られない監視義務が肯定されることを前提とするならば，常務会で出た注意すべき情報につき取締役会を構成する取締役全員が知ることのできる情報伝達システムが確保されていたか否かを問題とすべきであった。その上で，そのシステムの適正を疑うべき特段の事情が見当たらないのであれば，信頼の権利を適用すべき事案であったと思われる[4]。たんに可

---

3) 名古屋地判平成9年1月20日資料版商事法務155号123頁（中京銀行事件）。

能性の問題として構成員ではない取締役も常務会に出席して意見が言えたはずだというのでは，十分な内部統制システムが構築されていたとはいえない。

(3) 取締役会非設置会社

取締役会を置いていない株式会社については，各取締役に業務執行権限が認められるが，取締役が２人以上ある場合については，内部統制システムの整備についての決定は各取締役に委ねることはできないとされており，必ず取締役会議の多数決により決定することを要求している（会社法348条２項・３項４号）。大会社についてはこの決定が義務付けられている。これらの規定の趣旨は取締役会設置会社の場合と同様であるが，取締役会が置かれていない会社の場合には各取締役の業務執行の自由度が高いことから，それが安易に流れることのないように，上記の内部統制システムとして，業務の決定が適切に行われることを確保する体制が含まれていなければならないとされている（会社法施行規則98条２項)[5]。

3. 代表取締役および業務執行取締役

(1) 代表取締役

代表取締役は，取締役会の構成員としても善管注意義務を負っているのであるから，業務執行者または従業員の違法行為を防止するための内部統制システムの構築および維持に対して常に関心を払い，かかるシステムが会社内部に未だ構築されておらず，あるいは構築されていても十分に機能していない場合には，取締役会における行動を通じて，その構築または改善を要求する義務を負っているものと解される。

また，代表取締役は，取締役会で決定された大綱に従い，現実の会社内部の状況や，体制構築のための費用等も勘案しつつ，具体的な内部統制システムの設計をする責務を負っている。複雑な組織を有する大規模会社の場合には，各部門を所轄する業務執行取締役に対してより具体的な内部統制システムの設計

---

[4] 神崎克郎「判批」金融法務事情1492号（1997）76頁，78頁。
[5] 落合誠一編『会社法コンメンタール(8)機関(2)』（商事法務・2009）11-12頁〔落合誠一〕参照。

を委任することも許されると考えられる。しかし，そのような場合であっても，代表取締役は，株式会社における業務執行の最高責任者として内部統制システムの適切性・機能性について最終的責任を負うと解すべきである。

(2) 業務執行取締役

業務執行取締役とは，代表取締役以外の取締役であって，取締役会の決議によって，取締役会設置会社の業務を執行する者である（会社法363条1項2号）。業務執行取締役は，取締役会の構成員として会社全体の内部統制の大綱を決定する責任があると同時に，その担当部門における内部統制システムの具体的設計について当然に責任を負う。そのために，前出の大和銀行株主代表訴訟事件においては，ニューヨーク支店の内部統制システムの設計に不祥事を招いた原因があると認定され，最終的に同支店長の地位にあった取締役だけが内部統制システム構築義務違反の責任を問われたのである。このように，業務執行取締役については，取締役会の構成員としての監視義務に加えて，ラインの責任者としての監督義務という二重の責任があることに注意すべきである。

(3) 事実上の取締役

代表取締役の地位にすでにない場合であっても，会社の業務執行につき事実上の支配権を有していたときには，内部統制システムの構築について責任が認められる場合がある。

破産前の商品先物取引会社P社の取締役ら（退任した取締役Y1を含む）に対して，同社に委託した商品先物取引の適合性原則違反，不当勧誘により損害を被ったとして，顧客であるXらが求めた旧商法266条の3第1項に基づく損害賠償請求が認められた事案がある[6]。

> 「P社の取締役であったY1は，平成9年までにされた顧客との個別取引に係る重大かつ具体的な問題点の指摘と，P社における営業収益の急激な上昇とを照らし合わせ，遅くとも同年末ころまでには，破産会社の取締役として，…P社の営業部門の役員及び従業員による営業活動の実態を把握し，これらの従業員等が過当営業行為を行うことのないように指導監督する職務上の注意義務を

---

[6] 大阪地判平成23年10月31日判タ1401号188頁。

負っていたというべきである。
　Y1の地位，P社の他の役員等に対する影響力，P社の実際の業務に対する関与度合いや高額な対価の受領等の各事情に照らせば，Y1は，取締役の退任登記を経た後も，その実質において，P社の経営を支配していたというほかになく，P社の事実上の取締役として，Y2及びY3を始めとするP社の役員及び従業員による過当営業行為を防止するための社内体制の構築その他適切な措置を講ずべき職務上の注意義務を負っていたというべきである。」

　本件裁判所は，Y1が取締役の退任登記を経た後もグループ・オーナーの地位にあり，P社を含むグループ傘下各社の役員及び従業員から会長などと呼ばれる存在であったこと，自己およびグループ会社と併せてP社の発行済み株式の80％を超える株式を所有し，給与名目で突出して高額な金員の支払を受け続けていたこと，P社の組織の頂点に立ち，同社における種々の事業執行について自ら決裁するなどしてこれを執り行っていたことなどを指摘して，Y1はP社の事実上の取締役として，従業員等の過当営業行為によってXらが被った損害（直接損害）について損害賠償責任を負うとした。
　この事案は，株式会社において正式な機関としての地位を有していなくても，実質的に強力な影響力を有する者は，会社の業務執行に対する監督義務があり，かつ，内部統制システムの構築義務を負うことを示したものといえる。

4．監査役
(1) 会社法規定と監査基準
(a) 会社法・省令
　監査役は，株式会社において取締役の職務執行を監査する機関であり（会社法381条1項），監査役の監査権限は，定款により会計監査に限定されている場合を除き，会社全般の業務監査にも及ぶものである。監査役の監査には，取締役の職務執行を事後的に評価する（事後監査）だけでなく，取締役が違法・不当な業務執行をしないように防止する（事前監査）ことが含まれる。そこで，監査役は取締役会に出席し，必要があると認めるときは意見を述べなければならないとされており（会社法383条1項本文），また，取締役が不正の行為をし

もしくは当該行為をするおそれがあると認めるとき、または法令もしくは定款に違反する事実もしくは著しく不当な事実があると認めるときは、遅滞なくその旨を取締役（取締役会設置会社にあっては取締役会）に報告しなければならず（会社法382条）、さらに、このような場合において必要があると認めるときは取締役会の招集権者（会社法366条1項）に対し取締役会の招集を請求することができるものとされている（会社法383条2項）。その他、取締役が監査役設置会社の目的の範囲外の行為その他法令若しくは定款に違反する行為をし、またはこれらの行為をするおそれがある場合において、当該行為によって当該監査役設置会社に著しい損害が生ずるおそれがあるときは、当該取締役に対し当該行為をやめることを請求することができる（会社法385条1項）。

　また、2014年（平26）会社法改正時に法務省令が改正され、監査役設置会社（監査役の監査範囲を会計監査に限定している会社を含む）の内部統制体制について、以下の事項を含むことが求められるようになった（会社法施行規則98条4項各号・100条3項各号）。

・監査役の職務を補助する使用人に関する事項（1号）
・前号の使用人の取締役からの独立に関する事項（2号）
・前号の使用人に対する監査役の指示の実効性に関する事項（3号）
・監査役への報告に関する体制（4号イロ）
・前号の報告をした者が不利益な取扱いを受けないことを確保する体制（5号）
・監査役の職務執行費用の前払または償還に関する事項（6号）
・その他監査役の監査の実効性を確保するための体制（7号）

(b)　内部統制に関する監査基準等

　これらの法令の規定を前提として、監査役が準拠すべき具体的な監査基準として、日本監査役協会は、「監査役監査基準」および「内部統制システムに係る監査の実施基準」を公表している[7]。

　まず、監査役監査基準21条2項各号によれば、取締役の職務の執行の監査に

---

7)　両基準の最新版は、以下の日本監査役協会のサイトで入手可能である。http://www.kansa.or.jp/support/library/regulations/post-134.html

については、監査役は、取締役会決議その他における取締役の意思決定の状況及び取締役会の監督義務の履行状況を監視すること（1号）、取締役が内部統制システムを適切に構築し運用しているかを監視し検証すること（2号）、取締役が会社の目的外の行為その他法令もしくは定款に違反する行為をし、またはするおそれがあると認めたとき、会社に著しい損害または重大な事故等を招くおそれがある事実を認めたとき、会社の業務に著しく不当な事実を認めたときは、取締役に対して助言または勧告を行うなど、必要な措置を講じること（3号）などが定められているほか、同条3項において監査役は上記の事項に関し必要があると認めたときは、取締役会の招集または取締役の行為の差止めを求めなければならないとされている。また、監査役監査基準24条においては、監査役は内部統制システムの構築・運用の状況についての報告を取締役に対し定期的に求めるほか、内部監査部門との連携および会計監査人からの報告等を通じて、内部統制システムの状況を監査し検証しなければならない（同条2項）、監査役は内部統制システムに関する監査の結果について、取締役または取締役会に報告し、必要があると認めたときは、取締役または取締役会に対し内部統制システムの改善を助言または勧告する（同条3項）と定めるなど、内部統制システムに係わる監査について詳細な規定が置かれている。

つぎに、内部統制システムに係る監査の実施基準によれば、まず、内部統制システム監査の基本方針および方法等が定められた上で（第2章）、法令等遵守体制・損失危険管理体制等の監査（第3章）、財務報告内部統制の監査（第4章）、監査役監査の実効性確保体制の監査（第5章）がそれぞれ定められており、監査役監査基準において求められている内部統制システムの内容が具体的に明らかにされている。

(2) 判　例

(a) 大和銀行株主代表訴訟事件[8]

内部統制システムの構築に関する監査役の義務に関し、米国債の無断売買により大和銀行の海外支店で多額の損失が生じた事案の株主代表訴訟担保提供命令手続きにおいて、大阪高等裁判所はつぎのように述べている。

---

[8]　大阪高決平成9年12月8日資料版商事法務166号138頁。

「前示…の説示のとおり，ニューヨーク支店における証券取引業務に関するチェック体制ないし内部統制システムの構築及び実施に関する事項は，監査役にとっても，金融機関である大和銀行の基本的な組織運営のあり方にかかわる問題として，常に関心を払い，監視の対象とすべきことがらであるといえる。ところが，右説示のとおり，右内部統制システムが存在し，これが十分機能していた事実が現在のところ明らかでない。そうであるなら，監査役は，前示平取締役について論じたのと同様，右事項に関する適切な情報収集を行い，監視義務を尽くすべきであるとの抗告人らの主張が，主張自体失当であるとか，事実的，法律的根拠を欠き，これを知りながら訴えを提起しているなど前示『悪意』の要件を具備しているとはいえない。」

このように，当時は法令や省令の定めが存在しなかった時期であったにもかかわらず，同事件の担保提供命令手続きにおいては，監査役の内部統制システム構築に関する義務が明確に認められた。しかし，同事件の本案訴訟においては，「監査役は，取締役の職務の執行を監査する職務を負うのであり，検査部及びニューヨーク支店を担当する取締役が適切な検査方法をとっているかについても監査の対象であり，また，会計監査人が行う監査の方法及び結果が適正か否かを監査する職務も負っていた」[9]と判示するにとどまり，内部統制システム構築の義務について明確に言及していない。

(b) セイクレスト事件

不動産の売買・賃貸・仲介等の事業を行っていたP社が，その代表者Aが独断で株式払込金の目的外使用，支払見込みのない約束手形の振出，会社資金の不正流出などを行ったことにより倒産した事案につき，大阪高等裁判所は，同社の取締役らの内部統制システムの構築義務違反を認めた上で，同社の社外監査役Yが内部統制システムの構築を勧告しなかったことにつき善管注意義務違反を肯定している[10]。

---

9) 前掲注2)，大阪地判平成12年9月20日（大和銀行株主代表訴訟事件）
10) 大阪高判平成27年5月21日判時2279号96頁。（巻末重要判例【J7】）

「前記…で判示したとおり，P社の取締役らは，平成22年12月7日の時点において，Aが，破産会社の資金を，定められた使途に反して，合理的な理由なく不当に流出させるといった任務懈怠行為を行う可能性があることを具体的に予見することが可能であったといえ，取締役らの中でも，経営管理本部長であり，財務担当の取締役であるBは，このような事態の発生を防止するための内部統制システムを，取締役会において整備すべき義務を負っており，具体的には，現金及び預金の管理規程を制定し，即時，これを施行することを取締役会に提案し，取締役会においてこれを決定すべき義務を負っていたということができる。ところが，Bは，Aに手形帳を保管させたり，記載内容が未記入の白地手形に捺印がされているものが存在する状態を放置するなどしていた。また，本件手形取扱規程が制定された後も，Aが取締役会の承認を経ないで約束手形の発行を継続していたことが判明した平成22年12月7日の時点においてさえ，Bが，Aに対して，このような行為を止めさせるための具体的な方策を取ろうとした形跡も存しない。そして，以上のような事情と，前記…で認定したとおり，Yが平成3年8月から日本公認会計士協会近畿会に所属する公認会計士であり，平成13年3月に破産会社の社外・非常勤監査役に就任し，平成23年3月30日に辞任するまでの間，同社の監査役であった者であって，また，前記…で認定したとおり，平成22年度の監査役の監査業務の職務分担上，経営管理本部管掌業務を担当することとされていたことに加えて，取締役会への出席を通じて，Aによる一連の任務懈怠行為の内容を熟知していたことをも併せ考えると，<u>Yには，監査役の職務として，本件監査役監査規程に基づき，取締役会に対し，P社の資金を，定められた使途に反して合理的な理由なく不当に流出させるといった行為に対処するための内部統制システムを構築するよう助言又は勧告すべき義務があったということができる</u>。そして，Yが，P社の取締役ら又は取締役会に対し，このような助言又は勧告を行ったことを認めるに足りる証拠はないのであるから，Yが上記助言又は勧告を行わなかったことは，上記の監査役としての義務に違反するものであったということができる。」（下線は筆者）

　本件については，取締役らと同様に，監査役Yにも会社の損害が生じる具体的な予見可能性があるとした上で，監査基準の規定などを根拠として，取締役

会に対して緊急時の内部統制の構築を助言・勧告すべきであったにもかかわらず、それを怠ったことは善管注意義務違反であるとする（ただし、監査役Yには重過失まではなかったとして、結果的には責任を否定している）。監査役監査規程は、ベスト・プラクティスを含むものであり監査役があまねく遵守すべき規範を定めたものではないというYの主張に対しては、監査役の義務違反の有無は監査役監査規程や内部統制システム監査の実施基準に基づいて判断されるべきであるとした。また、P社の取締役会においては、監査役の内部統制システムの構築に関する助言又は勧告があれば、それに従った措置がとられた可能性が高かったとも認定している。

(3) 監査役の善管注意義務と内部統制

以上の通り、監査役に対しては、監査基準等の実務指針によって内部統制システムの構築・運営に対する行動が求められており、いくつかの判例においては、会社の損害発生の具体的予見可能性がある場合に、監査役が内部統制システムの構築を取締役会に対して助言・勧告しないことは任務懈怠となり得ることが認められている。

問題は、具体的予見可能性がない場合である。中規模以上の株式会社においては、監査役が取締役の業務執行の監査を行うにあたり、監査役が直接に関与することは事実上困難である。各監査役は単独で行使できる業務調査権をもっているとしても、その権限行使が要求されるのは社内に不祥事が疑われるような警告事実が生じた時点であるから、調査の端緒となる事実に接する可能性としては取締役と変わるところはないと考えられる。

たとえば、ゴルフ場事業を営む株式会社が、その親会社に対して、多額の経営管理指導料を支払い、所属する従業員を転籍し、多額の貸付をするなど不自然な取引を行ったため、債務超過となり会社更生手続開始の決定を受けた事案がある。その後、管財人から同社の監査役であったYに対する損害賠償額の査定が申し立てられた。大阪地方裁判所は、「Yが監査役としての任務を懈怠したというためには、X社の取締役が善管注意義務に違反する行為等をした、又は、するおそれがあるとの具体的な事情があり、Yがその事情を認識し、又は、認識することができたと認められることを要する」と述べて監査役の任務懈怠を否定した[11]。この事案において、監査役Yは継続的に取締役会に出席して

いたが，X社が親会社との間で業務委託契約の締結をしたことや，従業員の転籍がなされたことを認識していたかどうかについては明らかではなく，また，同社の代表取締役の善管注意義務違反を具体的に疑うべきことを基礎付ける事実関係を認識していたとも認定されていない。その結果，具体的予見可能性がないとされ，Yの任務懈怠は否定されているのである。

しかし，監査役は会社の業務全般について監査権限を有し，取締役会に上程されていない事柄についても監視義務を負っているのであるから，取締役の善管注意義務違反を示すような具体的事実を認識していない限り責任が生じないという大阪地方裁判所の立場は妥当とはいえない。監査役としては，日常的に，社内に異常が生じたときに適時に情報を受けられるような内部統制システムが構築されており，それが適切に運用されていることを確認する義務を負うというべきである。上記判決では，X社内部の内部統制システムの構築・運営に関するYの事前の行動が適切なものであったかどうかについてまったく言及がなされておらず，疑問が残る。

以上の通り，監査役に対しては，取締役会により適切な内部統制の大綱が定められているかどうか，また，代表取締役をはじめとする業務執行担当者により各部門においてその大綱に従った具体的な内部統制システムが取られているかどうか，を確認することが要請されているが，それだけではなく，監査役自身の監査業務を有効に行うための内部統制部門が構築されていることも確保しておくべきである。会社に監査役自身のための内部統制システムが構築されていない場合には，取締役会に対して必要な内部統制システムの構築を要請することが監査役の善管注意義務の内容として求められることになる。

5．会計監査人
(1) 会社法の規定と監査基準
(a) 会社法

会計監査人は，外部の専門家として，会計監査人設置会社である株式会社の計算関係書類につき，会社との契約により委任を受けて監査を行う。株主や債

---

11) 大阪地決平成27年12月14日判時2298号124頁。

権者など計算の適正に利害関係を有するものが多い大会社には会計監査人を置かなければならない（会社法328条）。監査等委員会設置会社および指名委員会等設置会社も会計監査人を置かなければならない（会社法327条5項）。それ以外の株式会社が定款の定めにより会計監査人を置いた場合には，同時に業務権限を有する監査役を置かなければならない（会社法327条3項・389条1項）。業務監査を行う機関とセットでなければ会計監査人はその機能を果たし得ないと考えられるからである[12]。会計監査人が監査手続きにおいて取締役の重大な不正や法令定款違反行為を発見したときは，監査役に報告する義務がある（会社法397条1項）。

　会計監査人となる者は，公認会計士または監査法人に限られる。金融商品取引法の適用会社において，同法に基づき財務計算に関する書類につき監査証明をする公認会計士・監査法人と会社法上の会計監査人とは，通常，同一人である（東京証券取引所・有価証券上場規則438条）。上場会社においては，当該公認会計士・監査法人は，財務計算に関する書類その他の情報の適正性を確保するために必要なものとして内閣府令で定める体制について経営者が評価した「内部統制報告書」の監査証明を行う。

(b)　内部統制に関する監査基準等

　会計監査人は，一般に公正妥当と認められる監査基準に準拠して監査を行うが，この監査基準は，企業会計審議会が定める「監査基準」と，日本公認会計士協会が定めた監査実務指針である「監査基準委員会報告書」，「監査委員会報告」，「IT委員会報告」および「銀行等監査特別委員会報告」により構成されており[13]，さらに，一般に認められる監査実務慣行も監査の基準に含まれる。

　近年，会計監査人はリスク・アプローチの手法により監査を実施することが求められている。リスク・アプローチとは，公認会計士協会の監査実務指針の定めによると[14]，おおむね以下の通りである。

---

12)　江頭憲治郎『株式会社法〔第7版〕』（有斐閣・2017）617頁。
13)　これらの各基準の最新版は，以下の日本公認会計士協会のサイトで入手可能である。http://www.hp.jicpa.or.jp/ippan/specialized_field/article/index.html
14)　日本公認会計士協会「監査リスクと監査の重要性」（監査基準委員会報告書第5号）平成17年3月31日改定。

会計監査人は，監査を実施するための監査計画を策定するにあたり，監査対象企業の事業内容および企業内外の経営環境を把握した上で，以下の各リスクについて評価する。

・固有リスク（企業の内部統制が存在しないと仮定した上で，財務諸表に重要な虚偽の表示がなされる可能性）
・統制リスク（財務諸表の重要な虚偽の表示が，企業の内部統制によって防止または適時に発見されない可能性）
・発見リスク（企業の内部統制によって防止または発見されなかった財務諸表の重要な虚偽の表示が，監査を実施してもなお発見されない可能性）

この発見リスクを「低」と設定する場合，通常，①より強い証明力を有する監査証拠を得るための監査手続きを選択する，②貸借対照表日により近い時期に監査手続きを実施する，③実施する監査手続きの範囲を拡大する，という対応が必要である。

なお，会計監査人は，当初の監査計画に基づいて監査を実施する過程で発見した虚偽の表示の兆候を検討した結果，財務諸表の重要な虚偽の表示を看過する可能性が高いと判断し，上記各リスクの評価を変更する場合には，監査計画の見直しの必要性を検討しなければならないとされている。

(2) 判　例
(a) ナナボシ粉飾決算事件[15]

火力発電所等の補修・維持関連工事を行うメンテナンス事業および発電所設備などを行うプラント事業を主目的とする会社が業績低迷により倒産した。再生管財人は，同社の粉飾決算を見逃して決算期に適正意見を表明した会計監査人であった監査法人に対して，善管注意義務違反を理由に，監査契約の債務不履行に基づく損害賠償請求を行った。会計監査の目的は不正行為の発見ではないとする監査法人の主張に対し，大阪地方裁判所は以下の通り述べて，当該監査法人の善管注意義務違反を認めた。

「会計監査の目的は，第一次的には会社の財務諸表が適法かつ適正に作成され

---

15) 大阪地判平成20年4月18日判時2007号104頁。

ているかを審査することにある。粉飾決算の発見は，財務諸表に虚偽の記載があると疑いがもたれる場合には監査の対象となるものであるから，副次的な目的であるとはいえる。しかし，監査人としては，被監査会社の監査上の危険を正確に検証し，財務諸表に不自然な兆候が現れた場合は，不正のおそれも視野に入れて，慎重な監査を行うべきである。このことは，監査基準や監査基準委員会報告書においても，監査人に一般的に要求される職務として，指摘されており，平成3年の監査基準の改正により，リスク・アプローチが導入されたことにより，より強く監査人の職務として，要請されるようになったと解される。」

このように，会計監査人に対しては会社側による会計不正のおそれも視野に入れて慎重な会計監査を行うことが善管注意義務として要請されることが明らかにされた。しかし，つぎの問題は，監査人はどのように不正の兆候を発見できるのかということであった。

(b) アイ・エックス・アイ破産管財事件[16]

倒産した会社において財務諸表への虚偽記載の原因となった架空循環取引を看過し，不正行為発見を目的とした追加監査手続きを行うことなく無限定適正意見を表明した監査法人Yに対して，破産管財人Xから損害賠償請求がなされた事案において，大阪地方裁判所は監査法人の善管注意義務違反を否定して以下のように述べている。

「Yは，本件監査において，種々の固有リスクなどを認識した上で，内部統制に依拠することなく，発見リスクを「低」と設定した場合に求められる証明力の強い監査証拠を得るための監査手続を，貸借対照表日を実施時期として広範囲に実施する方針の監査計画を策定し，これに従って監査を実施したと認められる。仕掛品の滞留や監査証拠の不提出といった不正行為の存在を具体的に窺わせる事情が顕出された第19期とは異なり，再生会社のみならず販売先や仕掛品の保管先などの異なる情報源から，複数の異なる監査手続によって入手した監査証拠間に整合性があり，分析的手続によっても売掛金や仕掛品の滞留等が

---

[16] 大阪地判平成24年3月23日判タ1403号225頁。

なく，これらを覆す監査証拠が特に存在しなかった本件監査の時点においては，実施した監査手続により入手した証憑を真実として受入れることが認められる（「不正及び誤謬」〔監査基準委員会報告書第10号〕）ことにも鑑みれば，…上記説示のとおり，抽象的なリスク要因であったり架空循環取引等の不正行為の存在を具体的に窺わせる事情とはいえないX主張の諸点を総合的に勘案したとしても，再生会社による不正の可能性はないか，あるいは極めて低いとの判断を前提に，再生会社が健全に成長していると見ることが許容される状況であったといえる。そうすると，Yは，本件監査時において，架空循環取引等の不正行為発見のための監査手続を実施する義務を負っていたということはできず，<u>Yが架空循環取引の存在を前提とすることなく行った本件監査は，リスク・アプローチ等当時の監査の基準に従った適正な監査と評価することができ，本件監査契約上の善管注意義務に違反するものとはいえない。</u>」（下線は筆者）

　本事案で会計監査人が適正な監査を行ったにもかかわらず重要な虚偽記載を看破することができなかった理由としては，架空循環取引が実際に資金移動を伴うものであった上，取引自体が複数の企業を経由して循環するという複雑なものであったこと，また，当時の取締役らを中心として販売先などとも通謀の上で組織的に再生会社の会計記録や取引の存在を証する証憑書類を作成し取引の外形を完全に偽装していたこと，さらに，監査対策として財務諸表上異常が顕出されないよう種々の工作を施していたことなど，監査対象会社による極めて巧妙かつ徹底した監査妨害行為が行われたことにあると認定されている。

　このように，大阪地方裁判所は，監査手続きにおける不正の発見には性質上の限界があり，後に不正が発見されたとしても直ちにその監査手続きが不適切であったことにはならないとした上で，監査が適切に実施されたかどうかは，策定した監査計画，実施した監査手続き，入手した十分かつ適切な監査証拠及びその監査結果の評価に基づき表明した監査意見が，その状況において妥当であったかどうかによって決定される，としている。本件においては，監査法人Yが対象会社における種々の固有リスクなどを認識した上で，内部統制に依拠することなく，証明力の強い監査証拠を得るための監査手続きを広範囲に実施したことが注意義務の履行を示す要素として認定されている。

(3) 会計監査人の善管注意義務と内部統制

以上の通り，会計監査人は，監査契約を締結した被監査会社に対し，監査人として通常要求される注意を尽くした監査を実施すべき義務（善管注意義務）を負っており，監査人が実施した監査が前記義務に違反するものであった場合，被監査会社に対し債務不履行責任を負う。そして，監査契約上の善管注意義務に違反したか否かは，通常の会計監査人が準拠すべき一般に公正妥当と認められる監査の基準である企業会計審議会の定めた「監査基準」や日本公認会計士協会の定めた実務指針，監査実務慣行に従った監査を実施したかどうかにより判断されることとなる。

監査対象会社の内部統制システムに関して，会社法上，会計監査人は構築や助言・勧告の義務を負うわけではない。しかし，会計監査人はその監査計画を策定するにあたり，まず，監査対象会社の内部統制について「有効性の評価」を行うことが求められている。そして，対象会社における内部統制が不十分であり不正発見の可能性が低いと評価される場合には，その内部統制に依存せずにより広範な調査を行うことが善管注意義務として求められるのである。このような調査を行うことなく監査対象会社の内部統制の有効性を前提として，不正の発見を怠り，無限定適正意見を表明した場合には，善管注意義務違反として債務不履行責任を負うことになる。

6．小 括

ここまで述べてきた従来型の株式会社における各機関が負うべき監督義務の範囲と内部統制システム構築義務との関係をまとめると，つぎの通りである。

取締役会については，会社の業務執行が法令を遵守して行われることを確保する監督権限を有しており，会社の内部統制システムの大綱を定めることがその義務として求められる。また，各部門の業務執行を担当する業務執行取締役，およびそれを統括する地位にある代表取締役については，取締役会が定めた大綱に従い，各部門において具体的に内部統制システムを設計する義務を負う。このとき，具体的事情に応じて裁量の余地は認められるが，定められた大綱の水準を逸脱した不十分な内部統制ですませることは許されない。

監査役については，取締役の業務執行の適正を確保するために必要な場合に，

取締役会に対して内部統制の構築を助言または勧告する義務を負う。また，監査役自身の監査業務の実施を確保するための内部統制システムを確保する義務を負っている。

　会計監査人については，外部の専門家としてその監査計画を策定するにあたり，対象会社の内部統制の実効性について評価を行い，それが不十分であると判断するときは独自の調査を行うことが善管注意義務として求められている。

　以上の通り，取締役，監査役，会計監査人，それぞれに監視義務の具体的内容は異なっており，それぞれの立場から適切な内部統制システムの構築・運用を確保しておく義務があるといえる。

第3節　委員会設置会社における内部統制

1．総　説

　ここで委員会設置会社というのは，指名委員会等設置会社および監査等委員会設置会社を総称するものである。周知のように，わが国では，2002年（平14）に「委員会設置会社」が導入され，その後の会社法制定により「委員会等設置会社」と呼ばれるようになった。また，2014年（平26）には新たに「監査等委員会設置会社」が設けられた。このとき混同を避けるために，従来の委員会設置会社は「指名委員会等設置会社」という名称に変更された。

　これらの会社においては，モニタリング・モデルの影響を受けて取締役会の権限を監視機能に収斂することが指向され，従来型の会社におけるものとは異なる内部統制の仕組みが存在している。そこで本節では，二種類の委員会設置会社における内部統制の仕組みを検討する。

2．内部統制部門を利用した監督
(1)　指名委員会等設置会社の場合

　指名委員会等設置会社において，取締役会は必ず置かなければならない機関であるが，業務執行の決定については基本的な専決事項を除いて執行役に大幅に委任することが可能であり，主として監督機能を果たすことが期待されている。この監督機能を実質的に担保するために，取締役会に置かれる3つの委員

会(指名委員会,報酬委員会,および監査委員会)については,それぞれ3名以上の委員のうち過半数が社外取締役でなければならないとされている。かつては大会社でかつ公開会社であることが委員会設置の前提条件とされていたが,指名委員会等設置会社についてはそのような制限はなく,たとえば小規模のベンチャー会社であっても利用できる。したがって,大会社に対してのみ内部統制システムの整備を義務付ける規定(会社法362条4項6号・5項)の適用はなく,べつに特別規定が置かれており(会社法416条1項),指名委員会等設置会社については会社の規模に関係なく内部統制システムの整備が求められている。

指名委員会等設置会社における監査委員会については,社内に設けられた内部統制部門を利用して執行役らの業務執行の監督を行うことが予定されている。そこで,監査委員会の監督活動を支援するシステムとして,取締役会は,①監査委員会の当該職務のため必要な事項,および,②執行役の職務の執行が法令・定款に適合することを確保するための体制その他会社の業務およびその会社・子会社から成る企業集団の業務の適正を確保するため必要な事項を決定しなければならないのである(会社法416条1項1号ホ・2項)。

このように,指名委員会等設置会社においては,執行役らの業務執行の監督については監査委員会が主要な役割を担っており,それを支援するためのシステムとして取締役会が社内に内部統制部門を構築する仕組みになっている。そのため,上記のような内部統制を前提とした取締役からなる委員会だけでは財務報告の信頼性を確保する仕組みの構築が難しいために,指名委員会等設置会社においては,会計監査人を必ず置かなければならないとされている[17]。

(2) **監査等委員会設置会社の場合**

監査等委員会設置会社においては,監査役会設置会社と同様に,取締役会と代表取締役・業務執行取締役が置かれている。しかし,委員会制度の普及を図るため産業界のニーズに応じた立法方針がとられており,監査等委員会設置会社の業務執行決定の仕組みはかなり柔軟である。すなわち,監査等委員会設置会社においては,重要な業務執行の決定の大部分を取締役会が行う仕組みをとることも可能であるし,または,取締役の過半数が社外取締役である場合には,

---

17) 江頭・前掲注12) 555頁注3。

重要な業務執行の決定を取締役に委任して行う仕組みをとることも可能である。したがって，取締役会が監督機能に特化できるのは，取締役の過半数が社外取締役であるときのみであり，指名委員会等設置会社の場合と比較すると不徹底な制度になっている[18]。また，業務執行の決定について取締役らに大幅な権限の委譲がなされたときに，指名委員会や報酬委員会が存在しないために，監査等委員会のみで十分な監督機能が果たせるかどうかは疑問であると指摘されている[19]。

監査等委員会設置会社における代表取締役等の業務執行に対する監督は，指名委員会等設置会社の監査委員会の場合と同様に[20]，監査等委員会が会社の内部統制部門を通じて行うことが予定されている。したがって，監査等委員会設置会社の取締役会は，会社の規模にかかわらず，内部統制システムの整備に関する決定を行うことが義務付けられており（会社法399条の13第1項1号ハ，会社法施行規則110条の4第2項），かつ，監査委員会の職務を補助すべき使用人等に関する事項を決定すべきことが要求されているのである（会社法399条の13第1項1号ロ，会社法施行規則110条の4第1項）。

このように，監査等委員会設置会社においても，取締役らの業務執行の監督については監査等委員会が主要な役割を担っており，それを支援するためのシステムとして取締役会が社内に内部統制部門を構築する仕組みになっている。

3．社外取締役の内部統制に関する義務
(1) 社外取締役の役割

会社法上，社外取締役とは，株式会社の取締役であって，同法2条15号イ〜ホに掲げる条件にあてはまる者と定義されている。社外取締役の選任が要求されるのは，当該会社が指名委員会等設置会社である場合および監査役等委員会設置会社である場合のほか，特別取締役による取締役会の利用をする場合（会

---

18) 江頭・前掲注12) 583頁。
19) 江頭・前掲注12) 587頁。
20) 会社の規模や公開会社であるかどうかには無関係に監査等委員会設置会社の形態をとることができること，また，監査役を置くことができない反面，会計監査人を置かなければならない点についても，指名委員会等設置会社と同じである。

社法373条1項2号）である。社外取締役の導入を促進するために，公開会社でかつ大会社である監査役会設置会社で有価証券報告書の提出義務がある会社が社外取締役を置いていない場合には，社外取締役を置くことが相当でない理由を定時株主総会において説明しなければならないとされている（会社法327条の2）。また，会社に対する責任制限に関して業務執行を行わない取締役の保護を厚くしている（会社法425条〜427条）。このように，現在の会社法は，内部取締役とは異なる独立の立場から中立的な判断を行うことを期待して，一定の場合に法定条件を満たした社外取締役を設置することを法律上要求し，かつ，導入促進を図る方策をとっている。

さらに，上場企業に関しては，2015年6月から東京証券取引所と金融庁が策定したコーポレートガバナンス・コードにより複数の社外取締役を置くことが事実上義務化されており，現在は委員会設置会社であるか否かを問わず，ほとんどの会社が複数の社外取締役を置くに至っている[21]。ここでも重視されているのは，株主をはじめ企業のステイクホルダーの利益確保という外部の視点をもった人物の経営参加である。

このように，社外取締役の導入が法令および上場規則によって促進され実際にその数が増加している現在において，社外取締役が負うべき監視義務の具体的内容について検討することが必要である。

(2) 社外取締役の内部統制構築義務

社外取締役の監視義務の範囲に関しては会社法に明文規定が存在せず，解釈問題である。上述のような会社法における位置付けに鑑みれば，社外取締役が取締役会の構成員として監視義務を負うことは当然であるが，業務執行に直接携わる内部取締役と比較するとその監視対象は事実上限定されると思われる。すなわち，社外取締役の監視対象は取締役会に上程された事項が中心とならざるを得ない。しかし，大規模な会社では下位の者や組織に決定権限を大幅に委譲していることから，一般的に，取締役会に上程すべき事項は多くはない。取締役会上程事項のみを監視すれば良いのだとすれば，他の取締役に比べて社外

---

[21] 東京証券取引所「東証上場会社における独立社外取締役の選任状況及び委員会の設置状況」http://www.jpx.co.jp/news/1020/20170726-01.html

取締役の責任が極端に軽減されることになり妥当とはいえない。したがって，社外取締役は，取締役会の上程事項以外についても，内部統制システムの大綱を決定し，それを構築・運営するという方法により監視義務を負うものと考えられる。取締役会上程事項が限られている以上，内部統制システムの構築に対する社外取締役の責任はより重いというべきである。

具体的には，社外取締役に対しては，その会社が行う事業の性質上発生が予測されるリスクを防止するための体制を整備し，また，不祥事の兆候を示す警告事実が発生した場合に適切に対応しうるため当該情報が遅滞なく伝達される体制を社内に整備しておくことが求められる[22]。なお，本書第4章で述べるように，金融商品取引法が適用される上場会社の社外取締役の場合には，開示書類の虚偽記載に対する民事責任を免れるのに必要な相当な注意を尽くすために，開示書類の正確性を確認する社内体制も構築しておかなければならない。

(3) 取締役の業務財産調査権

取締役等の業務執行に疑わしい点があるとき，それを調査するためには調査権が必要である。このため，監査役に対しては，法定の業務財産調査権が認められている（会社法381条2項・3項）。また，監査役を置くことができない委員会設置会社の場合は，指名委員会等設置会社においては監査委員会が選定する委員に業務財産調査権が認められ（会社法405条1項），監査等委員会設置会社においては監査等委員会が選定する委員に業務財産調査権が認められている（会社法399条の3第1項）。

これに対して，社外取締役を含む取締役会を構成する個々の取締役に業務財産調査権が認められるかどうかについては議論がある。判例および通説は，監督は取締役会を通じて行われることを理由にこれを否定するが[23]，解釈上，単独で行使できる業務財産調査権を認めるべきとする少数説がある[24]。また，指

---

[22] 丹羽はる香「社外取締役の監視義務の具体的内容——内部統制システム構築義務を中心に——」同志社法学65巻4号（2013）353頁は，社外取締役の監視義務について，本文に述べたような情報伝達体制を社内に確保した上で，法令遵守と事業リスクが問題になる場面を分けて，それぞれに応じた具体的措置をとる義務があると主張する。これらの義務を明確に区別することは難しいのではないかという問題はあるが，基本的には妥当な解釈であろう。

名委員会等設置会社・監査等委員会設置会社以外の取締役に対しては，単独で行使できる調査権を認めるべきとする見解もある[25]。

　取締役の監視義務は取締役会上程事項以外にも及ぶことを前提にして内部統制システムの情報伝達機能を重視すべきことを考慮するならば，会社の業務執行に関する疑念が生じた場合には調査を行うことが善管注意義務の一環として求められる。また，疑念に対する調査は取締役会を通じてではなく，当初は秘密裏に行わなければ効果的でないケースもありうる。これらのことから，取締役会の構成員である個々の取締役に対しては，解釈上，単独で行使しうる業務財産調査権を認めるべきである。

　業務調査権が認められる取締役の範囲としては，二種類の委員会設置会社における選定された委員取締役だけではなく，監査役設置会社の社外取締役についても認められると解される。ただし，取締役による調査権限の濫用は許されないから，アメリカにおける判例理論を参考にして事案ごとに適切な制限がなされるべきである[26]。取締役の業務調査権の存在および権限範囲を明確にするためには，立法的措置が講じられることが望ましい。

4．小　括

　指名委員会等設置会社および監査等委員会設置会社における業務執行の監督は，取締役会によって設置された内部統制システムを前提として，監督を行う委員会によってなされることが特徴的である。そして，それらの委員会には社外取締役が配置されることにより，監督権能が実質的に果たされることが期待されている。このような趣旨からすれば，委員会設置会社の取締役会は，内部統制システムの大綱を定めることに止まることなく，監督を行う委員会が機能

23）　東京地判平成23年10月18日金判1421号60頁（取締役の会計帳簿の閲覧謄写権を否定）。落合編・前掲注5）219頁〔落合誠一〕。
24）　伊勢田道仁『取締役会制度の現代的課題（大阪府立大学叢書第80冊）』（大阪府立大学経済学部・1994）168頁。
25）　江頭・前掲注12）417頁注7。
26）　伊勢田・前掲注24）32頁～68頁。また，山城将美「取締役の社内情報収集権」酒巻俊雄先生還暦記念『公開会社と閉鎖会社の法理』（商事法務研究会・1992）678頁。

を果たすために適切な内部統制システムとしてその具体的内容までを定めておく必要がある。

　以上のような仕組みを前提とすれば，社外取締役の監視義務の範囲は，事実上，取締役会上程事項に限定されることになるが，彼らは一般的な監督権限を有しているから，取締役会の構成員として内部統制システムの構築に対する責務を負うべきである。なお，執行役または取締役の業務執行について疑義が生じた場合には調査が必要であるが，社外取締役に対しては解釈上単独で行使しうる業務財産調査権が認められると解される。

第4節　企業グループにおける内部統制

1．総　説

　わが国においては，従来，親会社と子会社は別個独立の法人格をもつ存在であって，たとえ完全子会社であっても親会社から独立して業務執行体制を維持しているという認識が一般的であった。とくに，1997年（平9）の独占禁止法改正による持株会社の解禁以前には，法律的観点からすれば，親会社としては，子会社の経営に介入しないことがむしろ望ましいことであった。その結果，子会社取締役の任務懈怠により親会社に損害が生じたとしても，例外的に法人格否認の法理が働くような事案を除いて，親会社取締役の監督責任が問われることはなかったのである。しかし，このような状況は，持株会社制度の普及とともに一変した。近年は海外子会社の不祥事が親会社の経営に影響を与える事案が複数生じており，子会社に対するリスク管理は企業グループ経営における重要課題となっている。

　本節での問題は，親会社の取締役は子会社に対する監視・監督義務を負っているのか，ということである。以下では，判例の動向と2014年（平26）改正会社法の内容を検討する。

2．判　例

(1)　親会社取締役の子会社監視義務を否定した判例

　国内大手証券会社のアメリカ孫会社がSEC規則に違反したとしてニューヨー

ク証券取引所から課徴金を課されたことが親会社の損害にあたるとして，親会社の取締役の責任が追及された事案につき，東京地方裁判所はつぎのように述べて原告の請求を棄却した[27]。

> 「親会社と子会社（孫会社も含む。）は別個独立の法人であって，子会社（孫会社）について法人格否認の法理を適用すべき場合の他は，財産の帰属関係も別異に観念され，それぞれ独自の業務執行機関と監査機関も存することから，子会社の経営についての決定，業務執行は子会社の取締役（親会社の取締役が子会社の取締役を兼ねている場合にはもちろんその者も含めて）が行うものであり，親会社の取締役は，特段の事情のない限り，子会社の取締役の業務執行の結果子会社に損害が生じ，さらに親会社に損害を与えた場合であっても，直ちに親会社に対し任務懈怠の責任を負うものではない。もっとも，親会社と子会社の特殊な資本関係に鑑み，親会社の取締役が子会社の取締役に指図をするなど，実質的に子会社の意思決定を支配したと評価しうる場合であって，かつ，親会社の取締役の右指図が親会社に対する善管注意義務や法令に違反するような場合には，右特段の事情があるとして，親会社について生じた損害について，親会社の取締役に損害賠償責任が肯定されると解される。」

しかし，この判決に対しては批判的な学説が少なくなかった。たとえば，親会社の取締役が実質的に子会社の意思決定を支配したような場合に子会社に対する関係で善管注意義務違反となることは首肯できるとしても，親会社に対する関係で義務違反となるのはそのような場合に限定されるべきではなく，子会社の監視監督という側面では，子会社が独立して経営されていても問題となり得るという。そして，本判決は親会社取締役の任務について必要以上に限定的な考え方をしたもので，先例として重視することは適切でないとされる[28]。また，本件の裁判がなされた時点としては，100％子会社といえども親会社から独立して業務執行体制を維持しているという前提に立って親会社取締役の責任論を考察することが妥当であるとしつつも，将来的には親会社のみならず子会

---

27) 東京地判平成13年1月25日判時1760号144頁（野村證券事件）。

社等のグループ全体に対する法令遵守体制の構築をすべき義務についての検討を要するという意見がみられた[29]。

(2) 福岡魚市場株主代表訴訟事件[30]

違法な「グルグル回し」取引を行った結果,不良在庫を抱え経営破綻した子会社Qに対する親会社Pの支援融資が善管注意義務違反になるかが問われた株主代表訴訟の事案において,東京高等裁判所はつぎのように述べて親会社取締役Yの子会社に対する監視義務違反を認めた。

「…平成14年春ころから,QとPとの間で5億円の限度でグルグル回し取引が開始されたものであるが,非正常な取引自体がなされていたことは,在庫状況や借入金の増加,及び帳簿上の商品単価,数量等の徴表を総合すると経営判断上明らかであった。そのためQの取締役会においても,不良在庫等に関する問題として度々取上げられるようになっていた。このような状況下で,親会社であるPの元役員であり,非常勤ではあるものの,子会社のQの役員でもあったYらは,平成15年末ないし平成16年3月ころ,Qには非正常な不良在庫が異常に多いなどの報告を受け,本件調査委員会を立ち上げて調査したのであるから,その不良在庫の発生に至る真の原因等を探求して,それに基づいて対処すべきであった。そして,その正確な原因の究明は困難でなかったことは,その取引実態に起因する前記徴表等から明らかであった。それにもかかわらず,Yらは,子会社であるQの不良在庫問題の実態を解明しないまま,親会社であるPの取締役として安易にQの再建を口実に,むしろその真実の経営状況を外部に隠蔽したままにしておくために,業績に回復の具体的目処もなく,経済的に行き詰まって破綻間近となっていたことが明らかなQに対して,貸金の回収は当初から望めなかったのに,平成16年6月29日から同年12月29日にかけて合計19億

---

28) 山下友信「持株会社システムにおける取締役の民事責任」『金融持株会社グループにおけるコーポレート・ガバナンス(金融法務研究会第1分科会報告書)』(全国銀行協会・2006)40-41頁。
29) 志谷匡史「孫会社に生じた損害につき親会社取締役の責任が認められるべき基準」私法判例リマークス(法律時報別冊)26号98頁。
30) 福岡高判平成24年4月13日金判1399号24頁。

1000万円の本件貸付けを実行してQの会計上の損害を事実上補填したが，当然効果は見られず，平成17年2月24日には，そのうち15億5000万円の本件債権放棄を行わざるを得なくなったのに，さらに，同年4月4日から同年5月30日にかけて合計3億3000万円の本件新規貸付けを行ったものである。前記経緯からすると，その経営判断には，原判決が説示するとおり，取締役の忠実義務ないし善管注意義務違反があったことは明らかである。」(下線は筆者)

　本判決は完全子会社の不当な業務執行に対する親会社取締役Yの責任を認めているが，一般的な規範として，親会社取締役の子会社調査義務ないし監視・監督義務が示されたわけではないとみる見解が多数である[31]。本件については，親会社においても子会社の不当な業務執行を示す兆候が認められていたことから親会社取締役の調査義務が特定されたものであり，むしろ親会社の内部部門における不適切な監視が問題となったというべき事案であるという指摘もなされている[32]。

　子会社において非正常な取引自体がなされていたことは在庫状況や借入金の増加，及び帳簿上の商品単価，数量等の徴表を総合すると明らかであったという福岡高等裁判所の認定からすれば，本件は緊急事態を示す警告事実が存在していた事案であり，調査を行った上で適切な対応措置をとらなかったことが親会社取締役の善管注意義務違反とされたものである。したがって，警告事実が生じていない平常時においてどのような子会社管理をしておくべきかという問題は本件事案の処理を超えた問題と考えられるから，同裁判所がこれに言及しなかったことはむしろ当然であろう。本件判決には親会社取締役の子会社管理に対する一般的な法的義務が存在することを否定する趣旨が含まれているわけではない。

---

31) 三浦治「判批」金融・商事判例1414号（2013）2頁，舩津浩司「子会社管理に関する取締役の責任」別冊ジュリスト229号〔会社法判例百選（第3版）〕（2016）110頁，遠藤元一「判批」横浜法学23巻1号（2014）157頁。
32) 齊藤真紀「判批」商事法務2100号（2016）83頁。

3．会社法および省令の改正

　2014年（平26）会社法改正前にも，法務省令のレベルでは企業グループにおける内部統制システムの構築が求められていた。すなわち，改正前会社法では，法務省令で定める体制のひとつとして「当該株式会社並びにその親会社及び子会社から成る企業集団における業務の適正を確保するための体制」が求められていたのである（改正前会社法施行規則98条1項5号・100条1項5号・112条2項5号）。

　しかしその後，わが国では持株会社形態をとる企業グループが増加し，親会社とその株主にとって子会社経営の効率性および適法性の確保が重要な課題となってきた。このような状況変化に鑑みて，企業グループにおける内部統制の整備については，従来のように省令ではなく法律である会社法によって規定することが適切であると考えられた。そこで，2014年（平26）改正会社法においては，法律の条文の中に，「当該株式会社及びその子会社から成る企業集団の業務の適正を確保するために必要なものとして法務省令で定める体制の整備」を決定することが規定されるに至ったのである（会社法348条3項4号・362条4項6号）。このように会社法上の明文が設けられたことは，たんに形式上の変更というだけに止まらず，企業グループにおける内部統制システムの整備が当該会社自体における内部統制システムの整備と同等の重要性があることを示したものとされている[33]。

　以上の改正に伴い，会社法施行規則100条1項5号がつぎのとおり変更された[34]。

　「次に掲げる体制その他の当該株式会社並びにその親会社及び子会社から成る企業集団における業務の適正を確保するための体制

　　イ　当該株式会社の子会社の取締役，執行役，業務を執行する社員，法第598

---

[33] 弥永真生「会社法の下での企業集団における内部統制」弥永真生編著『企業集団における内部統制』（同文舘出版・2016）4頁。

[34] 監査等委員会設置会社（会社法399条の13第1項1号ロ・ハ・2項，会社法施行規則110条の4）および指名委員会等設置会社（会社法416条1項1号ロ・ホ・2項，会社法施行規則112条），さらに取締役会を設置していない会社（会社法348条3項4号・4項）についても，ほぼ同内容の定めが置かれた。

条 1 項の職務を行うべき者その他これらの者に相当する者（ハ及びニにおいて「取締役等」という。）の職務の執行に係る事項の当該株式会社への報告に関する体制
　ロ　当該株式会社の子会社の損失の危険の管理に関する規程その他の体制
　ハ　当該株式会社の子会社の取締役等の職務の執行が効率的に行われることを確保するための体制
　ニ　当該株式会社の子会社の取締役等及び使用人の職務の執行が法令及び定款に適合することを確保するための体制」
　また，同条 3 項では，当該株式会社が監査役設置会社である場合には，監査役等による使用人からの情報収集に関する体制が含まれなければならないとされた。

4．親会社取締役の子会社監視義務

　上述の通り，判例法においては，親会社取締役の子会社の業務執行に対する監視義務が一般的法理として認められているとは言い難い状況である。しかしながら，親子会社は別人格を有しており独立の経営が尊重されなければならないことが原則だとしても，もし子会社の業務執行が不適切であれば親会社にさまざまな損失を生じさせるのであるから，親会社取締役が子会社の管理に介入できないとすることは極めて問題であろう[35]。実際に，近年では海外子会社をめぐる不祥事が生じ，親会社の監督不足を批判する株主の意見も強まっている。また，会社法平成26年改正に至る法制審議会会社法部会においては，多重株主代表訴訟制度の創設に関する議論の中で株式会社の取締役会がその子会社の業務を監督すべきことを明文規定で定めることが検討されている[36]。これらのことからすれば，現時点の法解釈としては，親会社の取締役会はその企業グループに属する会社の業務執行に関して監督権限を有しており，親会社の取締役会に属する取締役らに対しては，子会社の内部統制システムを整備・運営することがその善管注意義務の内容として求められていることは否定しがたいと思われる。

---

35)　山下・前掲注28) 32頁。

むしろ今後の課題としては，親会社取締役が子会社監視義務を負うことを前提として，その具体的な監督範囲を明らかにすることにある[37]。すなわち，親会社取締役会が，子会社の業務執行の異常事態を示す事実を把握していたにもかかわらず適切な対策をとることを怠ったような場合には，善管注意義務違反として責任を問われる可能性が高いといえよう（前出の福岡魚市場株主代表訴訟事件参照）。しかしそれを超えて，親会社取締役としては，日常的に子会社の業務執行の適正を確保するためにどのような内部統制システムを構築すべきかが課題である。たとえば，子会社の取締役の存在に配慮して，子会社自身の経営判断に関わるような事項については親会社取締役の介入は制限的であってよく，一方で，子会社のリスク管理やコンプライアンス体制の監視・監督に関わる事項については，子会社管理が要請される度合いが高いことが指摘されている[38]。これらの問題については，今後，多重株主代表訴訟制度が利用されることにより，判例法理として明らかにされていくものと期待される。

5．小　括

企業グループ経営に関しては，かつては各会社の独自性が強調された時期もあったが，現在では，親会社取締役の責任を認めた判例や会社立法の動向を通じて，親会社の取締役会には子会社の業務執行に対して監督する権能が認められる。そして，親会社の取締役や監査役等は，それぞれの立場に応じて子会社の業務執行に対する監視義務を負うのである。しかしながら，親会社の取締役や監査役が子会社の業務執行の状況を把握することは簡単なことではない。一方で，状況の把握が難しいからといって，監視義務の範囲を狭くするのでは期待される監督機能を果たすことができないであろう。そこで，親会社の取締役会は，その企業グループに属する会社の業務執行の適切さを確保するような内部統制システムの大綱を定めることを要し，取締役会の構成員である取締役，

---

36) 弥永・前掲注33) 6 - 7 頁。かかる明文規定を設けることに対しては，監督義務の範囲が不明確であり，グループ経営に対する萎縮効果を与えることなどを理由に強い反対意見が出され，コンセンサスが得られなかったようである。
37) 船津・前掲注31) 110頁, 111頁。
38) 山下・前掲注28) 37頁。

代表取締役，監査役らはそれぞれに，かかる内部統制システムの構築・運営に関して義務を負うものと解すべきである。

第5節 信頼の権利

1. 総説

　ある程度会社の業務執行が専門化・複雑化している中規模以上の会社については，一定の条件の下に取締役・監査役の正当な信頼を保護すべき場合があることは否定できない。すなわち，会社業務の権限が各取締役ないし従業員に委譲されている場合において，取締役，監査役が相当な注意をもって，権限を委譲されたこれらの者を選任・監督したのであれば，これらの者に違法行為があっても，これらの者を信頼して行動した役員に責任を負わせることができないと解すべき場合がある。この点において取締役・監査役には信頼の権利が存在する余地があるが，どのような状況であればそのような権利が認められるのであろうか。

2. 判例

(1) 内部統制と信頼の権利

　信頼の権利（「信頼の抗弁」ともいう）は，社内に一定の内部統制体制が構築されている場合において，取締役等役員がその効果を疑うべき事情がなく，また，同僚取締役や従業員がその内部統制を善意で遵守することを信頼して良い場合に機能する。このような場合には取締役に具体的予見可能性があったとしても，信頼の権利があるために，結果回避義務が生じない。信頼の権利は，取締役の行動準則から導き出される法理であるから，平常時であれ異状発生時であれ，ひとしく適用されるものである。

(a) ヤクルト株主代表訴訟事件[39]

　たとえば，異状発生時の内部統制に関するものとして，会社の内部統制に違反して代表取締役Ｙ１がデリバティブ取引を継続した事案で，東京高等裁判所は，デリバティブ取引に関して社内に一定の内部統制システムが構築されていたことを前提として，つぎのように判示している。

「Y2は経理担当取締役，Y3は監査役であり，Y1が行っていた本件デリバティブ取引について，事後的なチェックをする職責を負っていたものであるが，上記のように，<u>個別取引報告書の作成や調査検討を行う下部組織等（資金運用チーム・監査室等）が適正に職務を遂行していることを前提として，監査室等から特段の意見がない場合はこれを信頼して，個別取引報告書に明らかに異常な取引がないか否かを調査，確認すれば足りたというべきである。</u>ところが，Y1の想定元本の限度額規制の潜脱は，隠れレバレッジなどのレバレッジを掛けて，表面上想定元本の限度額規制を遵守したかのように装って，実質的にこれを潜脱するという手法で行われたものであり，監査室からも，本件監査法人からも特段の指摘がなかったのであるから（なお，そこからあがってくる報告に明らかに不備，不足があり，これに依拠することに躊躇を覚えるというような特段の事情があったとは認め難い。），金融取引の専門家でもないY2やY3がこれを発見できなかったとしてもやむを得ないというべきで，Y1の想定元本の限度額規制違反を発見できなかったことをもって善管注意義務違反があったとはいえない。」（下線は筆者）

このように，裁判所は，取締役・監査役は本件デリバティブ取引について監督する職責を負っているとしつつも，会社においては本件デリバティブ取引に関して担当する資金運用チーム・監査室等が設けられており，取締役・監査役は金融取引の専門家ではないから，個別取引報告書に明らかな異常な取引がないかどうか確認しておけば足りるとした。そして，監査室や監査法人から特段の意見が伝達されない限り，本件デリバティブ取引の監督が正常になされていることを彼らは信頼することができる，と述べたのである。

(b) 石原産業株主代表訴訟事件[40]

また，警告事実が存在しない平常時においても，同様に，信頼の権利は適用されるものである。土壌環境基準値以上の有害物質を含む土壌埋戻材（フェロシルト）を販売し，三重県の山林等に埋設された土壌埋戻材の回収を余儀なく

---

39) 東京高判平成20年5月21日判タ1281号274頁。（巻末重要判例【J3】）
40) 大阪地判平成24年6月29日資料版商事法務342号131頁。

されたことに関し，会社自体であるX社とその株主とが，同社取締役らに対し，産業廃棄物処理法違反および善管注意義務違反により会社が回収費用相当額の損害を被ったとして損害賠償請求を行った事案において，大阪地方裁判所は，事業担当取締役らの善管注意義務違反を肯定する一方で，その他の取締役の監視義務についてはつぎのように判示している。

「フェロシルトの開発，生産，管理，搬出の業務を担当する取締役は，前記…のとおり，四日市工場長及び四日市工場副工場長であったから，フェロシルトの担当取締役ではなく，推進会議本部会構成員でもないその余の取締役は，フェロシルトの開発，生産の業務執行に関する責務を負うものではない。もとより，取締役会を構成するにすぎない取締役といえども，他の取締役を監視する責務自体は免れない。もっとも，X社は，規模が大きく，生産する製品が多岐にわたっていることから，前記…のとおり，製品の品質を確保するためにQMS[41]を含む品質マネジメントシステムを設けることとした。そして，<u>平成13年8月当時のQMSにおいては，品質保証室長が，四日市工場長に対し，四日市工場内における製品の開発，生産，管理，搬出がQMSに沿って実施されているかを報告し，四日市工場長がこれに基づいて品質体制の是正・改善を行うなどによって，製品の開発，生産を担当する取締役の職務執行に対する監視がされることとなっていた。</u>したがって，フェロシルトの開発，生産の担当でもなく，推進会議本部会の構成員でもない取締役は，フェロシルト開発がQMSによって行われていないことを知り得たなど，特に担当取締役の職務執行が違法であることを疑わせる特段の事情が存在しない限り，担当取締役の職務執行が適法であると信頼すれば足り，基本的に担当取締役が本件新規搬出先への搬出に際し，QMSの手続を履行したかなどの監視義務を負うものではない。」（下線は筆者）

このように裁判所は，取締役会を構成するにすぎない取締役が他の取締役を

---

[41] 国際基準に準拠する品質管理システムをいう。QMSによれば，新銘柄の開発は，①開発計画書の作成承認，②サンプル試作，③ユーザー評価，④企業化の検討，⑤ユーザー評価，⑥開発完了報告などのプロセスを経て行われる。

監視する責務を免れないことを前提としながらも，フェロシルトの開発・生産の担当ではなく推進会議本部会構成員でもなかった取締役については，品質管理手続きについて四日市工場長である担当取締役らを信頼することが許されると述べた。そして，管理手続きに異常が生じていることが疑われるような特段の事情がない限り，監視義務による責任を負わないとしたのである。取締役間で業務分担がなされていることは監視義務を否定する理由にはならないが，品質管理システムであるQMSが社内に設けられており，かつ，その運営に特段の問題がなかったことが信頼の権利を肯定する要素とされたのである。

3．信頼の権利の前提としての内部統制システム

　以上に見た通り，いくつかの裁判例では取締役・監査役に対して信頼の権利が認められている。しかし，善意で信頼したこと自体が完全かつ絶対的な抗弁となるものではない。信頼の権利は善管注意義務の履行を認定するにあたり肯定的に考慮されるべきファクターに過ぎない，というのが一般的な理解である。会社業務の権限の委譲がなされている場合には，取締役は，その権限を委譲した者の活動に関する情報を常に収集し，これを維持すべき義務があると思われる。これに反して，取締役が，権限の委譲を受けた者を無批判に信頼したに過ぎないときは，信頼の権利はその基礎を失うのである。

　信頼の権利が認められるための基礎ないし前提としては，少なくとも，株主総会，取締役会，監査役等の株式会社の諸機関が法の趣旨に従った監視機能を十分に発揮できるような組織と権限分担が整っていること，業務執行取締役や業務担当者として適正な者を選任しこれに対し十分な監督をすることが必要であるが，これらに加えて，業務執行に関する内部的な監視システムが確立されていることが求められる。会社内部の権限分担が適切に行われ，業務執行担当者の適切な選任と監督がなされ，さらに適正な内部統制システムが存在しており，その実効性を疑うような特段の状況が存在しない場合には，権限が委譲された者の誠実性に対する信頼は保護され，結果として，業務執行者または従業員による違法行為を発見できなかったとしても，取締役は責任を免れることができると解すべきである。とりわけ，監視の対象となる業務が専門的知識や経験を有することが求められるような領域に属するときは，会社役員としては，

その領域を扱うため適切な担当者や担当部署の選定に相当の注意を尽くしてさえいれば，信頼の権利が認められることになるだろう。

　以上とは逆に，業務執行者または従業員の違法行為が生じた場合，かかる内部統制システムの設置を要求せず，あるいは，かかるシステムが設置されていてもその実効性をチェックし維持する努力を払わなかった取締役は，信頼の権利を享受すべき資格を有しないものと考えられる。

4．小　括

　取締役・監査役の信頼の権利が認められるための前提条件は，会社の各機関により構築・維持されている内部統制システムが適切に機能していることである。内部統制が存在しておらず，かりに存在していても十分に機能していないことが明らかな場合には，各機関は，監視の対象となる者を信頼することは許されず，合理的調査を含めて状況に応じた適切な措置をとることがその善管注意義務の内容として求められるのである。

第6節　本章の結論

　本章では，株式会社における各機関が負うべき監視義務の範囲と，内部統制システムに関する義務との関連を検討した。

　内部統制の構築・維持について一次的な責任を負うのは，取締役会および取締役である。取締役会では，内部統制システムについての大綱が定められ，その大綱に従って，代表取締役と業務執行取締役らにより，各部門の事情に応じた具体的な内部統制の設計がなされる（取締役会非設置会社についても同様）。監査役は，これらの内部統制が適切に構築・運営されているかどうか監査し，もし不構築や不十分な運営がなされている場合には是正・勧告の義務を負う。会計監査人は，監査対象会社の内部統制の有効性を確認し，内部統制が信頼できない場合には独自の調査を実行しなければならない。また，指名委員会等設置会社および監査等委員会設置会社においては，どちらの会社形態の場合にも，取締役会によって構築された内部統制システムを利用して委員会による業務執行の監督が行われる機関設計になっている。さらに，企業グループに関しては，

親会社が子会社の業務執行に対する監督義務を負うことを前提として,親会社取締役会によりその会社のみならず当該企業グループに属する各会社の内部統制システムを構築・運営することが求められている。

　以上の通り,内部統制システムは,小規模かつ委員会設置会社でない株式会社の場合を除いて,各機関が負う監視義務の履行を支援するために不可欠なものとして法律上は位置付けることができる。会社法において規定されているのは内部統制システムとして定めるべき内容にすぎないが,場合によっては内部統制システムを構築しないこと自体が善管注意義務違反になることも当然にありえる。また,信頼の権利が認められるためには,内部統制システムが構築され,適切に維持されていることが前提条件となる。

　本章における検討から,多くの場合において内部統制システムは株式会社の各機関がその監視義務を履行していく上で不可欠な要素であり,また,各機関はそれぞれの立場に応じて内部統制システムの構築・維持に努める法的義務を負っていることが明らかになったといえる。

第3章

内部統制システムの法的水準

第1節　本章の課題

　本書第1章において、一定規模以上の株式会社において内部統制システムの構築をすべきことが取締役会の監視機能の内容として求められており、取締役等の役員はその善管注意義務の一環として内部統制システムの構築・運営に対する法的義務を負うことをみた。この点については、すでにわが国の実務および学説に定着しており、ほぼ異論を見ないと言って良い。議論が分かれるのは、構築すべき内部統制システムの具体的内容、あるいはその水準に関してである。すなわち、会社に損害を生じさせるような不祥事が発生したとき内部統制システムが不十分であったとして取締役が責任を負うのはどのような場合であるか、という問題である。従来の裁判例では、一般論としては内部統制システムの構築義務を肯定しながらも、具体的事案の解決において取締役の責任を否定したものが少なからず存在する。そのため、学説の中には、内部統制システムの構築の程度は経営判断の問題であり、著しく不適切な問題がない限り取締役の民事責任は生じない、と明確に述べる見解もある[1]。一方で、違法な事業執行から株主、債権者、社会などの利益を守るために株式会社の内部統制システム

---

1)　田中亘『会社法』（東京大学出版会・2016）268頁、大杉謙一「役員の責任」江頭憲治郎編『株式会社法大系』（有斐閣・2013）331頁、南健吾「企業不祥事と取締役の民事責任——法令遵守体制構築義務を中心に——（1）～（5・完）」北大法学論61巻3号（2010）1頁、61巻4号（2010）53頁、61巻5号（2011）1頁、61巻6号（2011）99頁、62巻4号（2011）101頁。

は一定水準を満たしていることが取締役の法的義務として要求されており，その一定水準を超えてどこまで内部統制を充実させるかは取締役の裁量に委ねられているとする見解もみられる[2]。

内部統制の法的水準をいかに決定するかという問題を検討するにあたり，本書においては，内部統制システムの構築が要請される局面を会社内部に不祥事の兆候を示す事実（いわゆる「警告事実（レッド・フラッグ）」）が存在するかどうかによって，2つの場合に分けることにする。すなわち，第一には，いまだ会社の業務執行が平常に行われており，想定される不祥事を事前に防止することが求められる状況であり，第二には，すでに特定の不祥事の兆候を示す事実が生じており，それに適切に対応して調査を行い損害の拡大を防止すべき状況である。これらの会社内部における状況の相違に応じて，法的な義務として要請される内部統制の内容は区別される必要がある。第一の状況においては，事業上のリスクや不祥事が生じないように業務体制を工夫すること（事前防止体制），かつ，リスクや不祥事を示す兆候が現れたときには経営者に対して速やかに情報を伝達すること（情報伝達体制），の整備が求められる。これらを「平常時の内部統制システム」と呼ぶことにする。第二の状況では，明らかになった不祥事の兆候に対して必要な調査を行い（調査体制）迅速かつ適切に対応する行動（損害拡大防止体制）が求められるのである。これを「異状発生時の内部統制システム」と呼ぶ。以上の通りであるが，従来の内部統制システムをめぐる議論においては，これらの区別が十分明確に認識されていなかったために混乱があったように思われる。

第2節 日本法

1．取締役の善管注意義務違反の構造

内部統制システムの構築に関して取締役に善管注意義務違反があったとする判断を行うためには，まず取締役が尽くすべきであった善管注意義務の具体的

---

[2] 野村修也「内部統制システム」別冊ジュリスト229号〔会社法判例百選〔第3版〕〕(2016) 109頁。

内容，すなわち損害防止のために適切な内部統制システムの内容を画定しておく必要がある。わが国において一般に受容されている客観的過失論によれば，契約上の手段債務と結果債務を区別するいわゆる債務二分論を前提として，手段債務が問題となるときは，当該契約の本旨に従い債務者として合理的な注意を尽くした行動をとることが義務づけられており，契約上の「過失」としての善管注意義務の内容は不法行為における「過失」としての注意義務の内容とほぼ重なるとされている[3]。そして一般に「過失」は，損害発生の予見可能性と結果回避義務違反として定式化されているのである[4]。そこで，取締役の民事責任の前提となる善管注意義務違反についても，会社もしくは第三者の損害発生・拡大という結果の予見可能性と結果回避義務の有無が中心的な検討対象となるべきと考えられる[5]。すなわち，内部統制システムの構築・運営にあたり，会社もしくは第三者の損害発生・拡大という結果についての予見可能性と結果回避義務違反があれば，取締役に損害賠償責任が生じる可能性がある。内部統制システムに関して一定水準を検討することは，とりもなおさず，その構築について取締役の行為義務内容を検討することを意味し，どのような行為をした場合（あるいはしなかった場合）にそれが善管注意義務違反と評価されるかによって決まるのである。

すでに述べたように，平常時と異状発生時の内部統制システムの具体的内容は異なることから，それぞれの内部統制システムの構築について，取締役に対しては，どの程度の予見可能性が必要とされ，どのような結果回避義務が生じるかという観点から以下に検討する。

3）　潮見佳男『不法行為法Ⅰ〔第2版〕』（信山社・2009）8頁。
4）　東京地判昭和53年8月3日判時899号289頁（東京スモン事件判決）以降，裁判実務においてこの定式が広く用いられ，民法学説の多数によっても支持されている。
5）　不法行為法の分野において有名な「大阪アルカリ事件」の差戻審判決によれば，加害企業が尽くすべきであった注意義務内容の画定にあたっては，加害の態様と被害の深刻さがともに考慮されているといえる。かつて主流であった相関関係説によれば，このような加害者の行為態様と被害利益の総合的考慮は「違法性」判断の方法として行われていた。しかし，現在の判例法においては，これらの事情については「過失」要件の中で総合的に判断されている。

2．平常時の内部統制システム

(1) 概　説

　ある会社が事業を運営していく上で，損害を生じる可能性のあるリスクは常に存在している。リスクは会社の外部から生じることもあれば，内部から生じることもある。事業運営に際だった問題がなく，異状を示す警告事実が存在していない平常時であっても，経営者としては潜在的リスクに備えておくことが必要である。平常時に会社が備えるべき内部統制システムは，主として企業内部から生じるリスクに対応するためのものであり，それは不祥事を事前に防止する体制と[6]，警告事実が発生したときにリスク情報を伝達する体制からなる[7]。しかしながら，かかる体制を構築し維持するためには当然コストがかかる。また，不祥事を予測することは限度がないので，どこまで防止することが必要であるか判断に迷うことが多い。さらに，将来起こりうる不祥事を完璧に予測して，それを完全に防止することは現実的に不可能に近いであろう。もちろん，法はそのような不可能を企業に対して求めるものではなく，最低限の予防体制を求めるにすぎない。無数に存在する潜在的リスクの中から，取締役はどのようなリスクに備えることが法的に要求されるのであろうか。

　取締役の行動規範を決定する過失の構造を前提にすれば，平常時の内部統制の水準は予見可能性の有無と結果回避義務により定めることができる。以下では，かかる観点からいくつかの裁判事例の分析を行うことにする。

(2) 予見可能性があり結果回避義務違反ありとされた事例

(a) 新潮社フォーカス事件[8]

　写真週刊誌を発行するＰ会社による肖像権侵害があり，被害者Ｘから代表取締役Ｙ３に対する旧商法266条の３第１項による損害賠償請求がなされた事案において，東京高等裁判所は以下のように判示している。

　「…Ｐ会社は，書籍及び雑誌の出版等を目的とする株式会社であるところ，前

---

[6] 具体的には，担当部署の分離，相互牽制，抜打ち検査の実施など。
[7] 具体的には，連絡体制の整備，内外の通報窓口の設置，など。
[8] 大阪高判平成14年11月21日民集59巻9号2488頁。

記のように特に本件写真週刊誌の取材・報道行為に関し少なからざる違法行為がなされてきたもの,すなわち,P会社の本来の目的の遂行そのものに関して違法行為が繰り返されてきたものである。したがって,P会社としては,社内的にこのような違法行為を繰り返さないような管理体制を取る必要があったものといわなければならない。そこで,このような管理体制について検討すると,上記のように,P会社においては,取締役会は編集に関与せず,本件写真週刊誌に関しては,その創設時に編集長であったY1取締役が担当し,本件当時の編集長であるY2は,同取締役に掲載記事の内容等について適宜相談をしていたものである。しかし,…Y1取締役はP会社において長年にわたり本件写真週刊誌等の編集に携わり,取材方法等の実務的経験は備えていたと認められるけれども,同取締役が本件写真週刊誌による肖像権の侵害や名誉毀損を予防しあるいはこれを避けるために必要な法的知識を有し,法的に的確な判断をする能力を備え,Y2に的確な指導あるいは助言をすることができたこと,及びY2がこのような法的知識や判断力を備えていたことを認めるに足りる証拠はない。そこで,上記のように本件写真週刊誌の取材・報道行為に関し違法行為が繰り返されていることからすると,従来から本件当時までの本件写真週刊誌に関する管理体制は不十分であったといわざるをえない。そして,…Y3はP会社の代表取締役として,本件写真週刊誌の取材・報道行為に関し,P会社を被告として提起された訴訟をすべて知っていたと認められるので,報道により肖像権を侵害しあるいは名誉を毀損した場合における被害者の被害は深刻であることも考慮すると,Y3としては,P会社の代表取締役として,本件に至るまでに,肖像権の侵害等を防止するために従来の組織体制につき疑問を持ってこれを再検討し,肖像権の侵害や名誉毀損となる基準を明確に把握して,本件写真週刊誌の取材や報道行為に関し違法行為が発生しそのため当該相手方等に被害を生ずることを防止する管理体制を整えるべき義務があったというべきである。しかし,…Y3は,本件写真週刊誌の編集に関しては,Y1取締役に一任しており,このような管理体制を整えなかったことが認められるから,Y3には,本件第二記事による不法行為に関し,その職務の執行につき重過失があったものといわざるをえない。」(下線は筆者)

本件の写真週刊誌は過去にたびたび被写体となった人物との間でトラブルを生じていたものである。この事実から結果発生についての予見可能性は認められ，肖像権は重要な人権の一つであり，名誉毀損による被害の深刻さに鑑みると写真週刊誌を出版するＰ会社としては，平常時から，現場の編集者が人権侵害を行わないよう社内の体制を整えることが必要であり，そうすることが取締役Ｙ３の会社に対する義務であるとされた。しかしながら，社内には法的知識や判断力を備えている人物が配置されておらず，Ｐ社のリスク管理体制はきわめて不十分なものと認定されたのである。

(b) 大和銀行株主代表訴訟事件9)

大手都市銀行の海外支店において現地従業員による米国債の無断売買があり，生じた多額の損失について同行役員らに損害賠償を求めた大和銀行株主代表訴訟の本案訴訟で，大阪地方裁判所は不正を防止するため一定水準の内部統制を備えることが取締役の善管注意義務として必要であるとしている。

「財務省証券取引には，取引担当者が自己又は第三者の利益を図るため，その権限を濫用する誘惑に陥る危険性があるとともに，価格変動リスク（市場リスク）が現実化して損失が生じた場合に，その隠ぺいを図ったり，その後の取引で挽回をねらいかえって損失を拡大させる危険性（事務リスク）を抱えている。また，カストディ業務には，保管担当者が自己又は第三者の利益を図って保管物を無断で売却して代金を流用する等，権限を濫用する危険性（事務リスク）が内在している。このような不正行為を未然に防止し，損失の発生及び拡大を最小限に止めるためには，そのリスクの状況を正確に認識・評価し，これを制御するため，様々な仕組みを組み合せてより効果的なリスク管理体制（内部統制システム）を構築する必要がある。」

本件において大阪地方裁判所は，証券取引に関しては担当者が権限を濫用する危険や投資に失敗した場合に隠蔽を図り損失を拡大させる危険性があることを具体的に列挙した上で，これらの予測可能な不祥事に備えるために，証券取

---

9) 大阪地判平成12年9月20日判タ1047号86頁。（巻末重要判例【Ｊ１】）

(c) **大庄日本海庄や事件**[10]

　労働法の分野では，大手居酒屋チェーン店を経営していた株式会社Ｐにおいて新卒社員Ｘが過労死したために，遺族から会社法429条１項および民法709条に基づく損害賠償請求がなされ，Ｐ社が労働者の生命・健康を失うことのないような内部統制システムを整えていなかったことについて，同社取締役らの任務懈怠責任が認められた事案がある。

　　「Ｐ社は，給与体系として，基本給の中に時間外労働80時間分を組み込んでいたため，そのような給与体系の下で恒常的に１か月80時間を超える時間外労働に従事する者が多数出現しがちであった。また，Ｐ社の三六協定においては，時間外労働の延長を行う特別の事情としてイベント商戦に伴う業務の繁忙の対応と予算決算業務が記載されていたが，現実にはそのような特別事情とは無関係に恒常的に三六協定に定める時間外労働を超える時間外労働がなされていた。現に，<u>石山駅店においては，控訴人会社の他の店舗と比べて繁忙な店舗ではなく社員の負担も平均的な店舗であったにもかかわらず，繁忙期でもなかった一郎の勤務期間中に店長を含む多数の従業員の長時間労働が恒常化していたのであって，このことからすれば同様の事態はＰ社の他店舗においても惹起していたものと推認される。そしてこのような全社的な従業員の長時間労働については，Ｐ社取締役らは認識していたか，極めて容易に認識できたと考えられる</u>（なお，全国展開しているＰ社においては，…全国的に組織化され人事管理部や店舗本部などによる監督体制が執られていたのであるから，各店舗における労働者の勤務態勢などについては全国的にある程度平準化されていたものと考えられる。）。

　　しかるに，Ｘの入社後研修においてもＡ部長が給与の説明に当たり１か月300時間の労働時間を例にあげていた状況であったし，社員に配布されていた社員心得…では，出勤は30分前，退社は30分後にすることが強調されているが，働

---

10) 大阪高判平成23年５月25日労働判例1033号24頁。

き過ぎを避ける健康管理の必要性には何ら触れられていない。また日々のワークスケジュールを作ることで，実質的に従業員の具体的勤務時間を決定しうる店長に配布されている店舗管理マニュアルには，効率の良い人員配置が必要であることが記載されているが，社員の長時間労働の抑制に関する記載は全く存在していない。人事管理部においても勤務時間のチェックは任務に入っておらず，人事担当者による新入社員の個別面談においても，長時間労働の抑制に関して点検を行ったことを認めるべき証拠はない。」(下線は筆者)

判決によれば，P社取締役らはたびたび店舗を訪れ，労働者の状況を視察する立場にあったとされている。そして，全店舗を訪れることが現実に不可能であるとしても，ある平均的な店舗において繁忙期でもないのに長時間労働が恒常化していることが認識できれば，他の店舗においても同様の状況であることは容易に想像できたはずである。そして，会社が使用者として従業員の安全配慮義務を負っていることからすれば，通常の取締役であれば飲食店における従業員の長時間労働という既知のリスクを認識し対策を講じるべきである。このような事実と労働法上の義務に対する認識から，予見可能性が認められ，本件取締役に対しては，長時間労働を是正・防止する体制の構築が善管注意義務として要求されたのである。

(3) 予見可能性なしとされた事例

取締役が善管注意義務違反とされるためには，平常時の内部統制システムの構築義務に対応したレベルの予見可能性がなければならない。従来の裁判例の中には，発生した不祥事が通常の想定を超える性質のものであったという理由により，予見可能性を否定したものがみられる。

(a) ダスキン株主代表訴訟事件[11]

中国での製造過程において違法な添加物が混入した食品を販売したP会社の株主代表訴訟の事案について，取締役らは食品の安全性や消費者の信頼の維持のために社内に食品管理部門を設置して販売食品の品質管理に当たるべきであり，そうしておけば本件添加物の混入を防止できたはずであるという原告の指

---

11) 大阪高判平成18年6月9日判時1979号115頁。(巻末重要判例【J 2】)

摘に対して，大阪高等裁判所は以下のように判示している。

「これらQ社関連業者の品質管理等に疑義を抱かせるような事情は見当たらないほか，大肉まんの共同開発に当たる皇宮による飲茶事業全般に係る技術指導や監督等（その能力はP社に勝る）が期待できる状況にもあり，P社のQ社に対する大肉まんの製造委託に関して契約締結上何らかの過誤があったとはいい難く，また，その後の製品供給過程にも特段の過誤は見出し難い。
　…（中略）…
　<u>一般に，食品を販売する会社が，他の業者に食品製造を委託する場合に，当然にかつ一律に，自社内に食品管理部門を設置し，独自に検査等をしなければならないとか，製造過程に自社の人材を派遣しなければならないとかいうことはできず，そうしなければ，品質管理や食品衛生法違反等の法令遵守を徹底させる体制を構築整備したことにならないとする道理も見当たらない。</u>食品を販売するにつき，その安全性や消費者の信頼を維持するためには，信用と実績のある製造委託先を選定し，契約に当たって能力のある専門業者としての委託先に品質管理の徹底を義務付け監視するなどの方策もあり得るところであり，現に，P社は，信頼のおける取引先の選定マニュアルを策定し，これに従って能力のある専門業者に依頼することによって，契約上販売食品の品質管理を徹底しようとするものであり，それなりの措置を講じていたことは，前記認定のとおりであり，食品管理部門を設置していなかったことをもって直ちに品質管理や法令遵守に落ち度があったとはいい難い。」（下線は筆者）

　法令遵守体制を含めた内部統制システムを構築することは，当時すでに取締役等の善管注意義務の内容を構成すると考えられていた。しかし，大阪高等裁判所は，食品販売にあたって安全性や消費者の信頼を維持するためには種々の方策があり得るので，自社に食品管理部門を設置していないことが直ちに内部統制システム構築義務に違反するものではないという。結局，大阪高等裁判所は，日本国内で禁止されている食品添加物が外国の工場で混入するという事態の発生は前例がなく，取締役らにとって想定を超える不祥事であったことから，通常のレベルを超える内部統制の構築の必要性について予見可能性を認めな

かったのだと考えられる[12]。

(b) 日本システム技術開発事件[13]

ソフトウェアの開発および販売事業を行うＹ社の従業員の横領行為により，有価証券報告書の虚偽記載があったことを原因として株価下落が生じたため，代表取締役の内部統制システム構築の懈怠を理由に，投資者が会社に対して損害賠償を求めた事案につき，最高裁判所第一小法廷は以下のように判示している。

　「本件不正行為当時，Ｙ社は，〔1〕職務分掌規定等を定めて事業部門と財務部門を分離し，〔2〕Ｃ事業部について，営業部とは別に注文書や検収書の形式面の確認を担当するBM課及びソフトの稼働確認を担当するCR部を設置し，それらのチェックを経て財務部に売上報告がされる体制を整え，〔3〕監査法人との間で監査契約を締結し，当該監査法人及びＹ社の財務部が，それぞれ定期的に，販売会社あてに売掛金残高確認書の用紙を郵送し，その返送を受ける方法で売掛金残高を確認することとしていたというのであるから，Ｙ社は，通常想定される架空売上げの計上等の不正行為を防止し得る程度の管理体制は整えていたものということができる。そして，本件不正行為は，Ｃ事業部の部長がその部下である営業担当者数名と共謀して，販売会社の偽造印を用いて注文書等を偽造し，BM課の担当者を欺いて財務部に架空の売上報告をさせたというもので，営業社員らが言葉巧みに販売会社の担当者を欺いて，監査法人及び財務部が販売会社あてに郵送した売掛金残高確認書の用紙を未開封のまま回収し，金額を記入して偽造印を押捺した同用紙を監査法人又は財務部に送付し，見掛け上はＹ社の売掛金額と販売会社の買掛金額が一致するように巧妙に偽装するという，通常容易に想定し難い方法によるものであったということができる。また，本件以前に同様の手法による不正行為が行われたことがあったなど，Ｙ社の代表

---

12) 松井秀征「ダスキン株主代表訴訟の検討［中］」商事法務1835号（2008）28頁は，この点に関する大阪高等裁判所の判断は，おおむね経営判断原則の枠組みに従っているものと理解できるという。しかし，Ｐ社の取締役らは意識的な判断をしていたわけではなく，たんにこのような事態を想定していなかったとみるのが自然であろう。

13) 最（一）判平成21年7月9日判時2055号147頁。（巻末重要判例【J 4】）

取締役であるAにおいて本件不正行為の発生を予見すべきであったという特別な事情も見当たらない。」

本件の第一審と控訴審においては、「本件不正行為当時の甲事業部の組織体制及び本件事務手続には、元事業部長ら同事業部の上層部が企図すれば、容易に本件不正行為を行い得るリスクが内在していたというべきである。そして、Y社代表者は、同社の取締役及び代表取締役として、同社の健全な運営を図るため、各部門の適切なリスク管理体制を構築し、機能させる義務を負うものと解するのが相当であるところ、上記本件事務手続の流れを踏まえて、不正行為がなされる可能性を意識すれば、本件不正行為当時においても、Y社代表者が上記リスクが現実化する可能性を予見することは可能であり、また、当該リスクを排除ないし低減させる対策を講じることが可能であったというべきである。」[14]と認定されており、予見可能性についての判断が異なっている。しかし、最高裁判所は、会社内部で部門の分離がなされ、監査法人との間で確認体制が存在していたために通常の不正行為を防止しうる程度の管理体制は整えられていたとした上で、Y社に不正行為が発生した前例がなかったこと、巧妙に仕組まれた手法であったこと等から、通常の想定を超える不祥事であったとした。最高裁は、より厳重な内部統制システム構築の前提となる予見可能性の有無について制限的に判断したものと思われる。

なお、この事件は有価証券報告書の虚偽記載による株式価格の下落分が損害として請求されたものであるが、当時はまだ虚偽記載について発行会社の損害賠償責任を定めた金融商品取引法21条の2の規定がなかったため、会社法350条の下で審理が行われたものである。この点に関連して、学説において議論がなされている。まず、会社法350条に基づけば発行会社の代表取締役において当該投資家に対する不法行為が成立する必要があるが、この場合、過失の有無は有価証券報告書の虚偽記載をしたこととの関係で論じられるべきものである。そのため、取締役が従業員の横領を防止するための適切な内部統制システムを構築しなかったことが、投資者に対する過失にあたるとは直ちには評価できな

---

14) 東京地判平成19年11月26日判時1998号141頁。

いのではないかという指摘がある[15]。しかし，上場会社の代表者は有価証券報告書に虚偽記載がないようにする注意義務を負っているのであり，この注意義務を尽くしたか否かの判断と適切な内部統制システムを構築・運営していたか否かの判断は直結するから，本判決は投資者に対する内部統制システム構築義務について検討したものだと評価できるであろう[16]。また，最高裁が，従来の内部統制構築に関する下級審裁判例とは異なり，経営判断に言及して裁量を広範に認めていない点に関しては，第三者に対する不法行為責任が問題となった事案であるがために，内部統制システムの構築・運用について広い裁量を前提とした緩やかな審査が行われなかった可能性が指摘されている[17]。一方で，かりに本件が株主代表訴訟であったとしても，最高裁の結論は変わらないとする意見もある[18]。いずれにせよ，本件がやや特殊な事実関係に基づく事例判決であることは大方の見解が一致するところであり（本件は最高裁の重要判例が登載される「民集」ではなく，内部資料扱いの「集民」に登載されている），一般的な法規範を導き出そうとすることには慎重でなければならない。

(4) 平常時における予見可能性の有無

これまでとりあげた判例では，予見可能性があると認められた事案と，予見可能性がないとされた事案がある。両者の判断を分けたものは何であろうか。

(a) 既知のリスク

予見可能性があると認められた事案をみると，その発生した不祥事は単発のものではなく，事業活動の性質上頻繁に起こりうる既知のリスクが顕在化したものであった。このような既知リスクに対しては，不祥事発生を示す警告事実が存在しない段階であっても[19]，それを事前に防止する体制の整備が求められる。すなわち，それらの既知のリスクを防止するために一定の措置を要求す

---

[15] 弥永真生「判批」ジュリスト1385号60頁（2009），61頁。
[16] 川島いずみ「判批」判例セレクト2009Ⅱ（法学教室別冊付録）20頁。
[17] 高橋陽一「判批」旬刊商事法務1993号（2013）52頁，55頁。
[18] 志谷匡史「取締役の内部統制構築・運用責任——最判21年7月9日を素材に」監査役561号（2009）12頁。
[19] ここでいう既知のリスクと警告事実の違いは，それが潜在的なものであるか現実に生じているものかの違いである。

る法令がある場合には、それに従って内部統制システムを整備すべきことは当然であるが、そのような法令が存在しない場合であっても、社会通念上、その業界において一定のリスクが知られており、その発生が予想しうる場合には予見可能性が肯定されることになる。また、当該会社において過去に同様の不祥事が生じていたかどうかという要素も予見可能性の有無の判断に影響するであろう。それに対する防止策を怠った結果として既知のリスクが顕在化し、会社に損害が発生した場合に取締役は責任を負う。

既知のリスクの具体例としては、以上でみた出版会社や放送会社における人権侵害、金融会社における従業員の横領行為、証券会社における取引担当者の違法勧誘、外食産業における従業員の長時間労働、などのほかにも、建設会社における談合、食品製造会社における異物混入、製薬会社におけるデータ改ざん、教育産業における個人情報漏洩、などがあげられる。これらの事業を行う会社に対しては、具体的な不祥事の兆候があるかどうかにかかわらず、当該業種において一般的に求められる最低水準の内部統制システム（平常時の内部統制システム）を整備することが要求されると考えられる。ただし、一般事業会社における従業員の横領行為の位置付けは微妙である。金融機関と比較してみると、その業界に特有のリスクであるともいえないし、会社の信用に与えるダメージも異なる。しかし、従業員による横領行為に対しては一定の予防体制をとるべきであり、多くの一般事業会社の場合にはこれを既知のリスクとみなしうるであろう[20]。

(b) 予見可能性の有無の判断要素

具体的予見可能性がないとされた2つの事案では、裁判所は通常の取締役であれば予見しえたかどうかを基準とする立場をとっている。食品製造会社における異物混入や、従業員による横領行為は、すでに述べたように事業上生じる可能性がある既知のリスクであり、取締役としてはこの範囲で不祥事を予見し

---

20) 出向者の横領行為に係る出向先の出向元に対する損害賠償請求について、出向先にも内部統制システム構築義務違反等があったとして過失相殺が認められた事例がある。名古屋高判平成26年2月13日金融・商事判例1444号30頁。太井徹「批判」法と政治68巻3号（2017）27頁。

それを防止するために十分な水準の内部統制システムを構築する必要があるが，通常の範囲を超えるリスクについては，実際に取締役が警告事実を認識していたという特段の事情がない限り，事前に想定する必要はないというわけである。

このように裁判所は，事案ごとに，通常の取締役が結果発生の可能性を具体的に認識できたかどうかを判断しているのであり，予見可能であったか否かは，既知リスクに関する情報，不祥事が現実に起こりうる確率，結果の重要性，過去の類似事例，法的な対策義務の有無，などにより異なってくる。とりわけ，取締役が意識的に不祥事を疑っていたかどうか，が重要である（これは会計監査人の場合にも問題になる点である。本書第2章第2節5参照）。過去に類似の不祥事が起きていた，事業者として法令上の防止義務を負っていた，などの条件がなければ，裁判所は取締役の予見可能性を否定する傾向がある。

たとえば，前出の日本システム技術開発事件では下級審と最高裁の判断が異なっているが，これは予見可能性の判断に幅があることを示すものである。この事案では，横領の手口が巧妙であったこと，以前に類似の不祥事がなかったこと，が予見可能性を否定する理由とされているが，上述のように従業員による横領行為は既知リスクであることからすれば，これらの理由は必ずしも説得的とは言い難い[21]。むしろ，かかる巧妙な横領行為を完璧に防止しうるような体制は，一般事業会社が備えるべき内部統制の客観的水準を超えていた（結果回避義務違反がなかった）というべきだったのではないだろうか。

以上の通り，取締役の義務違反を判断するにあたっては，予見可能性の有無の判断には相当の幅があるといえる。

(5) 予見可能性はあるが結果回避義務違反がないとされた事例

既知リスクが認識され具体的予見可能性はあると認められるが，結果回避義務違反がないという理由で取締役の責任が否定された事案が出されている。

(a) 新潮社貴乃花名誉棄損事件[22]

Y1社が発行する写真週刊誌記事の名誉毀損行為による損害について旧商法

---

[21] 本件不正行為が想定できないほど巧妙なものであったのかどうかについては評価が分かれるところであろう。野村・前掲注2）109頁。

[22] 東京高判平成23年7月28日LEX/DB 25543181。（巻末重要判例【J 5】）

266条ノ3の責任を負うか否かが問題となった事案では，すでに一応の内部統制システムが社内に構築されており，不十分ながらも機能していたという理由で，同社の代表取締役Ｙ２の職務執行についての重過失が否定されている。

「前記…の認定によれば，Ｙ１会社では，出版物の編集から販売までの全過程を扱っているところ，業務の各分野に関して代表取締役が全てを把握し管理することは困難であるため，業務の効率性を維持するため，事業ごと及び出版物の種類ごとに担当取締役制をとっている。そして，和歌山カレー事件に関する訴訟の判決において，Ｙ１会社の中で社内体制が構築，整備されていなかった旨を認定されたことを契機に，Ｙ２は，平成14年10月，週刊甲の編集に当たっては，編集の経験が豊富なＡ取締役を担当取締役として，同人が編集長と打合せをし，毎週ゲラのチェックをし，Ｙ２は，自らはゲラをチェックすることはしないものの，Ａ取締役に委ねて，日常的に個々の記事に目を通させて問題点を指摘させることとしていた。また，Ｙ２は，Ａ取締役に対し，編集部員に対する違法行為防止のための教育を任せ，同人は，２年に１度の割合で勉強会を実施していた。また，Ｙ２は，弁護士の見解を聞く機会を確保するため，社員住所録に顧問弁護士の事務所を記載し，法律専門家による相談体制を整え，掲載された記事について編集部に抗議があった場合は，重要なものにつき，編集長からＡ取締役に報告が上がり，Ａ取締役は編集部からＹ２へ裁判の結果の報告をさせていた。以上の事実が認められる。以上によれば，Ｙ２は，Ｙ１会社が発行する週刊甲に掲載する記事によって，他人の名誉が毀損されるなどの違法行為が生じないように，Ｙ１会社における一応の社内体制を整えるなどの対応をしていたと認められる。もっとも，Ｘら主張のとおり，本件各記事が掲載された時期に近接した時点の民事訴訟において，Ｙ１会社の名誉毀損による不法行為責任が認められた判決が相当程度に多数存在することは，前記…のとおりであり，上記の社内体制が当時十分に機能していなかったと評価できる面があるが，しかし他方，ほぼ同時期以降において，Ｙ１会社の不法行為責任が否定された判決等が相当数あることも前記…のとおりであって，上記の社内体制が機能不全に陥っていたとまでは認定できないというべきである。そうすると，本件各記事が掲載された当時においては，違法行為防止のためにＹ２が構築，

整備した社内体制は，不十分ながらもその役割を果たしていたと評価すべきであり，これを前提とすると，上記の社内体制の構築，整備についての不備（義務懈怠）が存するとしても，Ｙ２に，その職務を行うについての悪意があったとは認められないのみならず，重大な過失があったとまでは認めるに足りないことになる（なお，もとよりこの認定判断は，本件各記事が掲載された当時におけるものであり，その後の状況下における判断は，異なることがあり得ることを付記しておく。）。この点に関する被控訴人らの主張を斟酌しても，以上の結論に影響しない。よって，ＸらのＹ２に対する旧商法266条ノ３の取締役の責任に基づく請求を認めることはできない。」（下線は筆者）

以上の通り，東京高等裁判所は，出版・報道を主要な業務とする株式会社の代表取締役は，業務を執行するに際し，出版・報道によって第三者の権利を侵害しないよう注意し，第三者の権利を侵害する結果を防止し得る社内体制を整備・構築する義務を負うと述べた上で，内部統制システムの内容そのものは各会社の業種や規模等に応じてさまざまであり，どのような内容のリスク管理体制を整備するかは経営判断の問題でもあるとしている。当時，Ｙ１では多数の名誉毀損事件の裁判が係属しており，代表取締役に結果発生の予見可能性があったことは否定できない。しかし，過去に同種の裁判で敗訴したことへの反省から[23]，同社においては一応の内部統制システムが整えられていた。具体的には，編集の経験が豊富な担当取締役が日常的に記事のチェックを行い，違法行為を防止するための部員教育を行い，弁護士の意見を聞く機会を確保し，重要な問題については担当取締役へ報告があがるようにしていた。名誉毀損裁判において一定数を勝訴しているという事実から，東京高等裁判所は，不十分ながらも同社の内部統制システムはその機能を果たしていたと評価している。したがって，予見可能性は認められたが結果回避義務違反がないとされたのである。なお，この事件では対第三者責任が追及されていることから，主観的要件が「悪意・重過失」であることも影響していると思われる。内部統制システムは不十分ではあるが，通常の水準に比べて著しく劣るとまではいえなかった

---

[23] 前掲注８），大阪高判平成14年11月21日（新潮社フォーカス事件）。

のであろう。

　いずれにしても，Ｙ１の人権侵害を防止するための内部統制システムは，当時として許される最低限の水準であったといえる。具体的裁判例を通じて時代や社会情勢に応じた内部統制システムが取締役の行為準則として明確化されることが望ましい。また，一度構築すればそれでよいわけではなく，時間の経過とともに，内部統制の最低水準はヴァージョンアップされるものである。この点につき，新潮社貴乃花名誉毀損事件控訴審において東京高等裁判所がわざわざなお書きを付して，「もとよりこの認定判断は，本件各記事が掲載された当時におけるものであり，その後の状況下における判断は，異なることがあり得ることを付記しておく。」と述べていることに注意すべきである[24]。

(b)　ヤクルト株主代表訴訟事件[25]

　健康飲料水を販売する会社が財務基盤強化のため当面の運転資金や設備投資等に使用する必要がない余裕資金の効率的運用を図る目的でデリバティブ取引を行った結果，会社に巨額の損失が生じた事案の控訴審で，東京高等裁判所はつぎのように判示している。

　　「デリバティブ取引は，少額の原資で多額の取引ができるため，投機性が高く，市場動向の見通しが的中すると多額の利益が得られる反面，見通しを誤ると会社の存立にも関わるような巨額な損失が生ずるおそれがあるものであり，かつ，市場動向は完璧には予測ができないものであるから，損失の発生を完全に回避することは不可能といえる。したがって，事業会社が，本業とは別に，このよ

---

[24]　しかし，その後，元横綱に対する名誉毀損行為を繰り返したＹ１社に関する事件では，「内部統制システムとしてどのようなリスク管理体制を整備するかは経営判断に関わる事柄であり，そこにおける取締役の判断には一定の合理的裁量が認められるべきであるところ，…被告会社においては，社内のチェック体制及び法律の専門家に相談できる体制を整え，法務勉強会を開催するなど，被告会社が発行する週刊甲に掲載する記事によって，他人の名誉が毀損される等の違法行為が生じないように，一応のリスク管理体制を含む内部統制システムを構築しているということができ，社内体制の構築について任務懈怠があったとまでは認められないし，悪意又は重過失があったということもできない。」と述べて原告の主張を退けている。東京地判平成26年8月4日LEX/DB25504635。

[25]　東京高判平成20年5月21日判タ1281号274頁。（巻末重要判例【Ｊ３】）

うな投機性の高いデリバティブ取引を行うについては，市場動向の見通し等について可能な限り情報収集をし，それを分析，検討して適切な判断をするように務める必要があるほか，このようなデリバティブ取引により発生する損失によって会社の存立にまで影響が及ぶような事態が生ずることを避ける目的で，損失が生じた場合の影響を一定の限度に抑えられるよう，リスク管理の方針を立て，これを適切に管理する体制を構築する必要が生ずるというべきである。<u>もっとも，デリバティブ取引から生ずるリスク管理の方針及び管理体制をどのようなものにするかについては，当該会社の規模，経営状態，事業内容，デリバティブ取引による資金運用の目的，投入される資金の性質，量等の諸般の事情に左右されるもので，その内容は一義的に定まるようなものではないのであり，そこには幅広い裁量があるということができる。</u>

…（中略）…

　以上によると，ヤクルト本社のような事業会社がデリバティブ取引を行うに当たっては，〔1〕各取締役は，取締役会等の会社の機関において適切なリスク管理の方針を立て，リスク管理体制を構築するようにする注意義務を負うというべきである。もっとも，どのようなリスク管理の方針を定め，それをどのようにして管理するかについては，上記のように，会社の規模その他の事情によって左右されるのであって，一義的に決まるものではなく，そこには幅広い裁量があると考えられるのである。また，上記のように，<u>デリバティブ取引のリスク管理の方法等については，当時未だ一般的な手法は確立されておらず，模索の段階にあったのであるから，リスク管理体制の構築に向けてなされた取締役の判断の適否を検討するに当たっては，現在の時点における知見によるのではなく，その当時の時点における知見に基づき検討すべきものである。</u>」（下線は筆者）

　本件においては，当時のデリバティブ取引に係る事業会社及び金融機関のリスク管理体制の状況が裁判所に証拠として提出されている。そこでは，平成8年3月末時点においては，金融機関においてさえも，まだデリバティブ取引のリスク管理に関する一般的な手法は確立されておらず，管理手法を模索していた段階であったこと，また，事業会社においては，金融機関以上に，デリバ

ティブ取引のリスク管理に関する一般的な手法は確立されておらず，その内容，程度はまちまちであったことが認定されている[26]。

(6) 平常時における結果回避義務違反の有無

具体的予見可能性があると認められたにもかかわらず，一応の内部統制システムが機能しており結果回避義務違反がないとされた事案からは，平常時における内部統制システムがどの程度の水準をもつべきかについて興味深い示唆を得ることができる。

(a) 経営判断原則との関係

上述の結果回避義務違反が否定された事案において，裁判所は，内部統制の構築内容について「経営判断の問題である」または「幅広い裁量がある」という表現を用いており，いわゆる経営判断原則が適用されたと理解する余地もある。経営判断原則（Business Judgement Rule）とは，アメリカの判例法に由来する法理である。その適用範囲や要件について，アメリカ法においては相当に明確化されているのと異なり，日本ではまだ不明確な点も多い。また，一般的には，監視義務の文脈において経営判断原則は適用がないとされている。

ところが，最近のわが国の学説においては内部統制システムの構築に関しては経営判断原則（ないしその考え方）が適用されると主張する見解が有力になっている[27]。その理由とするところは，①他人の違法行為によって高額の賠償責任が課せられる可能性があれば，有能な取締役が就任するインセンティブが失われること，②合理的な法令遵守体制がどのようなものであるかを判断することが裁判所にとって困難であること，③経営者は企業特殊的人的資本の拠出者であるのに対して，株主は株式の分散投資により経営リスクから自分自身を守ることができること，④経営失敗に対しては裁判所ではなく市場によって判断がなされるべきであること，があげられている[28]。しかし，このような経

---

26) 前掲注25），東京高判平成20年5月21日「第3 当裁判所の判断　3 当時のデリバティブ取引に係る事業会社及び金融機関のリスク管理体制の状況」。ただし株主側代理人は，上告理由において，これらの調査はたんなるアンケート結果に過ぎないと批判している。たしかに，裁判の証拠とするためには一定の信憑性をもつことが前提になるであろう。
27) 前掲注1）に掲げた文献を参照。
28) 南・前掲注1）北大法学論集62巻4号124-127頁，134-139頁。

営判断原則（ないしその考え方）が業務執行の決定に対してではなく，監視義務の文脈において用いられることには疑問がある。まず，①に対しては，善管注意義務違反自体を否定する必要はなく，過失相殺や割合的因果関係など賠償責任額が過大にならないようにする工夫が可能である。②については，内部統制に関してはさまざまな実務基準が存在しており，弁護士はさまざまな証拠資料により裁判所を説得できるのであり，一義的な確定が困難と決めつけることは裁判官の総合的判断能力を過小評価している。③については，第三者による請求が認められているように，内部統制システムは株主の利益だけを守るものではない。④については，法令遵守に関しては市場の判断よりも裁判官の判断が正確であることは明らかである。

　内部統制システムの構築について取締役の裁量を大幅に認め，一応の合理性があればよいという意味での経営判断原則（もしくはその考え方）を適用するならば，およそ裁判規範とはなり得ないほどの緩やかな基準になってしまうと思われる。内部統制部門などの設置等，内部統制システムの具体的設計に関して取締役に一定の裁量が認められることは否定できないが，それを「経営判断の問題」と表現することは，必要とされる最低限の水準を下回ることも許容されるという誤解を生みかねない。とりわけ，事業収益獲得のため障害になるという理由から，構築すべき法令遵守体制の水準を同業他社と比較してあえて低く設定することを経営判断の名の下に行うことは許されない。これを比較衡量的な判断として一般化してしまうと，会社の業績向上に結びつく可能性があるケースではあえて違法行為を行うことも経営判断の結果として免責されるという結論にもつながり，妥当ではない[29]。

---

[29] 確率的に不祥事発生の可能性が低い場合であっても，それが発生した場合の結果が会社または社会にとって深刻な損害となり得る場合には，事業活動にあたり高度の内部統制システム構築の必要性が認められるべきである。たとえば，金融機関において横領行為等が起きる確率は低いかも知れないが，リスクはつねに存在しておりかつそれが起きたとき会社が受ける損害（横領された金員のみならず社会的信用の喪失，さらに金融秩序への影響）は甚大である。このようなときには，取締役に対しては想定されるリスクに応じた一定水準の結果回避義務が課されるというべきであろう。もっとも，このような場合には，義務内容を明確化するために，関連法令により一定水準の内部統制システムの整備が求められていることが望ましい。

(b) 内部統制の水準を決めるもの

　平常時における内部統制システムの水準は，会社が社会の中で事業を行っていく上で備えるべき遵法体制を構築するという取締役の行動準則として理解すべきである。すなわち，違法な事業執行から株主，債権者，社会の利益を守るために，内部統制システムは一定の行動規範を満たしており，そこから大きく逸脱していないことが取締役の善管注意義務として要求されていると解される。このような取締役の行動準則を決定するものは，結局のところ，条理および経験則であり，業界ごとの内部統制システムの内容に関する実務ガイドラインの改定や判例の積み重ねによって定まるものであろう（金商法上の内部統制については監査基準がある）。これは困難が伴う判断であることは確かであるが，内部統制の構築は経営判断であるとして義務違反となる場合を著しく不十分なレベルに限定することにより，適切な水準を決定する努力を安易に放棄すべきではない。平常時の内部統制システム構築に関して，取締役がとるべき行動は，当該事業に既知リスクがあるかどうか，自社の過去の事例，同業他社の対応状況，などを客観的なデータに基づいて調査し，事業の遂行上適切な水準の内部統制を構築することであり，こうした一連の行動の社会的な相当性は司法審査の対象とすることができる。

　これまでの裁判事例をみる限り，日本の裁判所は内部統制システムの構築について高度の水準を求めているわけではない。そうすると，取締役の注意義務の基準は，通常の合理的な取締役ならば備えておくべきはずの内部統制の水準，または，その業界の他の会社が現実に備えている内部統制の水準，いずれで判断されるのだろうか。最高裁判所は同一業界における他の会社が現実に行っているのと同じ水準でよい，と考えているようである。最高裁判所は，医師の注意義務の基準についてはその時点における医療水準が求められており，それは平均的医師が行っている医療慣行とは必ずしも一致せず，医療慣行に従っていたからといって医師が注意義務を尽くしたことにはならないとするが[30]，専門家ではない取締役に対しては，かかる高度な注意水準を求めていないということであろうか。

---

30) 最（三）判平成8年1月23日民集50巻1号1頁（虫垂炎麻酔ショック事件）。

3．異状発生時の内部統制
(1) 概　説

　会社内部において一定の不祥事が現実に生じているか，あるいは近い将来に生じることが確実性をもって予測できる場合がある。そのような警告事実は，平常時の内部統制システムが機能した結果得られることもあろうし，外部からもたらされることもあるだろう。いずれにせよ，取締役が不祥事の具体的兆候を認識している場合または認識しうる場合には，具体的な予見可能性が認められ，当該取締役には，平常時の内部統制システムの水準を超えて（それに追加して），損害の結果を回避する，あるいは損害をできる限り軽減するような措置をとる法的な義務が生じることは疑問の余地がない。

　なお，警告事実が存在したにもかかわらず，それがたんなる疑念にすぎなかったために回避行動をとらなかったという主張が取締役からなされることがある。しかし，通常の取締役が疑念を抱くような事実があるときには調査を行い，必要な措置を講じなければならない[31]。

(2) 警告事実（レッド・フラッグ）

　では，平常時と異状発生時を分ける警告事実とは，具体的にどのような事実をいうのであろうか。以下にいくつかの裁判事例を検討してみよう。

(a) NOVA事件[32]

　英会話教室を経営していた株式会社Ｐが破産し特定商取引法に違反する解約清算方法を是正しなかった等の行為について同社の代表取締役の監視義務違反が認められた事案において，裁判所は次のように判示している。

　「前記認定のとおり，Ｐ社は，平成14年2月に東京都消費生活部の調査を受け，特定商取引法違反行為等の指摘に基づく改善指導を受け，業務改善計画書を提出し，今後の法令遵守を約束している。しかし，その後も全国消費生活情報ネッ

---

31) このとき，解釈上，個々の取締役に業務調査権が認められると考えるならば，取締役は必要な調査を行うべきである。かりに，個々の取締役には業務調査権がないという立場をとる場合にも，代表取締役，監査委員会，監査役等に情報を伝達し，権限のある者をして必要な調査を行うようにすべきである。本書第2章参照。
32) 大阪高判平成26年2月27日判時2243号82頁。（巻末重要判例【Ｊ６】）

トワーク・システムに寄せられた苦情相談件数が増加を続けていたことからすると、P社が、前記業務改善計画書の提出にもかかわらず、必要な是正措置を怠り、違法行為を継続していたものと推認される。そのため、ついには、平成19年2月に経産省及び東京都の本件立入検査を受け、同年6月13日、本件業務停止処分を受けるに至ったものであり、同処分に当たり、数多くの特定商取引法違反行為を指摘され、これらの違反行為は本社の作成したマニュアルや本社からの通達・指導に基づいて全社的に行っていたものと指摘された。また、上記の調査、処分における指摘事項の中には、中途解約の取扱いに関するものも含まれているところ、中途解約に際してP社がとっていた本件解約清算方法については、消費者団体からも是正の申し入れを受け、元受講生が提起した訴訟において特定商取引法49条2項1号に違反し無効であると判断する下級審判決が相次ぎ、ついには平成19年4月3日、本件最高裁判決によって本件解約清算規定が無効である旨の判断が示された。<u>Y1は、P社の代表取締役として、業務全般を掌握しており、契約締結をめぐる顧客とのトラブルの実情や、東京都による調査及び改善指導、本件解約清算方式の有効性に関する下級審判決の動向等についても当然認識していたと認められる。</u>」（下線は筆者）

この事案では、会社が数回の行政処分を受けていたこと、係争中の民事裁判の結果が確実性をもって予測できたことが代表取締役Y1に対して異状時の内部統制システムの構築を促す警告的事実として認定されている。これらの事実からはY1が体制構築の必要性を認識していたことは疑いの余地がなく、さらに故意に構築を怠っていたことまでが推測される事案である。

(b) セイクレスト事件[33]

破産したP社に対する監査役Y（社外監査役）の損害賠償責任を認めた責任査定の裁判に関する訴えにおいて、P社代表取締役Aの任務懈怠に対する監督を怠った取締役と監査役の会社法429条1項に基づく責任について、大阪高等裁判所はつぎのように判示している。

---

33) 大阪高判平成27年5月21日判時2279号96頁。（巻末重要判例【J7】）

「本件金員交付は，その時点までにAが行ってきた行為と同種又は類似した態様の行為であるということができる。そして，破産会社においては，平成22年9月15日開催の臨時取締役会において，本件募集株式の発行が決定され，その払込期日が同年12月29日と定められており，同日，本件募集株式の発行に係る払込金が入金されることが見込まれる状況にある中，会計監査人であるB監査法人からの要求に基づいて，同年11月15日開催の取締役会において，本件手形取扱規程が制定されたにもかかわらず，Aが，本件手形取扱規程が制定された翌日である平成22年11月16日から，取締役会の承認決議を経ないまま，多額の約束手形を振り出すに至り，そのことが，遅くとも同年12月7日の取締役会の時点で明らかになったというのであるから，破産会社の取締役ら及び監査役らは，同日の時点において，Aが，本件募集株式の発行に係る払込金が入金された機会等に，破産会社の資金を，定められた使途に反して合理的な理由なく不当に流出させるといった任務懈怠行為を行う具体的な危険性があることを予見することが可能であったということができる。なお，破産会社の取締役ら及び監査役らが，同年12月7日の時点で，Aによる本件金員交付そのものを具体的に予見していなかったとしても，そのことは，上記の結論を左右するものではない。したがって，破産会社の取締役ら及び監査役らには，上記同日の時点で，本件金員交付についての予見可能性があったと認められる。」（下線は筆者）

このように大阪高等裁判所は，代表取締役Aが以前行った会社の資金を不当に流出させる行為は，本件金員交付と同種または類似した態様のものと評価しうるから，警告事実にほかならず，他の取締役と監査役にはAの任務懈怠行為について具体的予見可能性があったと認定している。

(3) 結果回避措置の具体的内容

警告事実が存在しているときには，それに対応した結果回避措置が求められる。上述したいくつかの裁判事案から結果回避義務の具体例をみてみよう。

(a) NOVA事件[34]

まず，法令違反による行政処分と裁判結果が警告事実となっていた英会話学

---

34) 前掲注32)，大阪高判平成26年2月27日。

校の事案では,必要な指示や指導をまったく行わず,違法な解約清算方法を改めなかった代表取締役Y1の注意義務違反が認定されている。

> 「したがって,Y1は,ノヴァが外国語会話教室を開設して受講希望者と契約を締結するに当たり,特定商取引法を遵守するよう指示,指導を行うとともに,違法な行為が行われないよう社内の法令遵守体制を構築すべき注意義務を負っていたところ,上記事実経過からすると,Y1は,東京都の指導を受けても何らの改善策も講じないどころか,むしろマニュアルや通達,指導により違法行為を指示して全社的に行わせていたと認められ,また,本件最高裁判決によって無効の判断が示されるまで本件解約清算方法を改めなかったのであり,したがって,Y1は,故意又は重過失により上記注意義務を怠ったものといわざるを得ない。」

(b) セイクレスト事件[35]

つぎに,会社の資金を不正な目的で流出させていた代表取締役Aの行為が警告事実となっていた破産会社P社の事案では,それが判明したときに,通常の財務に関する内部統制システムを超えて,問題の約束手形の発行を制限するような内部統制システムをとらなかった他の取締役らの善管注意義務違反が認定されている。

> 「…破産会社の取締役らには,この時点で,Aが,破産会社の資金を,定められた使途に反して,合理的な理由なく不当に流出させるといった任務懈怠行為を行う可能性があることを具体的に予見することが可能であったということができるのであるから,破産会社の取締役らのうち,同年10月15日以降,経営管理本部長(経理財務部長を兼務)に就任していた取締役のBは,財務担当の取締役として,上記のような事態の発生を防止するための内部統制システムを,取締役会において整備すべき義務を負っていたということができる。具体的には,同年12月7日の時点で問題になっていたのは,Aによる,取締役会の承認

---

35) 前掲注33),大阪高判平成27年5月21日。

を経ない約束手形の振出しであったことから、本件手形取扱規程を即時施行することが必要であったことはもとよりであるが、前記…で判示したとおり、破産会社においては、同年9月15日開催の臨時取締役会において、本件募集株式の発行が決定され、その払込期日が同年12月29日と定められており、同日、本件募集株式の発行に係る払込金が入金されることが見込まれる状況にあったのであるから、Bにおいて、<u>破産会社が日常的な支払等に使用する程度の金額を超える現金、預金等の出金や払戻しについては、予め使用使途等、当該出金や払戻しの合理性を確認するために必要と認められる事項を明確にした上で、経営管理本部長に対して出金や払戻し等を依頼し、経営管理本部長が上記依頼を取締役会に上程し、取締役会の承認決議を得た上で出金や払戻し等を実行し、かつ、上記出金や払戻し等の状況等について取締役会で報告することなど、本件手形取扱規程に準じた、現金及び預金の管理規程を制定し、即時、これを施行することを取締役会に提案し、取締役会においてこれを決定すべき義務を負っていた</u>ということができる。」(下線は筆者)

(4) 経営判断原則の適用は困難であること

警告事実が発生しており、監視義務を負うべき取締役に対してほぼ選択の余地がない対応行動が求められる場合には、経営判断原則の適用は極めて限定的だといえる。実際、いくつかの裁判事件においては、取締役側から経営判断原則の適用を求める主張がされているが、裁判所はこれを否定している。

(a) ダスキン株主代表訴訟事件[36]

まず、違法な食品添加物が混入した大肉まんを販売した結果として会社に莫大な損害が生じた食品販売会社の事案では、複数のルートを通じて取締役会に不祥事の情報が伝えられていたにもかかわらず、取締役Y1らは担当者を処分したのみで事実を公表しないと決定し、何らの善後策もとらなかったことが善管注意義務違反にあたるとされた。

「以上のとおり、Y1らは、本件混入や本件販売継続の事実がC側からマスコ

---

[36] 前掲注11)、大阪高判平成18年6月9日。

ミに流される危険を十分認識しながら，それには目をつぶって，あえて，『自ら積極的には公表しない』というあいまいな対応を決めたのである。そして，これを経営判断の問題であると主張する。しかしながら，それは，本件混入や販売継続及び隠ぺいのような重大な問題を起こしてしまった食品販売会社の消費者及びマスコミへの危機対応として，到底合理的なものとはいえない。すなわち，現代の風潮として，消費者は食品の安全性については極めて敏感であり，企業に対して厳しい安全性確保の措置を求めている。未認可添加物が混入した違法な食品を，それと知りながら継続して販売したなどということになると，その食品添加物が実際に健康被害をもたらすおそれがあるのかどうかにかかわらず，違法性を知りながら販売を継続したという事実だけで，当該食品販売会社の信頼性は大きく損なわれることになる。ましてや，その事実を隠ぺいしたなどということになると，その点について更に厳しい非難を受けることになるのは目に見えている。それに対応するには，過去になされた隠ぺいとはまさに正反対に，自ら進んで事実を公表して，既に安全対策が取られ問題が解消していることを明らかにすると共に，隠ぺいが既に過去の問題であり克服されていることを印象づけることによって，積極的に消費者の信頼を取り戻すために行動し，新たな信頼関係を構築していく途をとるしかないと考えられる。また，マスコミの姿勢や世論が，企業の不祥事や隠ぺい体質について敏感であり，少しでも不祥事を隠ぺいするとみられるようなことがあると，しばしばそのこと自体が大々的に取り上げられ，追及がエスカレートし，それにより企業の信頼が大きく傷つく結果になることが過去の事例に照らしても明らかである。ましてや，本件のように6300万円もの不明朗な資金の提供があり，それが積極的な隠ぺい工作であると疑われているのに，さらに消極的な隠ぺいとみられる方策を重ねることは，ことが食品の安全性にかかわるだけに，企業にとっては存亡の危機をもたらす結果につながる危険性があることが，十分に予測可能であったといわなければならない。したがって，そのような事態を回避するために，そして，現に行われてしまった重大な違法行為によってダスキンが受ける企業としての信頼喪失の損害を最小限度に止める方策を積極的に検討することこそが，このとき経営者に求められていたことは明らかである。ところが，前記のように，Ｙ１らはそのための方策を取締役会で明示的に議論することもなく，『自ら積極的に

は公表しない』などというあいまいで，成り行き任せの方針を，手続き的にもあいまいなままに黙示的に事実上承認したのである。それは，到底，『経営判断』というに値しないものというしかない。」（下線は筆者）

(b) セイクレスト事件[37)]
代表取締役Aが破産会社の資金を不正な目的で流出させていた事案でも，その行為の悪質さから監視義務を負う他の取締役らが他の手段を選択する余地はないとして，経営判断原則の適用があるという主張は一蹴されている。

> 「なお，Y（監査役）は，破産会社の取締役らが，内部統制システムを改めたり，Aを代表取締役から解職しなかったとしても，そのことが『経営判断の原則』からして不合理であるとはいえない旨主張する。しかし，…Aの行為は，有価証券届出書に記載した使途に反する（事前に取締役会の承認決議を経ない）破産会社の資金の流用，増資額の水増しによる会社財産の希薄化，返済可能性が低い状況下での（取締役会の承認決議を経ない）多額の約束手形の振出しというものであるから，およそ経営判断の原則が妥当するような問題ではない。したがって，この点に関する控訴人の主張は，失当である。」

(5) 異状発生時における結果回避義務違反の有無
警告事実が存在しており結果発生の具体的予見可能性が認められる場合，取締役は，結果回避義務の履行として，取締役会を通じて必要な措置をとらなければならない。すなわち，平常時の内部統制に追加して厳重な内部統制を構築する，専門家に対応を依頼する，不祥事公表を検討する，善後策の策定を行うこと，などである。

異状発生時において警告事実に接した取締役に対しては，何らかの具体的行動が要求されており，それを無視したり，対策をまったく実施しないという選択は健全な経営判断として認められない。それは，警告事実が生じており，損害の発生が既定事実であるか切迫している状況で，なんら回避するための行動

---

37) 前掲注33)，大阪高判平成27年5月21日。

をしないことは，企業人として合理的選択の範囲を超えていると評価せざるを得ないからである。

　ただし，このような結果回避義務は手段債務としての善管注意義務から導かれるものであるから，結果発生を回避する最善の努力を取締役に対して求めるにすぎない。結果回避義務を尽くしていたとしても，なお結果が発生したといえる場合（取締役が回避行動をしていれば結果が発生しなかったと原告が証明できなかった場合）には，取締役の善管注意義務違反は成立しないことになる。

4．日本法のまとめ
(1)　平常時における内部統制
　警告事実が存在しない状況においては，事業において既知のリスクが顕在化しないように業務体制を工夫すること（事前防止体制），かつ，不祥事を示す兆候が現れたときには経営者に対して速やかに情報を伝達すること（情報伝達体制），の整備が求められる。ある事業を行う上で性質上発生しうるリスクを事前に想定しそれを効果的に防止するために当該業界において標準的な水準の内部統制システムを構築するために，取締役に対しては，恒常的に，同業他社の情報収集を行い，法令上の要請を専門家に確認し，自社における過去の事例も参考にする，などの行為が求められる。通常想定しうる既知のリスクに対応するための内部統制の最低水準を下回っていた場合には，取締役は善管注意義務違反に問われることになる。

　すでにみたとおり，内部統制システム整備義務違反が否定された事案としては，不祥事発生について具体的な予見可能性が認められないという判例と，不十分ではあるが内部統制システムが機能していたために結果回避義務違反が認められないとする判例が存在する。しかし，内部統制システムの水準を決めるにあたっては，判断に幅のある予見可能性の有無よりも結果回避義務違反の有無を重視すべきと考えられる。

(2)　異状発生時の内部統制
　警告事実を認識している状況では，取締役には具体的な予見可能性があるといえる。このとき取締役は，必要な調査を行い（調査体制），会社の損害発生を減少させるため迅速かつ適切に対応する行動（損害拡大防止体制）という結

果回避行動が求められる。

第3節　アメリカ法

1．裁判手続きの特徴
(1) 概　説

　アメリカ法においても，内部統制が問題となる場面については，警告事実の有無によって平常時と異状発生時とに区別して考察することが可能である。また，本書第1章でみたように，監視義務を怠った結果として会社に損害を生じさせた取締役はネグリジェンスに基づく責任を負うとされており，多くの州において，会社に対する取締役の責任基準はグロス・ネグリジェンスであるとされている。ネグリジェンスは日本の過失による不法行為責任に該当するものであり，ネグリジェンスの前提となる注意義務（duty of care）の内容に関しては，数多くの判例法により，予見可能性と結果回避義務が判断のための定式とされている。したがって，原則としては，日本法と同様の視点から検討を行うことができる。ただし，アメリカ法に特徴的であり日本法と大きく異なる点は，つぎに述べる裁判手続きである。

(2) 株主代表訴訟の手続き
(a) 株主による事前請求

　株主代表訴訟制度はアメリカ会社法にその源泉をもっている。日本の法制度では，株主は一定の要件のもとで会社に代わって取締役等に責任追及の裁判を提起することができる仕組みになっているが，母法国のアメリカにおいては，一般的に株主の代表訴訟提起はより困難である。すなわち，多数のアメリカ企業が設立地としているデラウェア州の訴訟手続きを例として説明するならば，代表訴訟を提起しようとする株主は会社に対して事前請求（デマンド）を行わなければならず，これに対して独立の取締役からなる特別委員会が責任追及訴訟を提起しないという決定をすれば，それは経営判断として尊重され，その決定に逆らって裁判をすることはできないのである。そこで多くの場合には，原告株主は事前請求が無益であると主張して直ちに代表訴訟を起こすのであるが，その場合，被告取締役側から出されるであろう訴え却下の申立を退けなければ

ならないのである。デラウェア州の裁判所規則によれば，プリーディング手続きにおいて，株主は，被告取締役らに経営判断原則では保護されない注意義務違反または忠実義務違反があったことを具体的事実を示して主張を行わなければならないとされている[38]。そのため，原告が具体的な違反事実を提示することができない場合には，その後の証拠開示手続きや事実審理（トライアル）に進むことはできず，この段階で株主側の訴えは却下される。

このように，株主代表訴訟において原告株主側がプリーディング段階において請求原因を詳細に主張することを求められる理由は，アメリカでは訴訟件数が多く，根拠の乏しい濫訴を防止するという観点によるものである。これに対して日本では，株主代表訴訟の提起段階でさほど詳細な主張が原告株主に対して要求されない[39]。これはアメリカのような情報収集手段（ディスカバリー，強力な帳簿閲覧権）が日本には存在しておらず，原告は公判手続中に裁判所を通じて相手方から証拠資料を引き出すことが通常であるためと考えられる。

(b) 事前請求の無益性の判断基準

デラウェア州最高裁判所のリーディング・ケースのひとつであるアロンソン事件判決によると[40]，事前請求が無益であるかどうかの判断は，被告取締役の判断や行為に対していわゆる経営判断原則が適用されるかどうかという問題にほかならず，同原則による推定を覆すに足りる具体的事実を原告が主張している場合には事前請求は無益であると認められる（以下，「アロンソン基準」という）。

アロンソン基準の内容は以下の通りである。まず，デラウェア州判例法における経営判断原則とは，取締役がある経営判断を行うにあたり，情報を得て，誠実かつ会社の最上の利益になると合理的に信じて行動したという推定である。また，同州において，株主が代表訴訟を提起する際の事前請求は，取締役らの

---

38) 最近の判例傾向では，株主は訴えの提起前に帳簿閲覧権を活用して具体的事実を収集すべきだとされている。
39) たとえば，大阪高判平成9年11月18日判タ971号216頁を参照。
40) Aronson v. Lewis, 473 A. 2d 805 (Del. 1984). 本件の詳しい紹介は，伊勢田道仁「代表訴訟の提起の事前請求が免除される場合と経営判断原則」近藤光男＝志谷匡史編著『新・アメリカ商事判例研究』（商事法務・2007）22頁以下。

行動が経営判断原則により保護されることについて合理的な疑いを生じさせる具体的な事実を主張できた場合にのみ免除が認められる。すなわち，原告により主張された具体的事実が，①取締役会が利害関係を有しておらず独立であること，②問題とされている取引が取締役により有効に行われた経営判断の結果であること，のいずれかについて合理的な疑いを生じさせる場合に，事前請求が無益なものとして免除される。

しかし，事前請求の無益性が問題となるすべての場合に経営判断原則の枠組みが適用されるわけではない。すなわち，後年のラレス対ブラスバンド事件判決では[41]，取締役の意識的な判断や行為ではなく不作為が問題となっている場合は，そもそも経営判断原則の適用対象がないためにアロンソン基準を採用することができないとされた。このような場合，裁判所は，提訴時点において取締役会構成員の過半数が独立であり利害関係がなく，事前請求に対する経営判断を適切に下すことができるという推定に対して合理的な疑いを生じせしめるのに十分な具体的事実を原告が主張しているか否かを判断しなければならない。ただし，要求されるのは合理的疑いを生じさせる具体的事実の主張であって，原告は事前請求が無益であったと認定されるために十分な事実を主張する必要はなく，また，本案勝訴の可能性を疎明する必要もないという（以下，「ラレス基準」という）。

(3) 経営判断原則との関係

アメリカ法においては取締役の行動に対していわゆる経営判断原則による保護が広汎に認められている。しかし，この原則は取締役が積極的な経営判断を行った場合に適用されるものであって，不作為が問題となっている場合には適用されない[42]。したがって，法令遵守プログラムの構築について検討することさえなかった取締役に対しては，経営判断原則による保護は与えられない。かかる不作為については通常の注意基準の下で審理されることになるが[43]，す

---

41) Rales v. Blasband, 634 A. 2d 927 (Del. 1993).
42) Aronson, 473 A. 2d at 813.
43) American Law Institute [ALI], Principles of Corporate Governance: Analysis and Recommendations (1992) §4.01 (a) (2).

でに述べたように，現在では法令遵守プログラムの構築について検討さえしないことは取締役の注意義務違反になると考えられている。また，かりに取締役が法令遵守プログラムを構築しないという決定を意識的に行ったとしても，かかる判断は到底合理的なものとはいえず，会社の最善の利益に合致すると信じて行われたものとはいえないから，経営判断原則による保護を受けることはできない[44]。

しかしながら，1996年のケアマーク株主代表訴訟事件の和解手続きにおいて，デラウェア州衡平法裁判所のアレン判事は，取締役が会社従業員による違法行為を発見し是正する積極的義務を負っていることを認めた上で，「各会社において要求される情報システムの程度は経営判断の問題である」と述べている[45]。これは社内の報告システム実施に関する取締役会の決定が経営判断の原則によって保護されることを意味する。それゆえ，類似の事案において株主代表訴訟に直面した取締役は，会社の最善の利益に合致するような報告システムの実施に向けて善意で努力したことを証明するだけで，容易に保護されることになろう。また，「一般に，会社の損害に対する取締役の責任が，会社の活動が違法なものであることを知らなかったことに基づくものである場合には，監督権の行使に対する継続的または構造的な取締役会の任務懈怠（例えば，合理的情報および報告システムの存在を確実にするための努力をまったく欠いているような場合）のみが，取締役の責任を問うために必要な要件である善意の欠如を証明することになる。このように，合理的な監視職務を取締役が継続的または構造的に怠った事実により証明される善意の欠如という責任基準は，かなり高いものである。しかし，このような責任基準は，誤った経営判断の責任に関する場合と同様に，全体の株主にとって利益となるものである。けだし，それはより適格のある人物によって取締役会の職務が行われるようにさせるし，一方で，かかる取締役に対して善意の職務遂行を奨励することにもなるからである。」[46]と同判事は述べているが，これは，本件類似の事例において取締役

---

44) Id. § 4.01 (c) (3).
45) In re Caremark International Inc. Derivative Litigation, No.13670, 698 A. 2d 959 (Del. Ch. 1996) at 971.

の責任を追及する原告株主がたんに報告システムが非効率なものであることを指摘するだけでは十分とはいえないような高度の証明責任を負うことを示すものである。実際，本決定の理論が経営判断原則による保護と結び付くとき，株主の利益は著しく軽視されることになるという指摘がなされている[47]。

(4) **責任制限条項の適用可能性**

株主がプリーディング手続きのハードルを越えるにあたっては，経営判断原則を覆すような事実があるかどうかという点に加えて，取締役の責任制限条項の適用があるかどうかという点が重要な基準である。

現在，アメリカの株式会社において普及している取締役責任制限条項によれば，取締役らのグロス・ネグリジェンス（gross negligence）に基づく損害賠償責任が免責されているが，その一方で，忠実義務違反，誠実性を欠く行為もしくは不作為（acts or omissions not in good faith），意図的な非行（intentional misconduct），または故意の違法行為（a knowing violation of law）に基づく損害賠償責任については免責の対象外とされている[48]。

2．平常時の内部統制システム

(1) 概　説

警告事実が存在しない場合については，本書第1章で検討した通り，内部統制システムの構築義務を否定したアリスチャルマース事件から，その後のケアマーク事件へと判例の変遷が見られる。これらの事案における判断基準はグロス・ネグリジェンスであり，取締役の注意義務違反が問題となっていた。

ところが，上述のように，アメリカでは株主代表訴訟の提訴にあたり事前請求の無益性の判断と経営判断原則を同視する考え方が定着し，原告株主は注意義務違反や忠実義務違反を示す事実の提出をプリーディング手続きにおいて求められるようになる。同時に，注意義務違反について取締役の責任を制限する

---

46) Id.
47) Funk, In re Caremark International Inc. Derivative Litigation: Director Behavior, Shareholder Protection, and Corporate Legal Compliance, 22 Del. J. Corp. L. 311 (1997).
48) たとえば，デラウェア州一般事業会社法102条(b)項(7)号。

定款規定が普及したために，原告株主は訴訟手続きを継続するためには，被告取締役らの忠実義務違反または誠実義務違反に基づく請求原因を主張する必要性に迫られた。その結果，従来，注意義務違反として捉えられていた内部統制システム構築義務違反を理由とする取締役の責任追及訴訟は，事実上，ほぼ成功の見込みはないことになった。

　かかる状況の下で，2006年に至り，デラウェア州最高裁判所により注目すべき判決が出された。このとき以降，内部統制の構築義務と誠実義務違反に関して判例は新たな展開をみせるのである。

(2)　ストーン対リッター判決[49]

(a)　事実の概要と判旨

　アラバマ州に本店があるQ銀行で顧客口座を通じたマネーロンダリング取引が行われ，それを防止することのできなかった同行に対して，連邦当局による調査が行われた。その結果，Q銀行の完全持株会社であるP社（デラウェア州会社）の従業員が，違法性のある取引が行われる疑いがあったにもかかわらず，連邦法および関連規則によって要求される報告書を提出しなかったことが判明した。これを理由として，P社は4,000万ドルの罰金と1,000万ドルの民事制裁金を支払うことになった。ただし，このとき取締役会や各取締役の責任は問題となっていない。その後，P社株主であるXが，監視・報告制度の設置を怠っていたと主張して，P社の15名の取締役および元取締役らに対して損害賠償を求める株主代表訴訟を提起した。しかし，Xは事前請求をP社取締役会に対して行わなかった。デラウェア州衡平法裁判所は，Xは事前請求が無益であることを示す事実を十分に主張していないとして株主代表訴訟を却下した。Xの上訴に対し，同州最高裁は次のように述べて衡平法裁判所の決定を支持した。

　　「この裁判において，衡平法裁判所は次のように述べている。本件は取締役会が会社の重要な決定を注意深くしなかったものではなく，不十分な内部統制の

---

[49]　Stone v. Ritter, 911 A. 2d 362 (Del. 2006).（巻末重要判例【A5】）本件の邦語による詳しい紹介は，近藤光男「従業員に対する監視義務と誠実義務」近藤光男＝志谷匡史編『新・アメリカ商事判例研究(2)』（商事法務・2012）316頁以下。

ために取締役会に情報が伝わらなかった事案である。後知恵によれば，P社の連邦銀行機密法および資金洗浄を禁じるいくつかの規則に関する内部統制システムが不十分であったことは疑いの余地がない。いずれの当事者も，内部統制システムの欠如により5000万ドルという莫大な罰金が科せられたことは争っていない。しかし，これらの損害の事実は，裁判所にP社取締役会の過半数は事前請求を検討する資格に欠けていると結論させるのに十分ではない。」

「KPMGの報告書は，本件取締役らが情報・報告システムを確立する監視義務を果たしていたばかりでなく，そのシステムが取締役らにP社の法令遵守体制を定期的に監視することを可能とするように設計されていたことを示している。…同報告書は，取締役会がさまざまな時点で連邦銀行機密法および関連規則を確保するよう意図する政策や手続きを定めていたことを示している。」

「本件において，事前請求が免除されるという原告の主張が十分かどうかは，取締役でない従業員が書類の提出を怠ったことに対して被告取締役らが個人責任を負う可能性があることを示すのに十分な事実が主張されているかどうかにかかっている。デラウェア州の裁判所は，会社がその従業員により行った判断の大部分は取締役の注意の対象とはならないことを認めてきた。したがって，取締役が従業員の任務懈怠により個人責任を負うという主張は，会社法において，原告が勝訴判決を得るには最も難しい理論である。」[50]

このように，警告事実が生じたときに，それを適切に経営者に伝達する平常時の内部統制システムが不備であったという主張がXからなされたのに対して，デラウェア州最高裁判所は，対象会社においては一応の内部統制システムが構築されており，取締役らが個人責任を負う可能性を示すためには内部統制の不十分さを理由として会社が罰金を科された事実だけでは不十分であると述べている。そして，Xが代表訴訟手続きを続行するためには，取締役の誠実義務違反を示す具体的事実を提示する必要があるとされたのである。

(b) 同事件判決に対する評価

デラウェア州最高裁判所は，ストーン事件において重要な2つの判示をして

---

[50] Id. at 370-371.

いる。

　第一は，ケアマーク事件で示された立場を支持し，取締役会は合理的に情報を収集し会社の情報伝達システムを設置する義務を負うとしたことである。ケアマーク事件で述べられた「監督権の行使に関する継続的または構造的な取締役会の任務懈怠のみが取締役の責任を問うために必要な善意の欠如を証明する」という文言は法令遵守体制の構築を怠ったことは誠実義務違反になることを意味するとした。その上で，同最高裁は，誠実義務違反は忠実義務の下位要素であると述べた。このように位置付けたことにより，監視義務違反による取締役の責任がデラウェア州一般事業会社法102条(b)項(7)号に基づいて免責されることはなくなったのである。

　第二に，同最高裁は，上記の「監督権の行使に関する継続的または構造的な取締役会の任務懈怠」について，①取締役会が情報伝達システムをまったく構築しなかった場合，②情報伝達システムを構築していたとしても，その運営の監視を故意に怠り，注意を払うべきリスクや問題に関する情報を取得できなかった場合，の2つに分けた。そして，いずれの場合についても，取締役に責任を課すためには，取締役が信認義務を免除されないことを知っていたことの証明が必要であるとしたのである。これにより，ケアマーク基準を満たすためには取締役の故意を証明することが必要になり，株主が監視義務違反を理由に取締役の責任を追及することは依然として困難である。

　以上のようなデラウェア州最高裁がストーン判決で示した立場に対しては，従来の誠実義務の概念から逸脱するものであるという批判がなされている[51]。

(3)　平常時における取締役の誠実義務違反

　ストーン判決により，警告事実が存在していない平常時であっても，取締役会は情報伝達システムを構築しておく義務があることが示された。内部統制が不十分であると知りつつ信認義務の履行を怠っていた場合は，誠実義務違反になると考えられる。この義務違反は免責条項の対象とはならないが，取締役の

---

51)　Appleby and Montaigne, Three's Company: Stone v. Ritter and the Improper Characterization of Good Faith in the Fiduciary Duty "Triad", 62 Ark. L. Rev. 431 (2009).

責任追及をする株主としては、取締役が故意に信認義務を怠っていたことを証明しなければならず、勝訴することはもちろん、株主代表訴訟を継続することすらかなり困難である[52]。

3．異状発生時の内部統制システム

(1) 警告事実（Red Flag）の存在

警告事実が発生しており、会社の損害拡大防止のために何らかの対応措置を要求される場合には、取締役にはいくつかの行動の選択肢がありうる。ここで注意すべきは、アメリカ法においては、経営判断原則の適用される余地が、日本法に比較してはるかに広いということである。すなわち、先に述べたように、取締役の責任追及に関する訴訟構造それ自体が経営判断原則の構造になっているといえるのであり、原告としては、注意義務違反、忠実義務違反、誠実義務違反のいずれかを具体的事実を示して主張できない限り、被告による訴訟却下の申立を免れることができないのである。

しかしながら、警告事実が存在するときは取締役の行動の選択肢はかなり制限されていることから、注意義務違反や誠実義務違反の主張は比較的可能である。

(2) アボット事件[53]

(a) 事実と判旨

アボット社はイリノイ州法上の株式会社であり、医薬品、診断用機材、栄養食品、医院用品の開発および販売事業を全米で行っているヘルスケア企業である。このうち診断用機材の販売に対しては連邦法による高度の規制がかけられており、当該分野における事業者は連邦法規定を遵守する義務を負っている。

---

52) South v. Baker, 62 A. 3d 1 (Del. Ch. 2012). 伊勢田道仁「監視義務違反を理由として取締役に損害賠償を求める株主代表訴訟を提起した原告に対して再訴不可能な訴え却下がなされた事案」旬刊商事法務2101号（2016）1頁を参照。

53) In re Abbott Laboratories Derivative Shareholders Litigation, 325 F. 3d 795 (7th Cir. 2003). (巻末重要判例【A 4】) 以下の記述は、伊勢田道仁「会社の法令違反行為を認識しつつ対応策をとらなかった取締役の責任」近藤＝志谷編著・前掲注49) 98頁以下による。

アボット社の診断用機材部門は、当該規制の遵守手続きに関して、連邦機関FDA（Food and Drug Administration）との間で継続的に問題を抱えていた。1993年から99年までの6年間、アボット社の製造する一部診断用機材に関するデータおよび情報が科学的に有効かつ正確なものかどうか、また、治験対象となった人体が侵害や危険から保護されていたかどうかを検証する目的でFDAは10数回の立入調査を行った。その調査が行われるたびに、アボット社に複数の連邦法違反行為があることが発見され、FDAはそれらの是正を命じるとともに、同社が是正を怠った場合には制裁発動の可能性を示唆する警告書を1993年、94年、98年、および99年の計4回にわたり同社の現場責任者宛に送付した。これらの警告書のコピーは、アボット社の取締役会長兼CEOであるBおよびその後継者であるWに対して転送されていた。1999年4月、最終警告書のコピーを受け取った直後にWは所有していたアボット社株のうち30％を売却している。

1999年6月、国内外の金融情報を提供するニュース・サービスによって最終警告書の内容が報道されアボット社の株価が急落したため、同年9月、アボット社は記者会見を行うとともに、FDAとの間で法令遵守手続きに関する問題を抱えていることを報告する開示書類をSECに提出した。同年11月、FDAが準司法手続きを開始したため、アボット社は、直ちに、①課徴金1億ドルの支払（当時としては最高金額であった）、②診断用機材125品目の米国内市場からの引き揚げ、③在庫品の処分、および、④製造手続きにおける是正措置の策定、を内容とする同意審決に応じた。機材を市場から引き揚げたこと等によりアボット社の年間売上には約2億5千万ドルの損失が生じた。また、課徴金および在庫処分による損失の償却のため、1999年度第3四半期の利益の中から1億6,800万ドルが使用されることになった。

アボット社の株主である原告は、連邦法規違反の結果会社が被った上記損害について、同社の取締役（13名のうち2名が役員および従業員兼務の内部取締役であり、残り11名は社外の独立取締役であった）の賠償責任を追及する代表訴訟をイリノイ州の連邦地方裁判所に提訴した。しかし、原告は本件代表訴訟を提起するにあたり、事前請求が無益であるとしてアボット社の取締役会に対する事前請求を行っておらず、また、同社の基本定款に取締役免責条項が置かれてい

たため，被告側から訴え却下の申立がなされた。原審の連邦地裁は，原告が事前請求の無益性を示す具体的事実を主張していないと判示して，連邦裁判所規則23.1条に基づき訴えを却下する決定をした。原告が抗告したところ，連邦第7巡回区控訴裁判所は以下のように述べて原決定を破棄した。

「本件における全事実関係から判断するならば，（内部統制システムの不構築により従業員による違法行為を取締役が認識していなかった）ケアマーク事件とはまったく対照的に，アボット社の取締役会の構成員には連邦法規違反の問題の認識があったという合理的推論が導き出される。すなわち，アボット社においては内部統制システムが適切に構築されていることから，そのシステムが正常に作動し，同社の取締役は問題を認識することができたにもかかわらず，何ら具体的な行動をとらないという判断を下したものと見なされるのである。」[54]

「そこで本件では，取締役の意識的な経営判断があったことを前提に，事前請求の無益性が判断される。原告は，その主張が真実であると仮定する限り，アボット社取締役らが問題を認識しつつ積極的対策をとらなかったことが会社に対する誠実義務（duty of good faith）に違反するものであり，経営判断原則による保護の対象外であると合理的に推測できるような具体的主張を行っているものと認められる。それゆえ，本件において事前請求は免除されるべきである。」[55]

「原告は，リスクを認識していたのにそれを故意に無視する行為が誠実になされることはあり得ないとして，被告取締役らが連邦法規違反の問題に対して何ら対策をとらなかったことは，免責条項の対象外とされている誠実性を欠く行為もしくは意図的な非行に該当すると主張している。この主張に対する判断にはさらに審理を必要とする。したがって，会社の基本定款に取締役免責条項が存在するとしても，原告の損害賠償請求は現時点において遮断されない。」[56]

---

54) Id. at 806.
55) Id. at 809.
56) Id. at 811.

(b) 事前請求の無益性の判断基準

　本件原審であるイリノイ州の連邦地裁は，アボット社の取締役らに連邦法規違反の認識があったとはいえないことを前提として，ラレス基準に従い，本件原告には被告取締役らが免責対象外の行為（誠実性の欠如，意図的な非行，または故意の違法行為）をした合理的疑いを生じさせる事実の主張が要求されるにもかかわらず，そのような主張がなされていないと判断したのである。これに対して連邦第7巡回区控訴裁判所は，本件原審がデラウェア州の判例法およびラレス基準を適用するための要件につき十分な検討を欠いていると批判してつぎのように述べる。

　　「すなわち，デラウェア州衡平法裁判所の著名判例であるケアマーク事件においては，会社の継続的業務に対して相当の注意を払うべき義務に違反したという理由で取締役らの責任が追及されている。原審は『よく考慮せずに行動を怠った』という点でアボット社取締役らの行動をケアマーク事件被告と同様なものとして位置づけているけれども，本件は会社内部に情報収集および報告システムが存在していたかどうかという内部統制システム構築の問題に着目する上記事件とは異なっている。すなわち，原審も認定するとおり，本件原告はアボット社内の報告システムが不十分であったという主張はしていない。むしろ，警告書や監査委員会のメンバーを通じて取締役らは連邦法規違反の事実を実際に知っていたと主張しているのである。アボット社に適切な内部統制システムが存在していたことは当事者間に争いがなく，連邦法規違反があるという情報は取締役会議のメンバーにより共有されていたものと考えられる。また，同社製品に関する連邦規制を特記した年次SEC提出書類にすべての取締役が署名していたという事実がある。さらに，1995年にはウォール・ストリート・ジャーナル紙による報道があった。

　　<u>以上の事実を総合するならば，ケアマーク事件とはまったく対照的に，アボット社の取締役会のメンバーには連邦法規違反の問題認識があったという合理的推論を導き出すことができる。</u>すなわち，アボット社には内部統制システムが適切に構築されていることから，そのシステムが平常に作動し，同社の取締役は問題を認識することができたにもかかわらず，何ら具体的な行動をとらない

という判断を下したものと見なされるのである。」57）（下線は筆者）

このように，本件における事前請求の無益性はラレス基準ではなく，取締役の意識的な経営判断の存在を前提としたアロンソン基準により判断されるべきである，とされた。

(c) 本件における誠実義務違反の内容

デラウェア州判例法の下で取締役が会社に対して負う信任義務のうち，注意義務および忠実義務とは異なり従来先例のなかった誠実義務について，具体的な適用事例を提供している点に本件の重要な意義が認められる。

本件においては，アロンソン基準のうち，「取締役の独立性に関する合理的な疑い」について原告がとくに主張をしていないために，「有効な経営判断がなされたことに関する合理的疑い」が生じるかどうかという点のみが検討対象となる。デラウェア州における判例法では，取締役に対して注意義務，忠実義務，および誠実義務が課されており，取締役がこれら義務のいずれかに違反したときには経営判断原則の適用を受けることはできず，有効な経営判断がなされたという推定に対する疑いが生じることになる。

そこで本件における事実を検討すると，まず，同社の取締役会長WがFDAによる警告書のコピーを受領していた。また，取締役のうち数名は監査委員会のメンバーであり，社内の日常的な法令遵守に対して責任を負うべき立場にあった。FDAの担当者は，少なくとも10回以上，Wおよびその他の上級役員を含むアボット社の代表者と会合を持ち，連邦法規違反の行為が継続されていることについて確認している。さらに，1995年にウォール・ストリート・ジャーナルが同社のFDA問題について報道をしている。このように，会社の連邦法規違反を認識しつつ何らの是正措置をとらないという取締役らの判断は，その誠実性の欠如を示すものであり，明らかに会社の最上の利益に反するものである。

ところで，取締役らの不作為が誠実性の欠如に該当するかどうかの判断にあたっては，違法行為の規模や期間の長さを考慮すべきであるが，本件における

---

57) Id. at 806.

連邦法規違反の規模および期間は相当重大である。すなわち，かつてないほど高額の課徴金がFDAにより課される結果を生じているし，また，6年間にわたるFDAの警告や大衆報道も取締役がその問題について何らの対策をとる動機とならなかったからである。

このように，原告は被告取締役の行動が経営判断原則による保護の範囲外にあると合理的に結論するために必要な誠実性の欠如を具体的に主張しているものと認められ，本件における事前請求は無益なものとして免除される，と結論されたのである。なお，本件は代表訴訟提起の事前請求の無益性に関して経営判断原則の適用が問題となった事案であり，誠実義務違反を理由として直接に取締役の責任が認められた事案ではないことに留意する必要がある。すなわち，会社内部に迅速な対応を要求される事象が生じていることを認識したにもかかわらず，漫然と対応策をとることなく会社に損害を生じさせた取締役らの不作為が会社に対する誠実義務違反に該当し，経営判断原則の保護の範囲外にあるとされたものである。

(d) 取締役免責条項との関連

イリノイ州事業会社法2.10条(b)項(3)に基づき，アボット社の基本定款には取締役免責条項が置かれていた。同条項によれば，取締役らのグロス・ネグリジェンス（gross negligence）に基づく損害賠償責任が免責されているが，その一方で，忠実義務違反，誠実性を欠く行為もしくは不作為（acts or omissions not in good faith），意図的な非行（intentional misconduct），または故意の違法行為（a knowing violation of law）に基づく損害賠償責任については免責の対象外とされている。

原告は，本件における被告取締役らの不作為が「無謀（recklessness）」といえるものであり，これは上記定款により免責されないと主張している。他方，被告は故意によらないケースはすべて免責の対象であり，意図的な不正行為のみが免責対象外であると主張する。原告のいう「無謀」の意味するところは漠然としており，定款条項により免責されるグロス・ネグリジェンスの一種と解することもできるし，免責されない誠実性を欠く行為と解される余地もある。

本件原審は，かりに取締役の行為に「無謀」というレッテルを貼っても彼らが故意であったことの証明にはならないから有益な判断基準とはいえないとし，

むしろ「誠実性の欠如」が原告の証明すべき事柄であると判示した。そして，アボット社の取締役らはさらに詳細な調査をすることが可能であったし，連邦法規違反に対してより積極的対処をすることもできたといえるが，かかる不作為の違法性はネグリジェンスとみなされる程度にすぎず，悪意や故意の不正行為とするには程遠いとした。

これに対して連邦第7巡回区控訴裁判所は，別事件における第6巡回区控訴裁判所の「無謀という文言が知りえた危険を故意に無視することを意味する限りにおいて，かかる取締役の行為が誠実になされたものではなく，したがって定款条項により免責することができないものであるということができる」とし，また，「デラウェア州法の下では取締役が意図的に会社に対する義務を無視し，その結果株主の利益を害した場合には誠実に行動する義務に違反したものとみなされる」と述べた部分を引用しつつ[58]，知り得た危険を故意に無視する行為が誠実になされたものということはできないとした。

つまり本件において，会社の連邦法規違反を認識しつつ対応策をとらなかった被告取締役らの判断はグロス・ネグリジェンスを構成すると同時に，誠実性を欠く不作為もしくは意図的な非行にも該当すると考えられることから，上記定款条項によっては免責されない可能性があると判断されたのである。

(3) 誠実義務違反と経営判断原則の不適用

以上の通り，アボット事件では警告事実が生じている。このような状況のもとでは，取締役の誠実義務違反を示す具体的事実の疎明が成功する可能性が高く，経営判断原則の適用を回避できる。同時に，誠実義務違反は責任制限条項の対象外であるから，結果として，原告株主が代表訴訟手続きを続行できる可能性が高いといえるのである。

4．アメリカ法のまとめ

アメリカ法においては，株主代表訴訟に関する裁判手続きが特徴的である。デラウェア州をはじめとする多くの州において，株主はまず会社に対して事前請求を行わなければならず，それを行わずに株主代表訴訟を提訴した場合には，

---

58) McCall v. Scott, 239 F. 3d 808 (6th Cir. 2001).（巻末重要判例【A 3】）

原告がプリーディング手続きにおいて事前請求の無益性を具体的事実を示して主張できない限り、訴えは却下される。事前請求の無益性の判断基準には、経営判断があった場合に適用されるアロンソン基準と取締役の不作為の場合に適用されるラレス基準とがある。また、現在のアメリカの株式会社においては取締役の責任制限条項が普及しており、同条項が適用されるときには取締役のグロス・ネグリジェンスに基づく損害賠償責任は免責される。

まず、平常時の内部統制に関しては、従来、取締役の監視義務違反はグロス・ネグリジェンスとされていたことから、注意義務違反を免責する責任制限条項が普及するにつれて、取締役に対する責任追及訴訟は事実上ほぼ成功の見込みがなくなっていた。しかし、2006年のデラウェア州最高裁のストーン判決により、取締役が会社内部の法令遵守体制の構築を怠ったことは誠実義務違反にあたるとされ、責任制限条項に基づいて免責されることはなくなった。ただし、取締役に責任を課すためにはその不作為が信認義務違反にあたるという取締役の故意を証明することが必要とされており、株主が監視義務違反を理由に取締役の責任を追及することは依然として困難である。

また、異状発生時の内部統制に関しては、警告事実の存在を認識していた取締役の責任追及訴訟には事前請求の無益性の判断基準としてアロンソン基準が適用されることが連邦控訴裁判所のアボット判決により明らかにされた。この事件では、会社に内部統制システムが構築されていたことを前提として、取締役らは複数の警告事実を認識していたにもかかわらず、積極的対策をとらないという意識的な経営判断を行ったものとされた。会社の損害発生リスクを認識しつつそれを故意に無視する行為は取締役の誠実義務違反にあたり、責任制限条項は適用されない可能性が高い。

第4節　本章の結論

本章においては、日本とアメリカの判例法を比較することにより、内部統制の水準について検討を行った。分析の視点としては、内部統制が問題となる状況を平常時と異状発生時の2つに分け、また、取締役の義務と責任の理論構造として、日本においては予見可能性と結果回避義務、アメリカにおいては誠実

義務の内容に注目した。その結果,以下のことが明らかになったと考える。

　まず,平常時の内部統制については,求められる水準が日本とアメリカにおいて異なっている。すなわち,日本では,既知リスクについては一定水準の内部統制システムの構築が求められている。ただし,想定外の不祥事が生じたような場合は具体的予見可能性が否定され,また,予見可能性が認められるケースであっても,構築されるべき内部統制システムについて高い水準が求められているわけではない。一方,アメリカでは,取締役に結果発生の認識のないネグリジェンス訴訟ではまったく責任を問われる余地はなく,かつ,ストーン判決以降,誠実義務違反を示す事実の主張があることが株主代表訴訟を続行するための前提条件とされ,取締役が故意に信認義務を怠ったケースではないかぎり,責任を負う可能性はない。日本よりも民事責任のハードルは高いと評価できるが,ただし,このようなアプローチに対しては批判も存在する。

　つぎに,異状発生時の内部統制については,取締役の行為規範について両国の間で大きな相違はみられなかった。すなわち,取締役が不祥事の発生を示す警告事実を認識していながら必要な対策を怠ったときには,日本においては,それは明白な結果回避義務違反として善管注意義務違反が認められ責任原因となるし,アメリカにおいても,それはグロス・ネグリジェンスもしくは誠実義務違反として,経営判断原則は適用されず,また責任制限条項の対象から除外され,最終的に取締役の責任が認められる可能性が高いのである。

　以上の通り,日米の比較法的研究の結果によれば,アメリカ法では,当初,内部統制の水準につき注意義務の問題としてとらえられていたが,その後,とりわけ平常時の内部統制の司法審査について,日本法とは異なるアプローチをとっていることが明らかとなった。その主要な原因は,アメリカ独自の株主代表訴訟に関する裁判手続きおよび責任制限条項の普及にある。しかしながら,企業の社会的責任やコーポレート・ガバナンスが強調される現代においては,社会規範に合致した慎重な行動(事業遂行にあたっての内部統制システムの構築)が株式会社に対して求められており,かかる分野ではむしろ日本法にメリットがあるという見方も否定できないであろう。したがって,この分野に関してアメリカ法に追従することには慎重でなければならない。

第4章

不実開示の防止と内部統制システム

第1節　本章の課題

　金融商品取引市場において株式・社債等の有価証券が取引されている上場企業に対して適用される金融商品取引法（以下，本章において「金商法」という）は，その主要内容の一つとして，企業内容の開示に関する規制を行っている。公開市場において投資者の合理的な投資判断に資するためには，開示される企業情報が正確であることがとくに重要である。金商法は，開示される情報の正確性の確保と不実開示による被害者救済を目的として，発行市場と流通市場における開示義務違反に対して民事責任の規定を設けている。

　金商法上の開示書類とは，有価証券届出書・発行登録書，有価証券報告書，内部統制報告書，目論見書などを指し，これら開示書類の虚偽記載に対する民事責任を負う者としては，開示書類の種類と違法行為の態様に応じて，法人としての発行会社，発行会社の役員，監査証明をした公認会計士・監査法人，引受証券会社，などが含まれる。

　このうち，発行会社の役員は，開示書類の虚偽記載に対して主張・証明責任の転換された過失責任を負うが（金商法21条・22条・24条の4・24条の4の6・21条の3），平成18年の金商法改正により，開示書類の正確性を確保するための内部統制システムについて確認書と報告書の提出が求められるようになったため，虚偽記載に直接関与しなかった発行会社役員の民事責任が成立するか否かの判断の中で内部統制システムをどのように位置付けるのかが問題となり得る。また，発行者である会社法人については，虚偽記載等のある開示書類に関

する責任（金商法21条の2）については，従来無過失責任であったものが，2014年（平26）の法改正により，過失責任に改められた。今後は，法人としての発行会社の過失の有無を判断するにあたって，法人代表者による内部統制システムの構築義務が履行されていたかどうかが重要となる。このように，金商法上の開示書類の虚偽記載に関する民事責任に関しては，発行会社の内部統制システムが大きく関係しているのである。

ところで，金商法における内部統制システムとは，財務報告の信頼性確保のために構築されるべきものであり，業務執行の効率性・法令遵守を目的とする会社法における内部統制システムとはその目的・内容を異にしている。しかし，本書第1章でみたように，株式会社の取締役会は，その機能として，代表取締役らの効率的な業務執行を監督すること，会社の業務が法令を遵守していることを確保するとともに，債権者や投資者に対して正確な財務情報の開示を確保すべきであり，取締役会の構成員である各取締役は，その善管注意義務の内容として，上記の目的達成のために有効な内部統制システムを構築・運営する責務を負っているのである。

本章では，法人としての発行会社，発行会社の役員，さらに監査証明をした公認会計士・監査法人を対象として，裁判例の分析を行うことにより，開示規制違反に対する損害賠償責任における内部統制システムの位置付けを明らかにすることを課題とする。

第2節　日本法

1．金商法における民事責任制度の機能

(1)　一般不法行為責任との比較――主張・証明責任の転換

金商法における民事責任制度の機能のひとつが，有価証券報告書等に虚偽表示がなされていた期間に証券市場において有価証券を取得した投資者の損害の回復にあることは明らかである。すなわち，有価証券報告書等への虚偽表示は投資者の投資決定権を侵害するものであり，投資者はその権利が侵害されたことにより生じた損害を回復する権利をもつ[1]。また，かかる損害回復機能の他には，賠償金という制裁を課すことにより会社役員や会計監査人という開示

書類の作成に関与する者に対し適切な行為を促す違法抑止機能があげられる。金商法に列挙された会社関係者は，それぞれの立場から開示書類の正確性について適切な役割を果たすことが期待されている。

　金商法上の民事責任制度は，一般不法行為法（民法709条）を基盤とする制度である。両法は，その目的・機能において密接な関連性を有している。すなわち，わが国の不法行為制度の目的・機能としては，損害回復機能および違法行為抑止機能があげられることが多いが[2]，上述の通り金商法上の民事責任制度も投資者の損害回復と違法行為の抑止をその目的としていると考えられるので，両者の機能は共通している。

　特別法としての金商法における民事責任制度の特徴は，主張・証明責任の転換にある。すなわち，一般不法行為法では，被告である加害者の故意・過失を原告が主張・証明することが求められるのに対し，金商法は，開示書類の正確性を担保するために，この要件の証明責任を被告側に転換してその責任を加重したものということができる[3]。すなわち，投資者側は，問題となる有価証券報告書等の記載が虚偽であること，被った損害額，およびそれらの間に相当因果関係があることを主張・証明すれば，原則として，損害賠償請求が認められることになる。一方，発行会社の役員は，虚偽記載を知らず，かつ，相当な注意を用いたにもかかわらず知ることができなかったことを証明しない限り，責任を免れることはできず，また，虚偽記載のある財務書類を虚偽記載がないものとして監査証明をした公認会計士・監査法人も監査証明につき故意または過失がなかったことを証明しない限り，責任を免れない[4]。

　このように，金商法は通常より加重された個人的な民事責任を負わせることにより，開示書類の虚偽記載を防止するために発行会社の役員らの適切な行動

---

1) 公開市場における株価下落により投資者の被った損失のうち，賠償の対象となる損害とは何であり，それをどのように算定するかは最近の裁判実務における難問である。
2) 平井宜雄『債権各論II－不法行為』（弘文堂・1992）4－6頁は，不法行為制度の機能として損害塡補的機能・予防的機能・制裁の機能をあげている。
3) 近藤光男＝吉原和志＝黒沼悦郎『金融商品取引法入門〔第4版〕』（商事法務・2015）194－196頁参照。
4) 立法過程からすれば，これは主張・証明責任の転換にすぎず，不法行為の過失責任原則を変更したものではない。最（三）判平成24年3月13日判時2146号33頁。

を促しているのである。

(2) 過失＝注意義務違反を共通の要件として理解する

　金商法21条2項各号の規定は，損害賠償訴訟における免責抗弁に関して，会社役員の主観的要件については「相当な注意」，公認会計士・監査法人の主観的要件については「故意・過失」と表現を使い分けているが，実質的には，これらは共通の注意義務違反の要件として理解することができる。すなわち，主張・証明責任の転換がされているものの，民事責任制度としての目的ないし機能の共通性に鑑みれば，これらの主観的要件は，不法行為法の一般成立要件のひとつとされる過失（注意義務違反）と同等に考えることができる。

　虚偽記載を行った役員については故意による詐欺も考えられるところであるが，虚偽記載に関与していない社外役員，公認会計士については過失による監督責任が中心となる[5]。

　不法行為法における過失要件の理論的な意義や位置付けは民法学説でも議論があるが，過失を心理的・純主観的なものと理解する伝統的な立場から，現在では過失を客観的な行為義務違反と考える見解（客観的過失論）が多数説となっている[6]。すなわち，一般的に，「過失」行為とは，①損害発生の危険を回避すべき行為義務に違反することであり，それは，②予見可能性の存在ないし予見義務の違反を前提とするもの，として理解されている[7]。

　したがって，会社法における取締役等役員の善管注意義務違反の分析の場合と同様に，金商法において会社役員や公認会計士・監査法人の損害賠償責任を基礎付ける過失行為についても，結果の予見可能性の有無と結果の回避義務違反とに分解できる。以下ではこの区分に従って分析を行う。

---

5) 公認会計士・監査法人が故意により虚偽の監査証明をすることは稀であるので，ここでは故意責任についての考察は一応除外しておく。
6) 民法学説における過失論の変遷については，たとえば，潮見佳男『不法行為Ⅰ〔第2版〕』（信山社・2011）267－279頁参照。
7) 従来から判例の立場は，加害者のとった具体的行為の特定と損害の発生を回避するためにとるべきであった行為の特定を行い，これら両者との間に食い違いがあれば，過失と判断されてきた。平井・前掲注2）26頁。

2. 発行会社の責任

(1) 無過失責任から主張・証明責任の転換された過失責任へ

　有価証券報告書などの流通市場における開示書類に重要な虚偽記載がなされた場合，2004年（平16）までは，法人としての発行会社自体について金商法にはとくに民事責任に関する規定は設けられていなかった。そのため，投資者が損害賠償を請求するためには，不法行為（民法709条）の一般原則に従って，開示書類の虚偽記載について発行会社の代表取締役に故意または過失があること，および，虚偽記載と損害との間の因果関係を証明しなければならない，というのが通説であった。しかし，事実上，公開市場における不法行為について，上記の要件を投資者が証明することは困難である。そこで，発行者と投資者との間の実質的な証明負担のアンバランスを是正するため，法定開示書類の虚偽記載について発行者の無過失責任を定め，また投資者が被った損害額について推定規定を設けた金商法21条の2が新設されたのである。このとき立法担当者は，不実開示という違法行為の抑止を図る必要があることに加えて，開示書類に虚偽記載がある場合は発行会社に故意・過失がないということは考えられない，という理由から発行会社の無過失責任を選択した。

　しかし，その後，わが国において実際に投資者から発行会社に対して開示書類の虚偽記載の責任追及を行う訴訟が増加すると，実務家のみならず学者からも無過失責任は合理性を欠いているとする批判が生じてきた。そこで政府は，2014年（平26）に金商法を改正し，同法21条の2に基づく発行会社の民事責任について無過失の主張・証明責任を発行会社の側に転換した過失責任へと変更したのである。

(2) 発行会社の過失

　以上の通り，現在では，発行会社は開示書類の虚偽記載について故意または過失がないことを証明したときは損害賠償責任を免れることができる（金商法21条の2第2項）が，どのような場合に発行会社が無過失であると認められるのかについては，いまだ裁判事例は現れていない。しかし，実務家の間では，発行会社における代表取締役の内部統制システムの構築義務と関連して，さまざまな議論がなされている。

　まず，ほぼ異論の余地がないと思われるケースとして，発行会社において情

報開示の適正性を確保するための内部統制システムが構築されておらず虚偽表示が長期間にわたり組織的に行われてきたような場合には，発行会社に故意・過失があるとされる[8]。

つぎに，虚偽記載等の原因が一部の従業員の不正行為にあり，代表取締役には内部統制システムの構築義務違反が認められないケースはどうであろうか。たとえば，日本システム技術開発事件のように，従業員の巧妙な不正行為に対する予見可能性が否定される事案である[9]。これについては，発行会社が事業活動によって利益を得ていることを理由に，損害を受けた投資家との衡平の観点から，発行会社は無過失とは認められない余地があるとする見解が見られる[10]。一方で，虚偽記載を抑止するためのコストが大きくなりすぎ，上場会社が減少することにより社会的利益が損なわれないように過失水準を設定することが望ましい，という意見もある[11]。

会社法の解釈において代表取締役に善管注意義務違反が認められないにもかかわらず，金商法の解釈において発行会社の過失が認められる余地があるとする見解は，内部統制システムの構築・運営に関する行為基準について混乱を生じさせるおそれがあることから支持しがたい。したがって，開示書類に虚偽記載があった場合において，発行会社の過失の有無の判断は，代表者の注意義務違反の有無によって決定すべきである。ただし，本書第3章で検討した通り，内部統制システムの適切な水準は功利主義的な観点からではなく条理および経験則に基づいて設定されるべきであり，これは金商法上の過失水準の設定についても同様に妥当すると思われる。

---

[8] 大谷潤ほか「新規上場会社の負担軽減および上場企業の資金調達の円滑化に向けた施策」商事法務2040号（2014）73頁。

[9] 本書110頁参照。この事件は，当時は金商法の規定がなかったために会社法350条による裁判がなされたのであるが，現在であれば金商法21条の2を請求原因として審理されるべき事案である。

[10] 大谷ほか・前掲8）73頁。

[11] 黒沼悦郎『金融商品取引法』（有斐閣・2016）224頁。

3. 発行会社の役員の責任
(1) 概　説

　金商法によれば，有価証券報告書等の開示書類に虚偽記載があった場合，発行会社等に加えて，その防止を怠った発行会社の役員（取締役・会計参与・監査役・執行役）も損害賠償責任を負うことになる（発行市場においては，金商法21条1項・3項，流通市場においては，金商法22条・24条の4）。

　ここで，虚偽記載の作出に関与した内部役員が故意の民事責任を問われることについては疑問の余地はない。問題となるのは，虚偽記載の作出に関与せず，その事実を知らなかった社外役員である。それらの者が「相当な注意」を尽くしたとしても，虚偽記載の事実を知り得なかったかどうかが問われることになる。ところで，虚偽表示の有無を探知するために合理的調査を行う義務は，発行会社の社外役員について予見可能性が認められる場合に生じるものである。予見可能性が認められない場合には社外役員は虚偽記載の有無を確認するために積極的な行動をとる義務は生じない。したがって，相当な注意に関する主張・証明責任が転換されている場合については，社外役員は，①合理的調査を実際に行ったこと，または，②不正会計についての予見可能性がなかったこと，のいずれかを主張・証明すれば良いことになる。

(2) 合理的調査（結果回避義務）

　発行会社役員の場合，回避すべき「結果」とは重大な虚偽記載が含まれた有価証券報告書等の開示書類を市場に提供することにより投資者の権利を侵害することである。かかる結果回避のために，発行会社役員は具体的行為をなすべき義務を負う。すなわち，発行会社役員は虚偽表示の有無を確認するために積極的な行動をなすべきであり，たんに遠方に住んでいて何もできなかった，ということでは免責されない。ただし，虚偽記載を探知できるまであらゆる手段を尽くさなければならないというのではなく，調査行動はあくまで「合理的」範囲で要求されるに過ぎない。要求される具体的行動の内容はその役員の地位や状況によりさまざまであろう。たとえば，取締役の場合は，取締役会を招集し，その場において担当役員に質問をしたり，必要に応じて独自の調査を行うこと等があげられる。また，監査役の場合には，会社法上の業務・財産調査権を行使したり，担当監査法人に意見を照会したりすることが考えられる。これ

らの合理的調査を現実に行ったにもかかわらず虚偽記載を知り得なかったことを証明できたとき，その役員は責任を免れるのである[12]。

(3) 予見可能性の有無

合理的調査を行っていなかった社外役員は，開示書類の虚偽記載を認識していなかったと主張することがある。しかし，認識がなかったとしても，平均的な能力をもつ役員であれば虚偽記載を疑うことが自然であるような状況（警告事実）を認識していた場合には予見可能性が認められ，相当な注意の証明は成功しない。

この場合の警告事実とは何か。裁判例によって検討してみよう。

(a) ライブドア事件[13]

有価証券報告書の重要事項の虚偽記載により損害を被ったとして，株主が，会社および取締役・監査役らに対し，損害賠償を求めた事件である。本件においては，非常勤取締役Ｙ２の相当な注意を用いたという主張に対して，つぎのように述べられている。

「技術担当であるとか，非常勤であるからといって，単に与えられた情報を基に有価証券報告書の正確性を判断すれば足りるものではないし，また，海外に滞在しているからといって，尽くすべき注意の程度が当然に軽減されるものではない。…（中略）…上記認定事実に照らすと，Ｙ２は，Ｙ１社の平成16年９月期の連結経常利益の根拠について，他の取締役や執行役員に確認するだけで

---

[12] ここで会社役員の行為義務については，会社法上要求される内容と金商法上要求される内容は異なっており，回避すべき「結果」が異なっているという点に注意すべきである。会社法上の行為義務（善管注意義務）は業務執行の監視に関するものであり，役員は，開示書類の作成にあたり虚偽記載が行われないように監視すべきであり，虚偽記載あることに気づいた場合にはそれを改善するための行動をとったことを証明すれば，かりに代表取締役がそれを聞き入れなくても当該取締役は免責され得る。これに対して金商法上の行為義務は虚偽記載の有無を確認し得るように合理的調査をせよというものであり，調査活動の結果，虚偽記載の事実を知った場合には，修正がなされない限り，直ちに役員を辞任するか，あるいは金融庁に駆け込んで当該書類の提出を阻止しない限り，個人的賠償責任を免れることはできない。神崎克郎『取締役制度論』（中央経済社・1981）195頁，207-208頁参照。

[13] 東京地判平成21年5月21日判タ1306号124頁。

容易に不正な売上計上の事実を知り得る状況にあったものと認めることができる。それにもかかわらず，Y2が，これを知らなかったとすれば，それこそが，Y2が本件有価証券報告書の虚偽記載を防ぐための『相当の注意』を用いていないことを窺わせる重要な間接事実であるといわざるを得ない。」

このように，非常勤であったことから，Y2は虚偽記載を知らず，その疑いすら抱いていなかったのだが，裁判所はそれではだめで，取締役会が少人数の構成であったことや，周囲の者が事情をよく知っていたことから，Y2は連結経常利益の根拠を聞くなどすれば，容易に疑いを抱くことができたはずである，という。要するに，通常の役員であればこの状況下で十分に不正を認識できたはずであったということで，Y2の予見可能性を認めたわけである。Y2は，その社内的地位からして簡単に不正を疑うことができたし，もし日頃から会社の経理に関心を持っていなかったとすれば，それ自体が取締役としての注意義務に違反するとされたのである。

(b) アーバンコーポレイション事件[14]

予見可能性がなかったことの主張・証明は多くの場合困難を伴うが，成功したとみられる事例もある。この事件では，役員に求められる「相当な注意」の具体的内容は，役員の社内的地位，担当職務の内容，当時認識していた事実に応じて個別に検討すべきであるとし，虚偽記載がある臨時報告書の準備に関与した取締役と関与していない取締役に分け，さらに後者を取締役会に出席した者と欠席した者に分けて検討している。そして，臨時報告書の準備に関与せず取締役会も欠席した役員について，以下のように述べてその責任を否定した。

「当時のアーバン社においては，準備関与取締役は，インサイダー情報の管理の観点等から，非関与役員に関しては本件取引に関する情報を与えないという方針をとっており，そのこと自体は必ずしも不合理なこととは言い難いのであるから，本件取引の準備段階において，非関与取締役が，本件取引の存在を知り，その上で，臨時報告書等に虚偽記載がされるのではないかとの疑問を持つこと

---

[14] 東京地判平成24年6月22日金融・商事判例1397号30頁。

は，相当な注意を払ったとしても困難であったと言わざるを得ない。」

そして，取締役会の招集通知から取締役会の開催までは半日ほどの時間しかなく，臨時報告書の記載の点は取締役会の直接の議題ではなかったため，非関与役員らが招集通知を受けてから取締役会開催までの間に独自に情報を収集して臨時報告書の作成に関わるアーバン社の業務執行を監督することは現実には困難であったとする。

そうすると，責任を認められた非関与役員と責任を否定された非関与役員との差は，本件取締役会に出席したかどうかのみであるが，以下のように，取締役会を欠席した役員Ｙ１，Ｙ２については任務懈怠が認められないという。

>「Ｙ１は，広島在住で，広島市の本社担当役員であり，本件取締役会の翌日に控えていた定時株主総会のリハーサルが，同月26日午後５時30分から予定されていたため，同日に東京支社で開催された本件取締役会には出席することができず，Ｙ２も，大阪在住であったため，同日に東京支社で開催された本件取締役会に出席することができなかったことが認められ，このような事情の下では，上記Ｙ１，Ｙ２両名が本件取締役会を欠席したというのも無理からぬものであり，本件取締役会の欠席をもって任務懈怠を基礎づける事実ということもできない。」

したがって，この事件では取締役会に出席したかどうかという事実のみが，非関与役員らの予見可能性の有無を分ける結果になっている。この立場を前提とすれば，会社の業務執行についてなんら関心を払わず，基本的知識も持たず，取締役会にもまじめに出席しない役員であればあるほど民事責任から免れる可能性が高いことにもなりかねない。このような批判を予想したのか，裁判所は，取締役会を欠席したことについて各役員に任務懈怠はなかったことを強調するが，かりにそうだとしても，たまたま取締役会に出席していたかどうかという偶然の事実で責任の有無が決まるという結果は不当だと思われる。問題は会議に出席することではなく，財務報告の信頼性の確保だからである。

(4) 予見可能性判断の前提としての内部統制システム

　以上のように，発行会社の社外役員に対しては，不正会計を疑わせるような警告事実を認識したとき，結果回避義務として虚偽記載の有無を探知するための「合理的な調査」が求められる。また，社外役員が警告事実を認識していなかった場合にも，予見可能性があったと認められる限りは結果回避義務が生じ，合理的調査を怠った役員に対しては民事責任が負わされることになる。

　警告事実を認識していなかったにもかかわらず予見可能性が認められるのは，上場会社の社外役員として，通常の能力と勤勉さをもつ人物であれば当然に認識し得たといえる場合である。すなわち，取締役会に出席をし，担当者から報告や説明を受けるなどして，会社の業務執行についての基本的知識を得ておくことはもちろん，取締役会の上程事項にとどまらず，社内の内部統制システム（とりわけ財務情報の伝達プロセス）を通じて，日常的に会社の財務状況について関心を持ち必要なチェックをするなど，上場会社の社外役員として基本的な職務を果たしている人物であれば認識し得たかどうかが不正会計に対する予見可能性の有無の判断基準となるべきである。

　このように，情報開示の適正性について責任を負うべき上場会社の社外役員については，不正会計を事前に防止し，かつ，不正が行われればその兆候に気づき得るような平常時の内部統制システムの存在を確保することが金商法により法的義務として求められているといえる。一定水準の内部統制システムが正常に機能していたにもかかわらず，なお警告事実を認識することはできなかったという事情がある場合にはじめて，予見可能性が否定されるべきである。

　したがって，アーバンコーポレイション事件で取締役会欠席役員の責任を論じるにあたって，その欠席理由のみを検討することは妥当でない。むしろ，同社内に開示書類の報告体制が構築されていたかどうか，社外取締役らがその体制を信頼するに足りる運用がなされていたか，さらに，そこに現れた事実から平均的な取締役であれば不正の兆候に気づき得たか否か，ということが審理されるべきであった。インサイダー情報の管理の点は，役員の株取引を制限する理由とはなっても，情報を完全に遮断する合理的な理由にはならないであろう。もし，社内に開示書類の提出前に役員がその問題点を知り得るような内部統制システムが存在しておらず，そのために取締役会欠席役員らが虚偽記載の存在

に気づくことができなかったのだとすれば、かかる平常時の内部統制システムの不存在こそが発行会社役員としての注意義務違反であり、無過失の抗弁は否定されるから、取締役会を欠席した社外取締役は出席した取締役らと同様の責任を負わなければならない[15]。

4．公認会計士・監査法人の注意義務

会社役員の場合と同様に、公認会計士・監査法人の「無過失」についても、虚偽記載のある財務書類につき適法意見を出すという結果を回避するための行為義務と、追加調査の必要を示す事実に気づく可能性があったか否かという論点に分けて検討する。

(1) 追加的調査を行う義務（結果回避義務）

公認会計士・監査法人の場合、結果回避義務における「結果」とは開示書類に虚偽表示があるにもかかわらず適法とする監査報告書を出してしまうことであり、「回避義務」の具体的内容としては、その専門性と強力な調査権限を行使して不正会計を発見することである。公認会計士・監査法人の場合は、発行会社の会計監査人として法定の調査権限を有している場合もあるため、取締役など発行会社の役員に比べると、結果回避義務の履行は比較的容易であるといえる[16]。

---

[15] 現実の社外取締役の多くは独自スタッフをもっておらず、取締役会に出席する以外には情報を得る手段がないという事情も考慮する必要がある。しかし、上場会社の社外取締役に就任する以上、金商法上の責務の重さに鑑みて、開示書類の正確性について関心を払い、社内に財務報告に関する内部統制システムが構築されているかを確認し、一定のチェック手段（開示書類の承認についてはすべて取締役会の議題とすること、事前に議案の内容と法律顧問の意見をメールで送付すること、等）を確保することを会社側に求めることは現実的にも可能であると思われる。これらの要求が容れられない場合には、社外取締役就任を承諾すべきではない。

[16] 監査法人が虚偽表示の存在について疑問を抱いていたにもかかわらず、追加的調査に要する費用が約定報酬額を超えるなどの理由で、虚偽表示を発見するために合理的と思われる行動をとらず虚偽表示を発見できなかったような場合には、行為義務違反の問題が生じることはあり得る。しかし、このような場合にも専門家としての行為義務が優先するのであり、一定の監査リスクを下回る監査で済ませることはできない。合理的に要した超過報酬分については事後に会社に請求できると解される。

たとえば，前出のライブドア事件は，公認会計士の過失が行為義務違反の観点から肯定された事案とみることができる。この事件では，A監査法人が裁判の時点で解散していたので，監査を担当した公認会計士個人の不法行為責任が問われた。A監査法人の代表社員であるY1の不法行為責任について，裁判所は以下のように述べる[17]。

「なお，企業会計審議会が平成14年1月に公表した監査基準によれば，『財務諸表の表示が適正である旨の監査人の意見は，財務諸表には，全体として重要な虚偽の表示がないということについて，合理的な保証を得たとの監査人の判断を含んでいる。』とされており，また，同審議会が同月公表した『監査基準の改訂について』によれば，『合理的な保証を得たとは，…職業的専門家としての監査人が一般に公正妥当と認められる監査の基準に従って監査を実施して，絶対的ではないが相当程度の心証を得たことを意味する。』とされている。…ライブドア株式売却益の連結売上げへの計上については，上記…で認定したとおり，Y1は，平成16年2月4日ころまでには，Y4から事情の説明を受けて，ライブドア社がライブドア株式売却益を連結損益計算書上収益に計上する不正な経理を行っていると認識していたものである。また，キューズ及びロイヤルに対する架空売上げの計上については，Y1は，上記…で認定したところによれば，売上げの実在性に極めて強い疑いを抱いていたことを優に推認することができるのであり，到底，その実在性について相当程度の心証を得ていたものと認めることはできない。したがって，Y1が主張するように，架空取引であるとの確かな証拠がないまま無限定適正意見を回避すれば被告ライフドアが上場廃止となりA監査法人が訴訟を提起されるリスクがあることをY1が考慮したとしても，無限定適正意見を示したことは，監査基準に明らかに反するものであったといわざるを得ない。…以上によれば，Y1は監査に当たる監査法人の公認会計士としての注意義務を尽くさぬまま，被告ライブドアの監査報告書に署名押印したものと認められるから，本件有価証券報告書の虚偽記載を知らないで有価証券を取得した者に対し，記載が虚偽であることにより生じた損害を賠償

---

[17] 前掲注13），東京地判平成21年5月21日（ライブドア事件）。

すべき不法行為責任を負うと解するべきである。」

　Ｙ１は経営者から説明を受けて不正会計を認識しており，架空取引の疑いをもっていた以上，なんら追加的調査を行わず，売上げの実在性について相当程度の心証を得られないままに無限定適正意見を示した場合には，公認会計士としての過失にあたるとされている。ただし本件では，たまたま公認会計士が警告事実を認識していたことが認定もしくは推認できたので，必要な追加的調査を行わないことが結果回避義務違反とされたものである。

(2) 予見可能性の有無

　公認会計士が追加調査の必要性を示す警告事実を認識しておらず，不正の疑念をもっていなかった場合はどうだろうか。

　(a) 山一證券事件[18]

　この点について，山一證券事件では，監査法人Ｙには具体的予見可能性がなかったという観点から過失が否定されている。

　　「以上のとおりの企業会計審議会作成による監査基準，監査実施準則等の制定目的及び内容，そして，Ｙと山一證券との間で締結された監査契約は証取法193条の２に基づく監査を目的とする準委任契約であると解されることからすると，監査人としては，財務諸表の監査に当たり，善良なる管理者としての注意義務をもって，主として監査基準に基づき通常実施すべき監査手続を実施する義務を負っており，この通常実施すべき監査手続とは，監査実施準則の定めに従い，公正な監査慣行を踏まえ，十分な監査証拠を入手し，財務諸表に対する意見表明の合理的な基礎を得るために必要と認められる手続を中心とすると解するのが相当である。

　　　この点，原告らは，会計監査の目的は重要な虚偽記載等を看過しないことであり，会計監査人であるＹは不正の発見に努めなければならず，不正や誤謬があり得るということを常に念頭に置いて監査に望む必要があると主張する。確かに，会計監査に求められる役割の一つに財務諸表に虚偽の記載が存在しない

---

[18]　大阪地判平成18年３月20日判時1951号129頁。

こと，あるいは記載すべき事項の記載が欠けていないことを明らかにするところにあることは，前記…の監査基準等にも現れているところであり，これを否定することはできない。しかし，他方で，<u>会計監査人は，捜査機関や証券取引等監視委員会等と異なり，強制捜査（検査）権限を持たず，被監査会社からの委託を受け，被監査会社から受け取る報酬から合理的に割り出される人員及び時間をもって監査手続を実施せざるを得ないこと，監査基準や監査実施準則も，このような前提条件の違いを踏まえ，上記のとおりの定めを置くに至ったこと，前記前提となる事実のとおり，山一證券が被告に委託したのは法定監査であり，特に不正発見を目的としたものではなかったことを考え合わせると，虚偽記載等を発見できなかったことをもって直ちにYの過失と捉えるのは相当でなく，</u>上記…のとおり，当時の会計監査の水準を踏まえ，監査に関する職業的専門家として一般的に要求される程度の注意義務をもって通常実施すべき監査手続等を実施したにもかかわらず虚偽記載等が存したような場合は，過失はなかったといわざるを得ない。」（下線は筆者。法令は原文のまま）

このように，大阪地方裁判所は，一般的に要求される監査手続には不正発見という目的は含まれていなかったので，上述のような監査実施上の制限を前提とすれば予見可能性は認められず，Yが不正を見逃したことに過失はないというのである。しかし，現実に種々の制限があるとしても，リスクの高い分野に優先的に有限の資源を配分して効果的かつ効率的に対応するというリスク・アプローチの方法をとっていれば，同事案においても不正が発見できた可能性は高いのではないかとも考えられる。同事件における原告は，実際にそのような主張をしている。リスク・アプローチの採用可能性について，大阪地方裁判所はつぎのように述べて，当時はいまだ規範としての具体性に欠けていたという。

「証拠（平成14年1月25日付けの企業会計審議会作成に係る『監査基準の改訂について』。以下，この改訂を『14年改訂』という。）によれば，14年改訂は，『主な改正点とその考え方』の項で，平成3年12月26日の監査基準等の改訂において上記のとおりのリスク・アプローチの考え方を採用したものの，その枠組みが必ずしも明確に示されなかったこともあり，我が国の監査実務に浸透する

までには至っていなかったことから，14年改訂を行ったとの改訂趣旨を明らかにし，リスク・アプローチの意義，リスクの諸概念及び用語法，リスク・アプローチの考え方，リスク評価の位置付け等について詳細な説明を加えた上，リスク・アプローチに関する各種条項を加えた（なお，同改訂で，監査実施準則は廃止され，監査基準という一つの枠組みの中で，監査実施基準が規定されることとなった。）ことが認められ，これからすると，<u>監査基準第2・3及び監査実施準則5は，監査人が監査を実施するに当たっての規範といえるほどの具体性を有していたとはいえず，Yが厳格な意味でのリスク・アプローチを採用しなかったことをもって直ちに過失があったと捉えることはできないというべきであり，Yとしては，一般的に職業的専門家として要求される程度の注意力をもって，14年改訂前の監査基準等にいう監査上の危険性を踏まえた監査を実施する注意義務を負っていたにとどまるというべきである。</u>」（下線は筆者）

しかし，会計監査人としての責任に関する事案ではあるが，本件判決から2年後に大阪地方裁判所で出されたナナボシ粉飾決算事件判決では[19]，リスク・アプローチの手法はすでに実務に浸透しているとして，監査を実施する際に不正による重要な虚偽表示のリスクを考慮しなければならないとされ，結果として不正を見逃した監査法人の注意義務違反を認める判決が出されている。

(b) アイ・エックス・アイ破産管財事件[20]

倒産した会社において財務諸表への虚偽記載の原因となった架空循環取引を看過し，不正行為発見を目的とした追加監査手続きを行うことなく無限定適正意見を表明した監査法人Yに対して破産管財人Xから損害賠償請求がなされた事案において，大阪地方裁判所は監査法人の善管注意義務違反を否定して以下のように述べている。

「…監査人は，具体的な不正の兆候が明らかではない時点において，あらゆる不正発見のための監査手続を実施する義務を負うものではない。しかしながら，

---

[19] 大阪地判平成20年4月18日判時2007号104頁。本書78頁参照。
[20] 大阪地判平成24年3月23日判タ1403号225頁。

監査人が，監査計画を策定して監査手続を実施する過程において，財務諸表の適正性に影響を及ぼすような不正行為に起因する財務諸表の重要な虚偽の記載の具体的な兆候を発見した場合には，当該不正の類型や発生可能性，財務諸表全体への影響額等を考慮の上，十分かつ適正な監査証拠を入手すべく，監査手続を選択・追加・修正する義務を負っているといえる。これを本件に即していえば，Yがリスク・アプローチに基づき，監査計画を策定して監査手続を実施する過程において，再生会社による架空循環取引等の不正行為に起因する重要な虚偽の記載の具体的な兆候を発見したか，あるいは発見すべきであったといえる場合において，前記不正の類型や発生可能性，財務諸表全体への影響額等を考慮し，不正発見のために必要な監査手続を実施すべきと認められるときは，Yは，善管注意義務の一内容として，Xが主張するような架空循環取引発見のための合理的な監査手続を実施すべき義務を負うものというべきである。

　…（中略）…

　認定事実…のとおり，Yは，本件監査において，種々の固有リスクなどを認識した上で，内部統制に依拠することなく，発見リスクを「低」と設定した場合に求められる証明力の強い監査証拠を得るための監査手続を，貸借対照表日を実施時期として広範囲に実施する方針の監査計画を策定し，これに従って監査を実施したと認められる。仕掛品の滞留や監査証拠の不提出といった不正行為の存在を具体的に窺わせる事情が顕出された第19期とは異なり，再生会社のみならず販売先や仕掛品の保管先などの異なる情報源から，複数の異なる監査手続によって入手した監査証拠間に整合性があり，分析的手続によっても売掛金や仕掛品の滞留等がなく，これらを覆す監査証拠が特に存在しなかった本件監査の時点においては，実施した監査手続により入手した証憑を真実として受入れることが認められる（「不正及び誤謬」〔監査基準委員会報告書第10号〕）ことにも鑑みれば，…上記説示のとおり，抽象的なリスク要因であったり架空循環取引等の不正行為の存在を具体的に窺わせる事情とはいえないX主張の諸点を総合的に勘案したとしても，再生会社による不正の可能性はないか，あるいは極めて低いとの判断を前提に，再生会社が健全に成長していると見ることが許容される状況であったといえる。そうすると，Yは，本件監査時において，架空循環取引等の不正行為発見のための監査手続を実施する義務を負っていた

ということはできず，Ｙが架空循環取引の存在を前提とすることなく行った本件監査は，リスク・アプローチ等当時の監査の基準に従った適正な監査と評価することができ，本件監査契約上の善管注意義務に違反するものとはいえない。」
（下線は筆者）

　このように，裁判所は，監査手続きにおける不正の発見には性質上の限界があり，後に不正が発見されたとしても直ちにその監査手続きが不適切であったことにはならないとした上で，監査が適切に実施されたかどうかは，策定した監査計画，実施した監査手続き，入手した十分かつ適切な監査証拠及びその監査結果の評価に基づき表明した監査意見が，その状況において妥当であったかどうかによって決定される，としている。本件においては，監査法人Ｙが対象会社における種々の固有リスクなどを認識した上で，内部統制に依拠することなく，証明力の強い監査証拠を得るための監査手続きを広範囲に実施したことが善管注意義務の履行を示す要素として認定されている。適正な手続きを尽くしたにもかかわらず不正の具体的兆候が発見されなかった以上，予見可能性は認められず，追加的調査を行わなかった監査法人Ｙの善管注意義務違反は否定されているのである。

(3)　金商法による内部統制システムの要請
　以上の通り，従来，公認会計士・監査法人は監査基準および監査実施準則等に基づいて監査を行っていれば正当な注意を払ったものと評価されてきたが，リスク・アプローチが実務に定着したことにより，個別の状況に応じてリスク評価を行うことが要求されるようになった。すなわち，公認会計士・監査法人に対しては，たまたま発見した事実によって予見義務が生じるのではなく，対象会社の内部統制システムが適切に構築・運営されているかどうかを含めて不正リスクを評価し，必要に応じて財務諸表上に虚偽の記載を行う監査上の危険性を高めに設定するなど適切な監査計画の立案が要求されるものと解される。
　不正リスクに対応した監査計画を立案する過程で平均的な公認会計士であれば明らかに虚偽記載の疑いをもつような警告事実を発見できたといえる場合には，予見可能性が認められるのである。
　さらに，最近の会計不正事案の発生（オリンパス事件，循環取引事案の多発な

ど）を受けて，平成25年3月26日，企業会計審議会は「監査基準の改訂及び監査における不正リスク対応基準の設定に関する意見書」を発表した。これによれば，少なくとも上場会社については，不正リスクの存在を前提として監査計画を立案すべきことが監査基準として求められることになり，今後，公認会計士・監査法人が不正を見逃した場合の責任は重くなるものと考えられる。

5．日本法のまとめ

　以上で検討したように，開示書類の虚偽記載の発見のためにとるべき結果回避義務の内容は合理的調査を意味し，発行会社の社外役員や公認会計士・監査法人に対して，より事情に応じたイレギュラーな活動を要求するものである。すなわち，警告事実が存在する異状発生時の内部統制に該当するものである。

　それでは，平常時の内部統制システム[21]はどのように位置付けられるのかといえば，すでに述べたところから明らかな通り，警告事実を認識しえたか否かという予見可能性の有無の判断の前提条件となると考えられる。すなわち，虚偽記載という結果の予見が可能であったかどうかは，会社内部に適切な平常時の内部統制システム（不正会計防止体制・情報伝達体制）が存在していることを前提として，自らに課された職務を適切に遂行している平均的な会社役員または公認会計士であれば不正リスクを示す警告事実に気づき得たかどうか，という見地から判断すべきである。そして，その判断は，それぞれの地位，職務内容，個別状況等に応じて，社会通念に従い，客観的に行われるべきであり，たまたま事実を発見したかどうかというような偶然の事情に左右されてはならない[22]。したがって，発行会社の役員に対しては，警告事実が存在しない平常時にあっても，不正会計を防止しリスク情報の伝達をするために，一定水準の適切な内部統制システムを構築することが金商法上求められており，また，公認会計士・監査法人に対しては，発行会社における適切な内部統制システム

---

21)　本書第3章でみたように，平常時の内部統制とは，不祥事を事前に防ぎ，情報を伝達する仕組みである。その構成要素としては，①統制環境，②リスク評価，③統制活動，④情報・伝達，⑤モニタリング活動，があげられる。1992年の米国トレッドウェイ委員会支援組織（COSO）内部統制報告書で示された枠組みである。この枠組みは2013年5月14日に公表された同報告書の改訂版においても変更されていない。

の存在を確認することが金商法上求められていることになる。

　不正会計を疑うべき警告事実が生じた状況にあっては，具体的予見可能性を前提として，発行会社の役員は合理的調査義務を負い，公認会計士・監査法人は追加的調査を行う義務を負うことになる。これら全体が，金商法上の民事責任の判断にあたって，相当な注意もしくは無過失の具体的内容となるのである。

第3節　アメリカ法

1. 総　説

　証券法（The Securities Act of 1933）および取引所法（The Securities and Exchange Act of 1934）は，アメリカで1929年に生じた証券大恐慌に対する反省として制定された一連のニューディール立法に属する連邦法である。一般大衆は証券投資にあたって合理的な決定を行うためにできる限り多くの企業情報を必要とするが，これらの法律の目的は投資者に対する適切な情報開示である[23]。

　証券法は初めて発行される証券を対象としており，取引所法はすでに取引所において流通している証券を対象としている。これらの法律がもつ広範囲の規制対象のうちとくに重要な点は，法に定められた開示規制の違反に対する民事責任である。すなわち，証券法11条は，ある会社が初めて証券を売り出すときに投資者に対して虚偽または誤解を招く情報を開示することに対する民事責任を課しており，また，取引所法10条(b)項に基づく規則10b-5は流通市場における証券の売買取引に関連してなされた不正行為に対する民事責任を課している。

　以下では，アメリカ法において，企業情報開示書類の正確性を確保するため

---

[22] 本章のもとになった論稿（日本内部統制研究学会・内部統制No.6（2014）113頁）においては，会社役員および公認会計士・監査法人の注意義務違反ないし過失の判定においては，結果回避義務からの逸脱よりも予見可能性の有無を重視することが有意義であるとしていた。しかしその後，会社法上の善管注意義務について研究を進めた結果，上記の見解を改める。

[23] Louis Loss & Joel Seligman, Securities Regulation §1-H-6 (3d ed.).

発行会社の役員と公認会計士・監査法人に対してどのような注意義務が課されているのか，また，それが発行会社の内部統制システムとどのように関係するのかを明らかにするため，相当な注意の抗弁に関する判例と学説の展開を中心に紹介する（なお，日本法と平仄をあわせ，本書では引受証券会社についての検討は省略する）。

2．開示書類の虚偽記載に対する民事責任制度の概要

(1) コモンロー上の詐欺による救済

アメリカ法においては，開示書類に不実表示があった場合，コモンローにおける詐欺（fraud）として損害賠償請求訴訟をなし得る。しかし，詐欺に対するコモンロー上の救済を求める場合には，不実表示の重要性（materiality），不実表示への信頼（reliance），当事者性（privity），因果関係（causation），詐欺の意図（scienter）の各要件を主張・証明しなければならず，以下に述べる連邦証券法による明示または黙示の救済規定よりも原告にとって負担が重いものとなっている。

(2) 取引所法規則10b－5

取引所法は，証券流通市場における定期的な情報開示制度を定めている。同法における一般的詐欺禁止規定である10条(b)項は，「あらゆる証券の売買に関連して，公共の利益または投資者保護のために必要かつ適切なものとして定められた法律と規則に違反して，あらゆる操作的・欺罔的手段または計略を用いること」は違法と定めている[24]。また，同条に基づきSEC（証券取引委員会）が設けた規則10b－5は，「①欺罔的な手段や仕組み，②重要事実についての虚偽記載や省略，③詐欺又は計略としてなされる行為や業務」を禁止している[25]。規則10b－5の特徴はその適用範囲が広範なことであり，証券の売買に関連して重要事実について真実ではない表示や省略をなした人物はすべて，規則10b－5に基づく訴訟の被告となり得る。また，証券の売買に関連してなされたすべての口頭または書面による伝達行為，操作的・欺罔的手段または計

---

24) 15 U.S.C. §78 J (b).
25) 17 C.F.R. §240.10b-5.

略は，当該証券の売出しが33年証券法のもとで登録されているかどうかにかかわらず規則10b-5の適用範囲内である。

周知のとおり，アメリカにおいてはクラスアクション制度が存在しており，不実開示により損害を被ったと主張する投資者は証券集団訴訟を通じて損害賠償を請求することになる。その請求原因は財務関連情報の不実開示がほとんどであり，10b-5違反を根拠とするものが半数以上を占めている[26]。

このように規則10b-5の適用範囲が広範であるために，同条違反を理由とする訴訟において被告とされた者が責任を免れるために一定の制限を設けることが重要な課題となった。そこで連邦最高裁判所は，規則10b-5に違反したというためにはその行為者が欺罔の意図（scienter）をもって行為したことが必要であると判示した[27]。欺罔の意図とは，詐欺，操作，計略などを意図する精神状態のことを意味する。連邦民事訴訟規則9条(b)によれば詐欺の申立ては具体的に主張しなければならないとされているため，連邦最高裁は欺罔の意図を10b-5違反の要件とすることにより原告に対して一定のハードルを設けたといえる。ただし，同規則9条(b)は被告の詐欺の意図を示すような精神状態を具体的に主張することまで原告に対して要求していなかった。ところが，1995年，連邦議会は濫発する株主代表訴訟に対応するため，私的証券訴訟改革法を制定するに至った。この新法では，10b-5訴訟における欺罔の意図要件に関して，「被告がかかる精神状態で行為したという強い推測を生じさせるような具体的事実」[28]を訴訟手続きの初期段階において主張することを原告に要求しており，従来に比べてより高いハードルになった。

(3) 証券法11条

証券法11条は，届け出られた株式公開に直接関わった当事者に厳格な基準の民事責任を課することによって，同法における開示規制を遵守させることを意図している。規則10b-5とは異なり，11条の適用範囲は限られている。すな

---

[26] 藤林大地「不実開示に対する発行会社等の民事責任の構造に関する一考察」同志社法学63巻4号（2011）139頁，160頁。
[27] Ernst & Ernst v. Hochfelder, 425 U.S. 185, 193 (1976).
[28] Private Securities Litigation Reform Act of 1995, PUB L. NO. 104-67, 109 Stat. 737 (1995).

わち，同条の適用対象となる者は届出の開示書類の作成に係わった当事者および作成に係わったかどうかによらず届出書類に署名をした者であり，また適用対象となる行為についても規則10b-5のようにあらゆる口頭および書面による伝達を含むのではなく，届け出られた開示書類における重要事実の不実表示またはその省略に関してのみ責任が課される[29]。

募集・売出しに応じて証券を購入した者は，11条に基づく訴えを提起できる。また，公開市場において証券を購入した者についても，不実情報が含まれた届出書類によって対象に含まれる人々のところまで当該証券を追跡（trace）しうる限り，11条に基づく訴えを提起できる。この11条の追跡要件は10b-5訴訟の場合には必要とされておらず，それは後者の適用範囲が広いことを示している。

11条が原告に対し要求する証明責任は比較的に少ない。原告が主張・証明しなければならないことは，その請求を疎明するための「重要事実の不実表示もしくは省略」ということのみである。これが規則10b-5と11条の大きな相違であり，原告にとって11条に基づく訴えが有利とされる点である。規則10b-5の場合には被告の欺罔の意図を示す具体的事実を原告は訴訟の初期段階で提出しなければならないのに対して，11条の場合に問題となるのは後述する相当な注意の抗弁のみである。したがって，11条では過失の主張・証明責任が原告から被告に転換されている。なお，11条に基づく損害賠償請求訴訟において原告が詐欺の要素を主張する必要性があるかどうかについては，アメリカの裁判所の間でも見解が分かれている。

3．相当な注意の抗弁

(1) 合理的調査と合理的信頼

証券法11条のもとで，証券の発行会社は，届出の開示書類における重要事実の虚偽記載もしくはその省略に対して厳格な無過失責任を負わされる。しかし，その他の規定上に列挙されている者（届出書類に署名をした役員，内部取締役，社外取締役，元引受証券会社，公認会計士・監査法人）に対しては，損害賠償責

---

[29] 15 U.S.C. §77 k (a).

任を免れるための積極抗弁（セーフ・ハーバー）が認められている。これらの者は，内部通報者の抗弁もしくは相当な注意の抗弁のいずれかを証明できたときには，その責任を免れることができる。

また，証券法11条(c)によって，相当な注意とは慎重な人物が自身の財産について管理する場合に用いるであろう水準の注意であると規定されており，それを具体化したSEC規則176において以下の通り定められている[30]。

「ある人物が，発行者以外の者であるとき，合理的調査または11条(c)に定められた基準に合致したと合理的に考えられる行動をしたかどうかを決定するにあたっては，関連する状況にも配慮した上で，（以下の要素が考慮されるべきである）。

a．発行者の種類
b．証券の種類
c．人物の種類
d．その人物が役員であるときは，その社内的地位
e．その人物が取締役もしくは取締役候補者であるときは，発行者に対するその他の関係の有無
f．特定事実の知識を有すると思われる職責にある役員，従業員，その他の者に対する合理的信頼
g．その人物が引受証券会社であるときは，引受契約の性質，その人物の引受者としての役割，証券登録者に関する情報の利用可能性
h．その人物が，参照によって組み込まれた事実や書類に関して，SEC提出のときにその事実や書類に対して何らかの責任を負っていたかどうか」

しかし，この規則176は発行会社の役員らにとっての有益なガイドラインとはなっていないようである。その理由として，SECは注意水準の決定に関連すると思われる各要素を列挙しただけであり，これらは限定列挙ではなく，そもそも無視してもかまわない性質の規則であるし，要素相互間の関係や重要性の

---

30) 17 C. F. R. §230.176 (2006).

高低も明らかでないこと，また，各要素の意味することが非常に曖昧であること，が指摘されている[31]。

一方，判例法によれば，相当な注意の抗弁は，合理的調査の抗弁と合理的信頼の抗弁の2つに分けることができるとされている。すなわち，相当な注意の抗弁が認められるためには，被告自身が届出書類に含まれた情報について合理的調査を行ったことを示すか，または，不実記載もしくは省略のある箇所が専門家の担当部分であり被告はそれら専門家の意見と報告を合理的に信頼していたことを示す必要がある。まず，合理的調査の抗弁のもとでは，専門家でない被告は届出書類のうち専門家の権限により作成されたのではない部分のすべてについて，もし当該被告が合理的調査を行った後に，届出書類のその部分の効力が発生する時点において，そこに含まれた記載が真実であり重要事実の省略がないと信じる合理的根拠をもち，実際にそう信じていた場合には責任を免れることができる。また，合理的信頼の抗弁は，届出書類のうち専門家により作成された部分に関するものである。同抗弁のもとでは，被告は，自分自身が問題の届出書類の部分の作成に係わった専門家ではないこと，かつ，届出書類のその部分の効力が発生する時点において，そこに含まれた記載が不実であり重要事実の省略があると信じる合理的根拠をもたず，実際にそう信じていなかったことを証明した場合に損害賠償責任を免れることができる。

(2) 判例における合理的調査の抗弁

以下では，アメリカの裁判例により明らかになった証券法11条に基づく会社関係者の負うべき注意基準の内容を検討する。

(a) 内部取締役および経営役員

明確な定義規定があるわけではないが，一般に，内部取締役とは発行会社の取締役会の構成員であって，かつ，業務執行を担当する地位にある者を指している。内部取締役に加えて，発行会社の主任執行役員，主任財務担当役員，および支配人（controller）もしくは主任会計役員（principal accounting officer）は，

---

31) David Michaels, No Fraud? No Problem: Outside Director Liability for Shelf Offerings under Section 11 of the Securities Act of 1933, 28 Rev. Banking & Fin. L. 339, 361 (2008-2009).

登録書類に署名をした者として，11条に基づく訴訟において被告とされる可能性がある。これは証券法6条(a)項が，登録書類において発行会社の取締役会構成員の過半数および上記の経営役員らによる署名を要求しているためである。

① バークリス事件[32]

　本件判決によって内部取締役および経営役員の相当な注意の抗弁に関する裁判所の見解が初めて明らかにされた。この判決は現在でも合理的調査の水準に関するリーディングケースとして認知されている。そこで，この事件の概要を簡単に紹介する。

　被告の発行会社であるバークリス社は，主としてボウリング場の建設を事業内容としていた。1950年代を通じて，ボウリングは全米で人気があり，結果的に，同社の建設事業も好調であった。通常，ボウリング場の建設にあたり，バークリス社はその顧客から1年を超える支払期限をもつ賦払手形（installment notes）によって資金調達を行っていた。しかし，1961年までにブームが去ったためにボウリング場の建設業界は供給過剰の状態となり，バークリス社の顧客は上記手形やその他債務について不払いをするようになった。同社は徐々に財務的困難に陥り，ついに1962年10月に破産申立を行うに至った。この裁判の原告となったのは，1961年5月の登録書類に従ってバークリス社の社債を購入した者たちであった。1962年11月までに同社は当該社債について償還不能となったので，原告らは，登録書類には重要事実について虚偽記載と省略があったと主張して，証券法11条に基づくクラスアクションを提起した。被告グループの中には，バークリス社の5名の内部取締役である，社長V，経営副社長R，副社長P，主任財務役員K，顧問弁護士B，が含まれていた。また，同社の取締役の地位にはない支配人（controller）のTも被告として名前を連ねていた。これらの個人はそれぞれ登録書類において署名を行った者たちである。裁判所は，問題の登録書面について，重大な虚偽があり誤解を招くものであったと判示した。その理由は，他の事柄に加えて，目論見書にバークリス社の売上げ，純利益，その他が過剰計上されており，一方で，不慮の債務については過小評

---

32) Escott v. BarChris Construction Corporation, 283 F. Supp. 643 (S.D.N.Y. 1968).

価がなされていたことである。また，その目論見書には，役員の借入金，顧客の未払金，利益の利用計画，同社がいくつかのボウリング場の運営者になる見込みに関する事実について，記載がされていなかった。これに対して，内部取締役らと支配人は相当な注意を尽くしたと主張したが，裁判所は，当該登録書面の非専門家の担当部分に関して，いずれの被告についても免責の抗弁が認められる要件を満たしていない，と判示した。内部取締役のうちバークリス社の経営委員会のメンバーであったV，R，Pの3名について，裁判所は，登録書面における虚偽表示と省略の基礎となる事柄について彼らが関与しており知識を持っていたこと，および，経営委員会においてバークリス社の事業内容が長時間にわたり議論されていたという事実を前提とする限り，上記3名のうち誰ひとり当該目論見書が正確であり完全であると信じる合理的根拠を有していたということはできない，と述べている。裁判所は，VとPが十分な教育を受けておらず，当該目論見書を理解できず，おそらくは読んでいないだろうと指摘している。しかし，裁判所はこのことは無関係であるといい，登録書類に署名した取締役の責任はその書類を実際に読んだかどうか，また，読んだことを理解したかどうかという事情に左右されない，と述べている。その他の内部取締役であるKとBの2名について，裁判所は，彼らは当該目論見書の虚偽記載と省略について経営員会のメンバーと同じ程度には認識していないだろうと述べている。しかし，Kはバークリス社の主任財務役員であったのだから，いくつかの財務数値の不正確性について気付くべきであったという。同様にBは，バークリス社の顧問弁護士として同社と子会社の議事録を管理し経営委員会にも数回は出席していたのであるから，彼もまた，いくつかの数値の不正確性について気付くべきであった。さらに，Bは弁護士なのだから，彼が署名した書類の非専門家の担当部分におけるすべての記載の真実性についての合理的調査が法律上要求されていることを知っておくべきであったと述べている。支配人のTについて，裁判所は，彼がバークリス社において比較的地位が低い人物であるため，当該目論見書の不正確性について，ほとんど認識していなかったであろうことを認めている。しかし，Kと同様に彼は財務担当役員であったのだから，バークリス社の財務に関する不正確性のいくつかは知っておくべきであったとする。裁判所はまた，Tがなんら調査を行っておらず，彼は自己の仕

事をしていただけであり会社の他の事業部門について他者から正確なデータが与えられることを当然とみなしていた。したがって，彼が合理的調査の要件を満たしていないことは明らかである。

　バークリス事件においては，内部取締役および経営役員が何らかの調査をしたという事実が認定されていないことから，それらの者がどのような行動をすれば合理的調査の要件に合致するのかについての具体的示唆は得られない。しかし，その判示内容から内部取締役および経営役員が合理的調査の要件を満たすことは相当に困難であることがうかがえる。この事案で，裁判所は，内部取締役と経営役員がバークリス社の日常業務に深く関わっていることから，彼らは当該登録書類が正確ではなく不完全であったことを知っていた，もしくは知るべきであったとみなしているのである。また，同判決は，被告の地位と専門性，すなわち取締役が財務担当や弁護士であることは不正会計が存在すると信じる合理的根拠をもっていたかどうかを決定する際に考慮されるけれども，他方，教育や経験がないことは原則として考慮されないと判示している。

②リアスコ・データ・プロセッシング・エクイプメント事件[33]

　本件においても相当な注意の抗弁に関する重要な判示がなされている。この事案ではリアスコ社がR保険会社を買収することになり，R社の株主には対価としてリアスコ社株式が交付された。R社の元株主である原告らはリアスコ社株式の登録書類に重要事実の虚偽記載と省略があり証券法11条違反であると主張して損害賠償を求めるクラスアクションを提起した。被告の中にはリアスコ社の内部取締役3名が含まれていた。リアスコ社がR社を買収した主な理由は，R社がおよそ1億ドルにのぼる内部留保を有しておりその資産を有効活用しうるということであったが，株式交換の目論見書にはこの資産についての見積額が含まれていなかったため，裁判所はこれが重要事実に関する省略であると認定した。上記3名の内部取締役は相当な注意の抗弁を主張したが，裁判所は，以下のように厳格な基準を述べた上で，当該内部取締役による相当な注意の抗弁の主張を退けた。

---

[33] Feit v. Leasco Data Processing Equipment Corporation, 332 F. Supp. 544 (E.D.N.Y. 1971).

「バークリス判決によると，合理的調査の要件としては原本を参照しつつ登録書類の記載について独立した評価を行うことが重要であり，同抗弁を主張する者は完全に独立し重複した手続きの履行は求められないとしても，容易に利用可能な資料を確認することが必要である。…内部取締役に対する合理的調査の水準は事実上すべての虚偽記載にかかわる事案において責任が認められるほど厳格なものであり…彼らの責任の性質は目論見書の正確性を保証する地位にある発行会社の責任とほぼ同じである。」[34]

以上の通り，内部取締役および経営役員が合理的調査の要件を満たすことは非常に困難である。会社の日常的業務に関与していることに加えて業務内容に関する知識と情報へのアクセスの容易さから，裁判所は，彼らが登録書面の重要事実の虚偽記載および省略について知っているかまたは知るべきであったと認定する可能性が高い。したがって，証券法11条は内部取締役および経営役員に対して相当な注意の抗弁を与えているけれども，実際にこれらの者が免責を得られるケースはきわめて稀である。

(b) 社外取締役

この場合の社外取締役とは，発行会社の取締役会の構成員であるが他の点では発行会社と何ら関係をもたない人物を指している。しかし，内部取締役と同様，とくに定義規定が置かれているわけではない。社外取締役は，証券法により発行会社の取締役会の構成員の過半数が登録書類に署名することが求められているために登録書類の署名者として，あるいは，証券法11条(a)(2)に基づき登録書類がSECに提出された時点で取締役会の構成員であったという理由によって，損害賠償請求訴訟の被告とされる可能性がある。

①バークリス事件[35]

同事件においては，被告としてA，F，G，Cの4名の社外取締役が含まれていた。まず，AとFは問題の社債の登録書類が効力を発生する直前にバークリス社の取締役会に参加したばかりの人物であった。両名は取締役になることを

---

34) Id. at 575-577.
35) Escott v. BarChris Construction Corporation, 283 F. Supp. 643 (S.D.N.Y. 1968).

承諾する前に同社自体に関して調査を行っていたが，当該目論見書の正確性については調査を行っていないだけでなく，それを読むための時間もほとんどとらなかった。彼らは同社の役員らによる登録書類は正確であるという説明を単純に信じただけであった。裁判所は，たとえ新任取締役であったとしてもこれでは不十分だと述べている。つぎに，Gの立場は他の社外取締役とは異なっている。なぜなら，Gはバークリス社が証券発行のために雇った法律事務所の弁護士であったからである。実際にGは問題となった登録書類を起案していることから，当然に彼がなし得る種類の調査を実行しなければならなかったはずであった。ところが，Gは同社の過去の目論見書から開示情報をほとんど切り貼りすることによって書類の起案を行っていた。彼が行った調査は，バークリス社に対して数値をアップデートするように依頼し，過去の目論見書からもってきた開示情報がいまだに正確かどうかを尋ねることだけであった。同社の役員はそれらの情報の正確性を保証した。裁判所は，Gが登録書類は真実であり完全であると信じていたことは認められるが，登録書類の起案とその正確性の保証に直接に関わった取締役に対しては，それらの作業に関わっていない取締役に期待される合理的調査の方法に比べるとより多くのことが要求されると述べている。これに対してGは，弁護士には依頼人を信頼する権利があり，書類の正確性を確認することを求めることは不当に高い基準を設けることになると反論して，彼が行った調査は合理的であると主張した。しかし裁判所の認定によると，容易に確認できる事項が多数あったにもかかわらず，Gはこれを怠っていた。とりわけ，基本的な契約書，子会社の議事録，経営委員会の議事録とメモ，未納金に関する記録，そしてバークリス社のもっとも重要な要素であったT社との通信記録について調査するべきであったのに，Gはこれらの調査をまったく行っていないため，その調査は合理的とはいえないと結論された。最後の社外取締役Cは，元引受証券会社のパートナーのひとりであった。裁判所は彼がした調査は所属先会社による調査と同等であり，それが不十分だと評価される以上，Cの調査も不十分であったと判示している。

②レイベン事件[36]

　一方，社外取締役が主張した相当な注意の抗弁が認められた事案も少なくない。同事件においては，3名の社外取締役が被告とされた。この事件の原告は，W社が公募した優先株の購入者であった。原告は公募の際の目論見書の中に重要事項に関する不実記載および省略があったと主張して，証券法11条に基づく訴訟を提起した。これに対して，3名の社外取締役は相当な注意を尽くしたと主張し，訴えを棄却する略式判決の申立を行った。この事件では，会社に関して詳細な知識を有する内部取締役に比べると社外取締役として彼らが綿密な調査を行う義務の程度は高くないこと，また，彼らがW社経営陣の説明を信頼したことは，とりわけその説明が監査人や証券会社の調査により確認されていることに鑑みれば合理的でなかったとはいえないこと，さらに，具体的な行動は認定されていないものの，3名の社外取締役がW社取締役会の承認から株式募集までの数ヶ月間において積極的に行動していることが認定されている。そして，裁判所は，これらの事実は受動的で経営陣を信頼しすぎていたバークリス事件の社外取締役の行動とは全く異なっていると述べて，被告の申立を認めたのである。

③アバント・グレード・コンピューティング事件[37]

　同事件においては，株式公開（IPO）における開示書類の虚偽記載が問題となった。被告の社外取締役が，就任から4ヶ月間に4回の取締役会に出席したこと，株式募集について他の取締役と議論をしたこと，社外の会計士により会社の財務書類が検査され，GAAPに基づいていることを知っていたこと，暫定的および最終的な目論見書を確認していたこと，会社の構成・マーケティングプログラム・広告戦略・販売力などにつき，職員に聞き取りを行っていたこと，などの事実を証明したために，相当な注意の抗弁が認められている。

---

36) Laven v. Flanagan, 695 F. Supp. 800（D.N.J. 1988）.
37) In re Avant-Garde Computing Inc. Securities Litigation, 1989 U. S. Dist. LEXIS 10483（D.N.J. Sept. 5, 1989）.

④ワインバーガー対ジャクソン事件[38]
　同事件では，発行会社の事業と運営について相当の知識を得た上で，定期的に取締役会に出席して会社の財務書類を検討していること，また，問題となった登録書類の6つのドラフトを検討してそこに疑わしい点がなく彼が取締役として得た知識と食い違いがないことを確認していること，当該登録書類についていくつかの点を経営陣と話し合っていること，などの事実を主張・証明した社外取締役に対して，裁判所は相当な注意の抗弁を認めている。

　以上の判例動向をまとめると，相当な注意の抗弁を主張する社外取締役の合理的調査を構成する要素は，会社における役割に左右されることが明らかである。すなわち，社外取締役は会社の日常業務のために時間をとることはできないし，また，それを彼らに期待すべきでもないことが一般に承認されている。社外取締役は会社の戦略的方向性や有能な経営者の採用など，より高次元の事項について助言的役割を果たすべきものである。もしも社外取締役に対して内部取締役と同様の水準を要求するならば，多くの会社は社外取締役として就任してくれる人物を探し出すことに困難を生じることにもなりかねない。結果として，社外取締役の合理的調査の要求水準は必然的に内部取締役よりも低いものとなるのである。しかし一方で，バークリス事件で判示された通り，経営陣による開示書類が正確で完全であるという説明を単純に信頼するだけでは不十分である。したがって，社外取締役の合理的調査を構成する要件の境界線を何処に引くべきかについては明確に述べた判例はない。しかし，学説においては州法である会社法における取締役の監視義務の内容を考慮する見解がある[39]。すなわち，監視義務の一般的理解によれば，取締役会の構成員に対して，会社の法令遵守と業績について合理的な判断を可能とするだけの十分な情報を適時に提供するために設計された情報および報告システムが組織内部に存在しているかどうか確認することを要求するだけであり，とくに疑念を持つ状況でない

---

38) Weinberger v. Jackson, 1990 U. S. Dist. LEXIS 18394 (N.D.Cal. Oct. 11, 1990).
39) William K. Sjostrom, Jr., "The Due Diligence Defense under Section 11 of the Securities Act of 1933", 44 Brandeis L. J. 549, 583 (2006).

かぎり調査義務が要求されることはない。これを前提とすると，社外取締役は登録書類の提出前にその作成および修正作業を注意深く確認した上で，経営者・顧問弁護士・元引受証券会社・引受証券会社・公認会計士が参加する相当な注意を履行するための会議に継続的に出席することにより，合理的調査の要件を満たすことができる。この会議において，社外取締役は，上記の参加者から登録書類がその重要な点すべてにおいて真実であり完全であるという確約を得ることができるし，また，当該登録書類や発行会社の状況に関して必要な質問をすることもできる。これ以上の行為義務を証券法が発行会社の社外取締役に対して要求することは，一般的に社外取締役に期待される役割や，会社法における監視義務の内容と合致しないことになる，という[40]。

(c) 公認会計士・監査法人

登録書類の中に参照されもしくは含まれた財務書類を監査した公認会計士・監査法人は，証券法11条の定める専門家に該当することから，投資者による損害賠償請求訴訟において被告とされる可能性がある。財務書類は登録書類の重要な構成部分であり，証券公募に応じようとする投資者が合理的な投資判断をできるように発行会社に関する財務情報を提供するものである。発行会社は財務書類を作成するにあたり一般に公正妥当と認められた会計基準（GAAP）に従うことが要求されており，このことによって投資者は発行会社の現在の財務状況を過去と比較し，また同業他社の財務状況と比較することができる。SEC規則によれば，登録書類には監査証明を受けた財務書類を含むことが要求されている。ここで監査とは，一般に公正妥当と認められた監査基準（GAAS）に従って意見を表明する目的のために公認会計士・監査法人により実施される財務書類の審査を意味する。証券法11条のもとで専門家が責任を負うのは登録書類のうち専門家自身によって作成された部分における不実表示もしくは省略に対してのみであるから，公認会計士・監査法人は自らが監査証明を行った財務書類の不実記載もしくは省略に対してその責任を負うことになる。

証券法11条は会社役員らと同様に専門家に対しても相当な注意の抗弁を与え

---

40) このような主張の背景には，連邦法による規制が各州法の権限を超えることに対する強い警戒感というアメリカ法に特有の事情もある。

ている。すなわち専門家は、合理的な調査を行った後で、登録書類の自身が監査を実施した部分において重要事実の不実表示もしくは省略が存在しないと合理的に信じる根拠をもち、実際にそう信じていたことを証明したときには責任を免れることができる。しかし、この抗弁が認められるために、専門家である公認会計士・監査法人に対しては、より厳格な基準に基づく合理的調査が求められている。

① バークリス事件

同判決は、会計士に求められる合理的調査の基準について言及している。この事件では、監査法人PMが、バークリス社の不実表示のある登録書類に含まれた1960年度財務書類の監査を行っていた。PMが相当な注意の抗弁を主張したのに対して、裁判所は、監査を実施するにあたりPMは財務書類に含まれたいくつかの不実記載を発見することができたはずであるとして、その調査は合理的であったとは言えないと述べた。また、登録書類の審査も不十分であった。なぜなら、PMは裁判所がGAAS基準に合致すると認める監査のためのチェックリストを内部で有していたが、監査を実施した担当者はそのチェックリストに忠実に従っておらず、その結果、財務書類が不正確になる原因となったバークリス社の財務状況の変化を見落としたからである。したがって、PMが本件において実施した監査手続きは合理的調査の要件に合致していないと結論するにあたり、裁判所はつぎのように述べている。

「公認会計士はその専門性について認められている基準を超えて責任を負わされるべきではないし、本件でもそのようなことはしていない。PMの担当者の実施した監査はその専門性の基準に達していないだけである。PMが事前準備したプログラムに記載された手順のいくつかをその担当者は実施していない。また彼はこの規模の仕事にみあうだけの十分な時間をとっていない。とりわけ重要な点は、その担当者は自らがした質問に対するうわべだけの回答に安易に満足してしまったことである。これらのことは、完璧な監査を実施すべきであったという意味ではないが、彼が監査した書類には追加的調査を必要とするような危険を示す複数の明白な兆候が存在したのである。このような状況のもとでは、一般的に受け入れられた会計基準は追加的調査を要求している。質問を行うだ

けで常に十分であるとはいえないのである。」[41]

②ワールドコムⅠ事件[42]

　同事件判決でも，監査法人の相当な注意の抗弁に関して言及がなされている。この事件では，ワールドコム社の不実表示のある登録書類により参照された財務書類を監査した会計監査法人アーサー・アンダーセンが被告に含まれていた。自らが監査した1999年度のワールドコム社の財務書類に関して，アーサー・アンダーセンは相当な注意が尽くされていると主張し，訴えを棄却する略式判決の申立を行った。これに対し裁判所は，合理的調査の要件を満たすために専門家は自らが探索的調査（searching inquiry）を実施したことを主張・証明しなければならないとした上で，アーサー・アンダーセンが本件で実施した監査がGAAS基準と適合していたかどうかに関しては疑問の余地があると述べて略式判決の申立を退けた。裁判所はつぎのように判示している。

　　「…会計士は自らが監査した財務書類の正確性に対して証券法11条のもとで責任を負わなければならないのである。不十分な監査を行った者は，通例，会社の財務書類は公正に作成され，すべての重要な点において当該会社の財務状況はGAAP基準と適合的であると主張する。（しかし）監査は，当該財務書類における個々の重要記載，および当該財務書類全体に対して実施されるものである。証券法11条(b)(3)(B)のもとで会社の財務書類に関する合理的調査，すなわち積極的抗弁としての相当な注意を尽くしたことを認定されるためには，会計士はGAAS-compliant audit[43]を実施しなければならず，あるいは，その監査内容が監査基準の記載から逸脱しているときにはその逸脱の明らかな正当化根拠を示さなければならない。GAAS-compliant auditを実施する過程で，会計士が財務書類の作成において会社がGAAPに従っていないこと，または従っていない可

---

41) BarChris, 332 F. Supp. at 703.
42) In re WorldCom, Inc. Securities Litigation, 352 F. Supp. 2d 472 (S.D.N.Y. 2005).
43) これは企業の内部統制の評価に適用される特別の監査基準であり，通常の財務諸表監査には含まれていない。

能性のある証拠を発見した場合には,その会計士は当該証券発行に関して追加的調査を行い,必要な情報開示をしなければならない。」[44]

(3) 判例における合理的信頼の抗弁

　財務書類のように登録書類の専門家によって作成された部分について不実表示があった場合に相当な注意の抗弁を主張するためには,合理的信頼の要件を満たす必要がある。すなわち,この抗弁を主張する被告は,登録書面の専門家作成部分において重要事項の不実表示もしくは省略があると信じる合理的な根拠をもっていなかったこと,かつ実際にそう信じていなかったことを主張・証明しなければならない。

①ワールド・オブ・ワンダー(WOW)事件[45]

　同事件判決において,裁判所は合理的な信頼の要件について判示している。本件は,高い技術力をもつ玩具メーカーであり一時は非常に成功したが最終的に倒産を余儀なくされたWOW社の普通株式と社債を購入した投資者により提起されたクラスアクションである。原告は,他の請求原因に加えて,株式と社債の募集に関して証券法11条違反があったと主張し,WOW社の役員と取締役,募集の引受証券会社,監査法人,その他の者が被告とされていた。原告は,本件社債募集に用いられた目論見書に含まれた財務書類の中には数多くの誤りがあると主張した。原告によれば,その財務書類にはWOW社の多数の取引から生じた収益が適切に計上されていないという。これに対して裁判所は,当該財務書類は監査法人により作成されたものであるから,当該監査法人を除く他の被告らに対しては,合理的信頼の要件が適用されるとした。この要件の充足性を検討するにあたり裁判所は,WOW社の経営者によって問題となった取引に関するすべての関連情報が当該監査法人に対して開示されており,また,当該監査法人のみが収益を認識する決定をなしたことを認定した上で,つぎのように述べて合理的信頼の要件は満たされていると結論した。

---

44) Id. at 492-93.
45) In re Worlds of Wonder Securities Litigation, 814 F. Supp. 850 (N.D.Cal. 1993).

「発行会社にとって，監査法人による収益の認識が専門的会計基準に適合しているかどうかを判断することには多くの困難が伴う。本件の当事者らは，この問題についてだけでも，意見の異なる専門家証言を検討した100頁を超える書面を作成している。このような状況において，原告が，会計士を除く他の被告に対して当該監査法人の誤りを見抜くべきであったと主張するのはばかげたことである。」[46]

さらに，同事件の控訴審において[47]，原告はWOW社の役員と取締役および社債募集の引受証券会社が合理的信頼の要件を満たしていないと主張した。その理由とするところは，被告らはWOW社の財務書類が不実で誤解を招くものとなった原因である多数の取引について知っていただけではなく，それらを計画し実際に取引に関与していたことである。しかし裁判所はこのような主張は当を得たものではないとした上で，問題は，これらの取引に関する当該監査法人の会計専門家としての判断を被告が信頼したことが合理的であったかどうかであるという。そして裁判所は，このような専門家による判断は証券法11条が信頼することを認めた権威ある情報にほかならないし，判断の前提となるこれら取引の内容は当該監査法人に対して完全に開示されていたことから，被告らの信頼は合理的であったと結論した。

しかし一方では，被告が専門家の作成した部分に信頼してはならず，合理的信頼の要件が認められない状況がありうる。警告事実（Red Flag）の存在である。

② ワールドコムⅡ事件[48]

同事件判決において，裁判所は，専門家作成部分に対する信頼を不合理なものとするような警告事実があった可能性を示している。この事件では，被告中の引受証券会社が，登録書類に含まれた監査証明のある財務書類の不実表示に関して自社は合理的信頼の要件に合致していると主張して略式判決を申し立て

---

46) Id. at 864.
47) In re Worlds of Wonder Securities Litigation, 35 F. 3d 1407 (9th Cir. 1994).
48) In re WorldCom, Inc. Securities Litigation, 346 F. Supp. 2d 628. (S.D.N.Y. 2004).

た。これに対し，裁判所は以下の2つの理由からその申立を退けた。第一に，公表されているワールドコム社のE/Rレシオは同業他社よりも極端に低く，これが不正会計を示す警告事実となる可能性がある。しかし，これは最終的には陪審によって判断されるべき事項であり，自己の財産を管理する通常の人物が問題の書類を読んだ後に，その低いレシオが監査を受けた数値に基づいているとしても，数値の信頼性について調査すべき義務を被告らに課するほどの重要性をもった差異であると考えるかどうかにかかっている。第二に，ワールドコム社の長期にわたる業績低迷は同社の財務書類の資産評価に関する警告事実となりうる。しかし，これも陪審員の決定に委ねられるべき事項である[49]。

　以上の通り，近年の判例によれば，警告事実が存在する場合には専門家作成部分に対する被告の信頼は不合理なものとなる。そして，ある事実が警告事実に該当するかどうかは具体的事件の事案と文脈に依存すべき事実問題であり，通常の人物であれば気付くべきであったかどうかという性質の問題については，陪審による判断が最も適しているとされる。なおこの点に関しては，ワールドコムⅡ事件における会社のレシオの著しい低さが不正会計の可能性を示すという裁判所の立場はいわゆる効率的市場仮説（ECMH）を前提としていると理解した上で，近時は同仮説に対する信頼性が揺らいでいることから判例のように警告事実の有無で合理的信頼の適用の可否を判断することは妥当でなく，むしろ被告が財務書類に重要事実の不実表示もしくは省略があると判断する具体的証拠をもっていたかどうかを判断基準とすべきだとする見解もみられる[50]。

4．アメリカ法のまとめ

　開示書類における重要事実の不実表示または省略に対する民事責任の追及訴訟が証券法11条に基づいて行われる場合，免責のためのセーフ・ハーバーとして被告である会社役員および公認会計士・監査法人から相当な注意の抗弁が主張されることが多い。判例によれば，相当な注意の抗弁の構成要素は，不実表

---

49)　Id. at 672-681.
50)　Sjostrom, supra note 39, at 605-608.

示の対象が開示書類のうち専門家によって作成された部分であるかどうかによって，合理的調査および合理的信頼に分けられる。

まず，合理的信頼の要件については，被告の立場によって注意義務の水準が異なっている。本節で検討した判例から明らかな通り，被告が会社事業と証券募集事務に関与する程度が大きいほど，注意義務の水準も高くなる傾向がみられる。すなわち，内部取締役は会社の日常業務と募集手続きの詳細を知っているとみなされるために，合理的調査の要件をみたすことは非常に困難である。社外取締役については，彼らは会社の業務や募集事務に通常は関与しないので，内部取締役よりも注意義務の水準は低い。ただし，経営役員の説明を単純に信頼するだけでは不十分であり，開示書類を注意深く確認した上で相当な注意の履行のための会議に出席して疑問点を質問するなどの行動が要求される。最後に，公認会計士はこのような注意水準の段階的増加の外にあり，専門家として厳格な調査が要求されている。

また，合理的信頼の要件については，会計専門家の判断に対する信頼が不合理とみなされるような警告事実が存在しない限り，専門家以外の被告について認められる。

第4節　本章の結論

本章では，開示書類の虚偽表示に関する民事責任が問題となるケースについて，金商法は一般不法行為法と同様の機能を有することを前提として，会社役員等の注意義務違反につき予見可能性と結果回避義務の各要素に分けて，日米両国の判例・学説の検討を行った。また，金商法上の「相当な注意」あるいは「無過失」が，開示書類の正確性について努力を促すために関係者の主観要件について主張・証明責任を転換された過失責任にほかならないとすれば，発行会社の社外役員，公認会計士・監査法人は訴訟において，①合理的調査もしくは追加的調査を実際に行ったこと，または，②不正会計の予見可能性がなかったことのいずれかを証明すれば損害賠償責任を免れることができる。

予見可能性は不正会計の警告事実を被告が認識していたときに認められるが，たとえその認識がないときであっても，警告事実を認識すべきであったといえ

る場合であれば，被告による相当な注意を尽くしたもしくは無過失であるとの主張は否定される。すなわち，金商法が要求する一定水準の内部統制システムを備えておけば警告事実を認識できたと考えられ，かつ，発行会社が実際にその構築を怠っていた場合には，被告に警告事実の認識がないときであっても予見可能性は認められることになる。

　これらの論点について，アメリカ法の状況は日本法とはかなり異なっている。流通市場における開示義務違反に対する民事責任は規則10ｂ－5を中心に課されており，そこでは欺罔の意図を主張・証明することが求められている。また，発行市場における証券法11条は，相当な注意の抗弁をセーフ・ハーバーとして位置付けており，そこでは合理的調査と合理的信頼が問題となる。まず，開示書類の作成に関与していない社外取締役に対しては，内部役員と同様の重い注意水準を課すことは妥当ではないが，一方で，与えられた情報を受け取るだけでは不十分であり，相当な注意の履行として証券発行に関する会議に参加して，必要に応じて質問を行うことが求められる。会社内部にそのような体制が存在していることを確保することが社外取締役の相当な注意の抗弁が認められる前提条件となるだろう。また，公認会計士・監査法人についても，その専門家としての責任に応じて，会計不正を防止するための内部統制システムが機能していることを確認し，積極的にリスク・アプローチを採用し，職業的猜疑心を発揮しつつ不正発見に努めることが求められる。

　合理的投資判断のため投資者に対して正確な企業情報を提供するという金商法の主要な目的に従い，開示書類の虚偽記載を防止するために，民事責任において内部統制システムを適切に位置付けることが望ましいという観点からすれば，虚偽記載の防止のために注意義務の機能を重視する日本法は十分メリットをもつ制度だといえるだろう。アメリカと異なり，日本では発行会社の過失責任が法定され，流通市場における役員らの責任についても相当な注意による抗弁が認められている。いまだ不実開示により被害を受けた投資者のためのクラスアクション制度は整備されていないものの，弁護士等の努力によって民事責任追及のための投資者集団訴訟の数は徐々に増えつつある。この分野における法の発展は，むしろ日本において期待されるのである。

第5章

法令違反行為と取締役の責任

第1節　本章の課題

　前章までの検討対象となっていたのは，業務執行者に対して監視義務を負う会社役員等であった。この場合，監視される側の代表取締役等の行為は善管注意義務違反と評価される必要がある。監視対象である代表取締役等の善管注意義務違反が否定されるのであれば，そもそも監視義務違反の前提が成立しないからである。

　ところで，代表取締役等が行う会社の業務執行が具体的法律に違反することがある。取締役会がその監督機能として会社の業務執行全般の法令遵守を確保すべきである以上，代表取締役等による法令違反行為についても十分に監督されるべきであることはいうまでもない。しかしながら，代表取締役等の法令違反行為は会社に対する関係でも善管注意義務違反となるのであろうか。この問題については，わが国の学説および判例において興味深い論争の歴史がある。

　本章においては，以上のような問題関心から，代表取締役等の業務執行者による法令違反行為に関わる問題について，これまでのわが国における学説と判例の展開を検討し，また，比較法研究としてアメリカ法の状況を簡単に紹介する。

第2節　日本法

1．総　説

　取締役が法令違反行為を行った結果，会社が損害を被る場合がある。そのような場合にも，取締役に対して会社が被った損害の賠償が求められる。旧商法266条1項5号には取締役の行為が「法令」違反に該当する場合に，会社に対する損害賠償責任を負うと規定されており，この規定が頻繁に利用されてきた。この規定は，現代社会における株式会社の重要性およびそれを運営する取締役の地位の重要性に鑑みて，取締役の会社に対する責任原因をとくに厳格に規定したものであると解されていた。

　しかし，取締役と会社との関係は基本的には私法上の契約関係であり，その責任は債務不履行によるものであることを前提にすれば，会社になんからの財産的損失が発生したとしても，具体的法令に違反する取締役の行為が会社に対する関係においても債務不履行と評価できない限り，その損害賠償責任を認めることはできないのではないか。この点について，わが国の判例と学説に興味深い論争が見られるのである。

2．法令違反行為と取締役の善管注意義務

(1)　従前の判例

(a)　大谷重工事件[1)]

　Y社は関税法違反の反則事実があったため税関長から関税法138条に基づく通告処分を受けたが，Y社には資金がなかったので，当時Y社の取締役であったXが右通告金を税関に支払った。その後，Xは右立替金の返還を求めて裁判を起こした。これに対しY社は抗弁として，XはY社の取締役として営業および資金関係を担当していたが，右関税法違反の事実は，Xがその業務行為として部下らと共謀して発生させたものであり，したがってY社はXに対し，旧商法266条1項5号の規定により通告処分を受けた金額と同額の損害賠償請求権

---

1)　東京地判昭和48年7月31日判時728号92頁。

があるので，右立替金債権と相殺すると主張した。裁判所はつぎのように述べてY社の抗弁を認め，Xの請求を棄却した。

「以上認定の事実によれば，Xは昭和37年ごろからはY社の本社や東京地区の工場の経営全般について指揮監督の任に当たっていたものであり，ことに原料の輸入製品の販売，その間の経理問題や納税等についてもX自身でチェックしており，更に加えてX自身が通告処分を受けて通告金を納付していることを併せ考えるとXは本件で問題となっている関税法違反の事実（鋼材等を輸入許可なく国内に引き取ったこと）についても充分了知していながら，部下に対し，国内取引を指示あるいは承認していたと推認するのが相当である。…（中略）…もっとも，＜証拠略＞によれば，Xは右関税の不払いは一般の租税と同様に単なる滞納であって，関税法に違反し，刑事処分を受ける場合のあることまでは知らなかったことがうかがわれるが，会社の取締役として，保税工場の利点等に付いて部下に指示して研究させた結果，保税工場としての許可を受けたXとして，これを知らなかったということは，当該制度に対する重大な認識不足というほかなく，そのゆえをもって自己の責任を免れることはできない。そして，Y社が本来の関税を納付したほか，通告金1億7千万円の納付を命ぜられたことについて争いのない本件においては，<u>右通告金は，XがY社の取締役として在任中に故意または過失によって関税法違反行為をした結果，Y社に同額の損害を与えたことになり</u>，従って特段の事情のない限り，Xは商法266条1項5号の規定よりY社に対し1億7千万円の損害賠償義務を負担しているというべきである。」（下線は筆者。法令は原文のまま）

この事件については，関税法が旧商法266条1項5号の「法令」に含まれるとの立場をとっているようにも読める。本判決では，関税法違反の事実を十分知りながら部下に対して指示または承認を与えていたと推認できること，かりに違反行為が刑事処分まで受けることを知らなかったとしてもそれは取締役の地位にあるものとして重大な認識不足であることが認定されており，取締役の行為がY社に対する善管注意義務違反になるという構成も十分可能であった[2]。そこで，関税法違反により当然に会社に対する損害賠償責任を根拠付

けることはできず，取締役の善管注意義務に違反することを理由とすべきではなかったかという指摘がなされていた[3]）。

(b) 間組株主代表訴訟事件[4]）

　土木建設工事の設計，施工等の請負，受託等を目的とする株式会社の代表取締役Yが，公共事業の受注を目的として，県知事に贈賄行為を行い，Yは刑法の贈賄罪に問われた。その後，同社の株主Xが賄賂として拠出された金額，指名停止などによる会社の損害を賠償するよう求めて代表訴訟を提起した。東京地方裁判所は，つぎのように述べてXの請求を認めた。

　「会社がその企業活動を行うにあたって法令を遵守すべきであることはいうまでもないが，とりわけ贈賄のような反社会性の強い刑法上の犯罪を営業の手段とするようなことがおよそ許されるべきでないのは当然である。それにより会社に利益がもたらされるとか，慣習化し同業者がやっているため贈賄をしないと仕事がとれないおそれがあるといった理由で，営業活動としての贈賄行為を正当化しうるものではない。したがって，贈賄行為はたとえ会社の業績の向上に役立ち，会社のための営業活動の一環であるとの意識の下に行われたものであったとしても，定款の目的の範囲内の行為と認める余地はなく，取締役の正当な業務執行権限を逸脱するものであり，かつ，贈賄行為を禁ずる刑法規範は，取締役が業務を執行するにあたり従うべき法規の一環をなすものとして，商法266条1項5号の『法令』にあたるというべきである。」（法令は原文のまま）

　本件裁判所は，刑法違反の行為が旧商法266条1項5号の「法令」違反にあたると明確に判示している。贈賄のような反社会性のきわめて強い法規定違反行為は，当然に取締役の責任を根拠付けると考えられるためであろう[5]）。し

---

2) このことから，後に紹介する非限定説は，裁判所による過失の認定と善管注意義務違反の認定には相違が見られないと主張している。
3) 河本一郎＝河合伸一＝森本滋ほか「〈座談会〉取締役の責任――わが国における経営判断原則の具体化――」民商法雑誌109巻6号（1994）940頁〔森本発言〕。
4) 東京地判平成6年12月22日判時1518号3頁。
5) 近藤光男『取締役の損害賠償責任』（中央経済社・1996）107頁。

かし，贈賄行為は明白に故意による犯罪行為であり，裁判所も「取締役の正当な業務執行権限を逸脱する」と判示していることからすれば，これを善管注意義務違反として構成する余地も残されていたと思われる。

(c) 野村證券損失補塡事件（控訴審判決）6)

証券業界トップの証券会社であり，わが国を代表する株式会社のひとつでもあるP社が，株価の大幅下落の結果，いわゆる営業特金勘定の損失が出たことに関して，大口顧客であるQ社に対して，その損失の補塡をしたというものである。P社は行政指導による営業自粛，日本証券業協会による過怠金の賦課，独占禁止法19条違反として，公正取引委員会による勧告を受けた。Xは，P社の取締役Yらの損失補塡行為は，旧証券取引法および独占禁止法に違反し会社に損害を被らせたものであるとして，P社に対し，Yらの本件損失補塡による損害賠償責任を追及する訴訟の提起を請求したが，同社が訴えを提起しなかったため，本件訴訟を提起した。Yらはいずれも平成2年3月当時，P社の代表取締役であった。原審の東京地方裁判所は，善管注意義務および旧証券取引法については違反なしとし，独占禁止法については違反であるが，Yらの行為と会社の損害の間に因果関係がないとして，Xの請求を棄却した。東京高等裁判所もつぎのように述べて控訴を棄却した。

「証券会社が顧客に対して有価証券の売買などの取引について生じた損失の全部又は一部を補塡することは，証券市場の担い手である証券会社が証券投資における自己責任原則を放棄し，証券市場において適正に形成された価格を証券市場外で修正するものであり，証券取引の公正性を害するものであるから，証券業における正常な商慣習に反するものというべきである。そして，本件損失補塡は，顧客との取引関係を維持し，又は拡大する目的で一部の顧客に対して行ったものであるから，正常な商慣習に照らして不当な利益をもって競争者の顧客を自己と取引するように誘引するものであって，不公正な取引方法（昭和57年公正取引委員会告示15号）の9項（不当な利益による顧客誘引）に該当し，独占禁止法19条に違反するというべきである。しかし，同条は，競争者の利益

---

6) 東京高判平成7年9月26日資料版商事法務139号177頁。

<u>を保護することを意図した規定であって，同条違反の行為により損害を被るのは，当該会社ではなく，競争者であるから，同条違反が当然に商法266条1項5号の法令違反に含まれると解するのは相当でない。同号の法令違反に該当するかについては，独占禁止法19条違反の行為がひいては後述の取締役の善管注意義務，忠実義務に違反するか否かが更に検討されなければならない。</u>

…（中略）…

　以上によれば，当時大蔵省は，いわば二律背反的な，事後的な損失補塡を慎むことと営業特金の廃止の双方につき行政指導を行い，また日本証券業協会は業界の自主規制として公正慣習規則九号により事後的な損失補塡を慎むことを要請していたが，これらはいずれも証券取引法上の禁止行為ではなく，証券会社の取締役に対し，『公の秩序』を示すものともいえない。また，独占禁止法19条は競争者保護の規定であるから，同条違反行為が直ちに証券会社の取締役の当該会社に対する関係において違法となるものではない。そうすると，<u>P社の取締役であるＹらが当時の証券取引法の規制，独占禁止法違反の認識をもつまでには至らなかった事情，株式市況の暴落等前認定の状況のもとにおいて，営業特金を解消し，かつ，Ｑ社との取引関係を維持し，ひいてはＰ社の利益の維持を図ることが急務であるとの方針を決定し，その手段として結果的には取引関係の維持により実損害を生じるおそれのない本件損失補塡を決定・実施したことは，経営上の判断として裁量の範囲を逸脱したものとはいえず，Ｐ社に対する関係において善管注意義務，忠実義務に違反するような違法行為とはいえないものと認めるのが相当である。</u>したがって，Ｙらが本件損失補塡を行ったことにつき商法266条1項5号の法令違反（商法254条3項，民法644条，商法254条ノ3の違反）があったということはできない。」（下線は筆者。法令は原文のまま）

　本件控訴審で注目されるのは，取締役の行為が独占禁止法19条に違反するとしても，それが競争者の利益を保護することを意図した規定であって，直ちに会社に対する責任を根拠付けるのではなく，同条は旧商法266条1項5号の「法令」違反にはあたらないとされたことである。取締役が会社に対する損害賠償責任を負うためには，その法令違反行為が同時に善管注意義務違反になる

ことが必要だとしている。その上で，取締役らの善管注意義務違反の有無に関して，本件裁判所は消極に解している。すなわち，まず法令違反の認識について言及し，公正取引委員会ですら損失補塡行為が独占禁止法に違反するという見解を当初はとっていなかった当時の状況からみて，本件取締役らが法令違反の認識を持つまでに至らなかったことはやむを得ないとしている。また，損失補塡を行うとの経営判断も「裁量の範囲を逸脱したものとはいえない」として，結局，取締役らの義務違反を否定している。

 (d) 日本航空電子工業事件[7]

航空電子事業を行うP会社の元役員，従業員等が，関税法および外為法に違反して，ミサイル等の部品をイランに向けて不正輸出したところ，これが発覚して，日米両国の司法当局から罰金等の支払を命じられ，また通産省から輸出禁止処分を受け，P会社は多大な損害を被った。すでに元役員等は刑事告訴され，有罪の判決を受けている。これに対して同社の株主Xが，元役員等を相手取って，株主代表訴訟を提起したものである。

元社長のY1は昭和61年6月に取締役に就任し，同62年6月に社長に就任，元専務のY2は同60年6月に取締役に就任し，以来不正のあった航機事業部長を務め，元取締役のY3は航機事業部次長などを経て同61年6月に取締役に就任した。不正行為を実行したのは航機事業部の課長であるが，同課長は昭和59年3月に不正取引を始めるに際し上司であるY3らの了解を得ていた。Y2は，その後同61年11月に部下から不正輸出の事実を聞いて知ったが，事が露見するのを避けるため，既契約分はそのまま履行し，新規の契約はしないように指示した。昭和62年6月に社長に就任したY1は，直前に他社のココム違反事件があったために，航機事業部の輸出の実態を調査したところ，部下からの報告で，同年九月，不正輸出の事実を知った。Y1も，既契約分については早急に処理し，新規の受注はしないように指示した。既契約分の輸出はその後平成4年4月まで行われた。東京地方裁判所は以下の通り述べて，Y1らの法令違反行為による賠償責任を認めた。

---

[7] 東京地判平成8年6月20日資料版商事法務148号64頁。

「(加速度計等不正取引の責任)
　Y1，Y2に関しては，両被告が加速度計・ジャイロスコープの不正取引を知ったときにはすでに不正取引は終了していた。もっとも，P社のような会社の場合，その業種および取扱商品の性質上，関税法・外為法違反の有無については，取締役としても十分に注意を払う必要があったといえるであろう。しかし，本件速度計・ジャイロスコープの取引は取締役会の決済事項や報告事項になっていなかった上に，国内取引の形態をとり，製品が加速度計・ジャイロスコープであることや最終仕向地がイランであることが判らないような方法で，航機事業部の所属員によって秘密裡に進められていたものであって，<u>Y1，Y2が本件加速度計・ジャイロスコープの不正取引に気づかなかったとしてもやむを得ない面があるというべきであり，取締役に要求される通常の注意を払えば，本件不正取引を知る以前にこれを発見できたはずであるとまで断定することは困難である。</u>したがって，Y1，Y2の二名は，加速度計・ジャイロスコープの不正取引については，取締役としての善管注意義務・忠実義務懈怠の責を負わないというべきである。Y3に関しては，本件不正取引の責任者として積極的に指示・承認していたものと認めるのが相当である。そして，本件加速度計・ジャイロスコープを許可なく不正に輸出することは，<u>関税法・外為法違反として，会社の事業運営に重大な不利益・損害を及ぼす蓋然性の高い行為であるから，取締役としてこれを指示・承認することが取締役の善管注意義務・忠実義務に違反することは明らかで，</u>Y3は合計48個の不正取引について取締役としての責任を負う。
　(ローレロン不正輸出の責任)
　Y1・Y2に関しては，<u>ローレロンの不正輸出を知りながらこれを阻止せず承認した両被告の行為が取締役の善管注意義務・忠実義務に違反することは明らか</u>である。確かに，Y1，Y2は既契約分で要修理品として輸入済みのローレロンに限って契約の履行を承認しただけで，不正輸出を積極的に指示したわけでも，取引のすべてに責任があるわけでもないが，<u>違法行為の露顕を防ぐために違法行為を継続することが正当化されるはずもないから，</u>右事情は，被告らの善管注意義務違反・忠実義務違反の判断に影響を及ぼすものではなく，Y1・Y2は，ローレロン合計1387個の不正輸出について，取締役としての善管注意

義務・忠実義務違反の責を負う。Y3に関しては，ローレロンの修理取引の承諾を求められて，受注を指示し，その後も報告を受けていたのであるから，同被告は，これを認識ないし認容していたと認めるのが相当である。そして右行為が善管注意義務・忠実義務違反に当たることはすでに述べたところから明らかであり，Y3はローレロン合計1575個の不正輸出について取締役としての善管注意義務・忠実義務違反の責を負う。」（下線は筆者）

　本件判決は，関税法違反の事実を含む事案という点では先の大谷重工事件と同様であるが，法令違反が直ちに会社に対する責任を根拠付けるものとはせず，それが取締役としての善管注意義務・忠実義務に違反するという論理をとっている。判旨は，違法行為を２つの類型に分けた上で，さらに各取締役の関与について詳細に認定している。取締役Y１・Y２については，加速度計等の不正取引に関して監視義務違反なしとされたが，ローレロン不正輸出については，積極的な関与がなくても，法令違反行為が行われていることを認識しながら，何らの阻止手段をとらず，違法行為を継続したことが取締役としての善管注意義務に違反するとされている。また，取締役Y３については，双方の違法行為について積極的な関与が認められ，本件における不正輸出は関税法・外為法違反として会社の事業運営に重大な不利益・損害を及ぼす蓋然性の高い行為であるから，責任者としてこれを指示・承認することが取締役の善管注意義務・忠実義務に違反することは明らかだと述べている。一連の取引が会社に重大な不利益・損害を及ぼすおそれのある違法行為であると認識していたこと，かつ，それに積極的に関与していたことが，取締役としての善管注意義務に違反するものと評価されたのである。

(2) 学説における対立

　かつての商法学説においては，旧商法266条１項５号所定の「法令」に関して，自己株式の原則取得禁止，競業避止義務など商法中に定められた具体的な規定のほか，善管注意義務・忠実義務などの一般的規定を含むとし，その他の一般法令についてはとくに論及されることがなかったが[8]，漠然と法令一般が含まれると考えられていた。しかし，上述のような判例の展開を受けて，旧商法266条１項５号にいう「法令」にはいかなる法令が含まれるのかに関する

論議が自覚的に展開されるようになった。

(a) 限定説

旧商法266条1項5号の「法令」に現在有効な法令がすべて含まれるとすると、取締役の責任が広くなり過ぎて適切ではないという危惧から、ここに含まれる法令の範囲を限定する解釈がなされた。この説はさらに2つに分かれる。

限定説の第一は、取締役の一般的な善管注意義務ないし行為準則を定める旧商法254条ノ3所定の「法令」には現行のすべての法令が含まれるが、旧商法266条1項5号所定の「法令」とは、会社の財産の健全性を確保することを直接または間接の目的とする法令を意味すると制限的に解することが合理的ではないかとする[9]。ただし、善管注意義務の中に法令を遵守する義務が含まれており、法令違反が注意義務違反にあたる場合には、損害賠償責任が生じることを認める。この見解は、会社の財産の健全性の確保を直接または間接の目的とする法令以外の法令に違反することによって会社に対する損害賠償責任が生じるという根拠は、会社に対する関係で任務懈怠があった(=善管注意義務に違反した)という帰責事由を介さないと説明がつかないと指摘する[10]。

限定説の第二は、旧商法266条1項5号の「法令」には会社や株主の利益保護を意図して立法された規定(実質的意義の会社法)と公序にかかわる規定だけが含まれると解すべきであり、それ以外の法令については、取締役の善管注意義務違反となるかどうかという観点から考慮すれば足りるとする立場である[11]。この見解を詳述すれば以下の通りである。①会社や株主の利益を保護することを意図して立法された規定については、取締役の会社に対する責任が会社株主の利益を守る制度である以上、そのような規定に反した場合にその種の責任が発生するのは必然的である。②会社や株主の利益保護を直接狙った規

---

8) たとえば、大隅健一郎=今井宏『会社法論(中)〔第3版〕』251頁(有斐閣・1992)、鈴木竹雄=竹内昭夫『会社法〔第3版〕』296頁(有斐閣・1994)など。
9) 森本滋『会社法〔第2版〕』255頁(有信堂高文社・1995)。
10) 河本一郎=河合伸一=森本滋ほか・前掲注3)938頁〔森本発言〕。
11) 近藤・前掲注5)10〜14頁参照。また、近藤光男「法令違反に基づく取締役の責任」森本滋=川濱昇=前田雅弘編『企業の健全性確保と取締役の責任』(有斐閣・1997)267頁。

定ではなく，したがって，その規定に違反したところで，必ずしも会社に財産的な損害が生じない場合であっても，公序にかかわる規定に違反する場合には，取締役は会社に対して責任を負うべきである。なぜなら，かりに有形の損害を会社が蒙っていないとしても，反社会的・反公序的な法令違反行為による社会的名声や信用の喪失など会社が無形の損害を蒙っていることを無視できないからである。③それ以外の規定については，原則として旧商法266条1項5号の法令に入ることを否定すべきであるが，取締役はこのような法令違反については一切会社に対して責任を負わないと解するべきではなく，取締役が職務を行うにあたり，法令について十分な注意を怠り，法を遵守していないという場合には，会社に対する善管注意義務違反として責任を負う[12]。

(b) 非限定説

このような限定説に対して，「法令」はわが国において現在有効なすべての法令を含むとする非限定説の立場から反論がなされた[13]。それによると，限定説は取締役が法令に違反すると直ちに任務懈怠と認められ，加えて損害が認定されれば，会社に対して損害賠償責任を負わなければならないと理解し，そうだとすると「法令」にあらゆる法令が含まれると解するのでは範囲が広すぎると考えるようだが，判例・通説によれば，取締役が法令違反行為をした場合にも直ちに会社に対する損害賠償責任を生じるのではなく，当該行為につき取締役に故意または過失があったことが必要であるとされているので[14]，非限定説をとっても責任が広くなりすぎるということはない。そして，ここにいう取締役の故意・過失とは，会社に対する債務不履行における取締役の帰責事由としての故意・過失を意味し，有力な民法学説によれば，それは注意義務違反にほかならない。このように，法令違反に必要な故意・過失の概念を再構成することで，「法令」の範囲を限定的に解する必要はないし，むしろ商法上の具体的規定をも含めたすべての法令について善管注意義務違反を介して会社に対する責任が根拠付けられるべきだとする[15]。そして，自然人にも会社にも共

---

[12] 近藤・前掲5) 110-113頁。
[13] 吉原和志「法令違反行為と取締役の責任」法学60巻1号 (1996) 1頁。
[14] 最(三)小判昭和51年3月23日金融・商事判例503号14頁。

通する一般的な規範として法令遵守義務を措定し，この会社の法令遵守義務から，取締役が負う注意義務の一内容として，取締役の法令遵守義務が導かれるとする[16]。したがって，たとえ会社の利益になることが明白であっても，故意に法令違反行為をなすことは善管注意義務違反になるというのである[17]。不履行要件としての善管注意義務と帰責事由要件としての善管注意義務を区分するという見解も同様の方向性を示すものであろう[18]。

(c) 両学説に対する評価
①一般法令の規定と「法令」

独占禁止法や関税法など，会社株主の利益を直接・間接に保護するものではない一般法令の規定に取締役が違反した場合，それぞれの説によればどうなるのであろうか。

限定説による重要な問題提起は，取締役がこれらの一般法令に違反しても，直ちに会社に対する損害賠償責任を根拠付けられないのではないか，ということであった。すなわち限定説の論者は，これらの一般法令は旧商法266条1項5号所定の「法令」に含まれず，それらの違法行為が会社に対する関係で善管注意義務違反となる場合に限って，損害賠償責任が発生すると考える。

これに対して非限定説は[19]，これらの一般法令もすべて「法令」に含まれるとするのであるが，上の限定説による問題提起を受けとめ，法令違反の場合にも会社に対する注意義務違反となるのでなければ取締役の賠償責任が発生しないことを認める。さらに，非限定説はたんに取締役の善管注意義務の枠組みで考えるのみでは，取締役の遵法義務と会社の利益増大義務が衝突するとき，取締役が法を侵して会社の利益を図る行為に歯止めをかけることができない点を危惧して，取締役の法令違反と善管注意義務の関係についてつぎのように説

---

15) 吉原・前掲注13) 36頁。
16) 吉原・前掲注13) 31頁。
17) 吉原・前掲注13) 31頁。
18) 三浦治「旧商法266条1項5号所定の『法令』非限定論——『取締役の責任に関する法的処理のあり方』覚書」アルテスリベラレス58号（1996）185頁，188頁。
19) 以下では，非限定説について，その代表的主張者であった吉原和志教授の見解を中心に検討する。

明する。すなわち，会社ないし株主の利益のために経営されるべきであるという要請を制約する義務として，いわば会社法に組み込まれた形で会社の法令遵守義務が認められており，その機関である取締役も，取締役が負う注意義務の一内容として，会社をして法令に違反させないようにする義務を会社に対して負っている，と。

　しかし，このような非限定説に対しては，つぎのような疑問があった。第一に，法人の犯罪能力が認められていないわが国において，そもそも会社の一般的法令遵守義務といった概念を認めることができるのだろうか。第二に，かりに会社の法令遵守義務を認めるとしても，このような見解は本来会社の負うべき義務と責任を取締役個人に転嫁することにならないだろうか。会社の法令遵守義務は経営者たる取締役のみならず，従業員・株主も含めた組織全体が負っていると考えるのが筋である。そうだとすれば，かかる法令遵守義務違反の抑止は，会社自体に対する刑事罰や行政罰など他の手段に委ねるべきではないか。

②公序にかかわる規定と「法令」

　限定説の第二は，取締役の反社会的・反公序的な法令違反行為については旧商法266条1項5号所定の「法令」に含まれるとしている。前述の間組事件判決においても刑法の贈賄規定は「法令」に含まれるとされている。善管注意義務とは別に一定の法令違反を「法令」に含ませる意図としては，善管注意義務の判断枠組みを介さないということにある[20]。すなわち，公序にかかわる規定は，社会の一存在である会社が遵守するのは当然であり，取締役の反社会的な法令違反行為により会社の社会的名声や信用が損なわれることを根拠に，これらの法令違反は会社に対する関係でも直ちに責任を根拠付けられうると考えるのである[21]。

　しかしながら，公序にかかわる規定については会社が法令遵守義務を負っているという点に関しては非限定説に対するのと同様の批判が妥当するばかりで

---

20) この意味で，「法令」に含まれるといっても，いわゆる非限定説の立場とは異なっている。近藤教授の意図は，公序にかかわる規定の違反行為については善管注意義務違反の判断を加えない結果，取締役が遵法義務を軽視して会社の利益増大を図ることは許されないとすることにあるものと推測される。

21) 近藤・前掲注5) 125頁。

なく，法令の個々の規定ごとに，反公序・反社会性という多義的な判断基準を用いて「法令」の範囲に含まれるか否かを判断していくことが果たして現実的に可能なのか疑問がある[22]。取締役の行為が会社に対する関係で違法性を有するかどうかは，結果として取締役が違反した法令の規定を抽象的に性格付けるのみでは判断できないのではないだろうか。むしろ，違法行為の様態，故意・過失の違い，専門家の助言の有無など，他の多くの要素とともに，法令の性質を考慮する，というのでなければ，取締役の法令違反行為を会社における関係で違法と根拠付けることはできないと思われる。したがって，「法令」の中に，善管注意義務違反とは別個の類型として，反公序・反社会的な法令違反を含むとする必要はないと考えられる。

③実質的会社法の規定と「法令」

旧商法210条，同法264条など会社・株主の利益を保護する具体的規定については，非限定説はもちろん，限定説も「法令」に含まれるとしており，この点に相違はない。むろん，これらの法規違反についても会社に対する損害賠償が認められるためには，法令違反について取締役の故意または過失が必要である。

ところが非限定説は，旧商法210条違反などについても直ちに会社に対する責任を生ずるのではなく，それらの違反が会社との関係で注意義務違反と評価されるがゆえに会社に対する責任を生ずるのだと考えるべきであるとし，そうだとすると，当該法令違反が旧商法266条1項5号の「法令」違反にあたるかどうかを理論上区別する必要はないとする[23]。すなわち非限定説は，通説・判例により旧商法266条1項5号の責任が生じるために必要とされている取締役の故意・過失とは，民法上の通説にいう債務不履行における帰責事由として

---

[22] たとえば，取締役の行為が刑法の過失犯規定（たとえば業務上過失致死傷罪）に触れる場合はどのように判断されるのであろうか。過失犯についても刑法の保護法益を侵害する以上，反公序・反社会的行為であることは疑いないと思われるが，刑法上過失があるからといって直ちに会社に対する関係で責任を根拠付けられるとはいえないだろう。

[23] 吉原・前掲注13) 27頁。両者の違いは，相当な注意が尽くされたかどうかに関する証明責任の配分にあるものとされる。たしかに証明責任の配分については，具体的法令違反の場合には被告取締役の側に証明責任があり，善管注意義務違反の場合には原告株主にあるという立場が妥当と思われる。しかし，このような解釈は非限定説に立たなくても可能である。

の故意・過失であり，そうだとすると，取締役に過失があったかどうかの判断と善管注意義務違反があったかどうかの判断は実際上ほとんど違わないというのである[24]。

　しかしながら，実質的会社法の規定と一般的な法令の規定とでは取締役の債務不履行の客観的類型として相違があると思われる。前者は会社・株主・債権者の利益保護のために，特別に取締役を名宛人として立法された規定である。取締役としては，そこに示された行為をなす以外には裁量の余地がなく，これらの規定に違反すれば直ちに「債務の本旨に従わない履行」になると考えられるのである[25]。もちろん，取締役に主観的帰責事由としての故意または過失がなければ，責任を負わせることはできないが，この場合の過失とは，会社の業種，取引内容により取締役として要求される程度の注意を欠いたために法令違反を認識しなかったことであり，認識していれば必ず法令違反とならないような代替行動をしたはずだということが前提となっているのである。これに対して，後者は，ケース・バイ・ケースで判断すべき内容であり，結果として一般法令に違反する行為があったとしても，法令遵守に関して取締役としてなすべき行為をしていた場合には，善管注意義務違反にあたらないこともあり得る。同様の状況における一般取締役がとるはずの行動を基準として，そこから外れていることが善管注意義務違反になるのである。このように，実質的会社法の規定違反と一般的な法令規定違反の場合とは，取締役による債務不履行の類型として理論上区別できるし，また，すべきであると思われる。

　以上の通り，下級審判例の立場は動揺し，学説にも対立がみられる中で，最

---

[24] 吉原・前掲注13) 36頁以下は，債務を結果債務と手段債務に分類する民法学における有力説に従い，取締役の負う義務は手段債務の典型であるといい，手段債務においては「債務の本旨に従わない履行」要件と帰責事由（過失）の要件が重複するのではないかいうことが広く認識されていると指摘する。

[25] 吉原・前掲注13) 37頁は，取締役にとっての「債務の本旨」とは，善良な管理者の注意をもって会社の業務処理にあたることであり，そのような注意を尽くさなかったことが「債務の本旨に従わない履行」であるというべきであるとし，法令遵守義務も注意義務の一内容として捉えるならば，法令の遵守に関して善良な管理者の注意を尽くさなかったことが「債務の本旨に従わない履行」なのであって，結果として法令に違反する行為があったことをもってそれだけで直ちに「債務の本旨に従わない履行」であるとか会社との関係で違法であると評価すべきではない，とする。

高裁判所は注目すべき判断を下した。

(3) **野村證券損失補塡事件最高裁判決**[26]

(a) **法廷意見と河合裁判官の補足意見の内容**

前述の営業特金処理のため大口顧客への損失補塡を行った証券会社の役員らに対する損害賠償を求めた株主代表訴訟事件の上告審において，最高裁判所第二小法廷は以下の通り述べて原告の請求を棄却した。

「株式会社の取締役は，取締役会の構成員として会社の業務執行を決定し，あるいは代表取締役として業務の執行に当たるなどの職務を有するものであって，商法266条は，その職責の重要性にかんがみ，取締役が会社に対して負うべき責任の明確化と厳格化を図るものである。本規定は，右の趣旨に基づき，法令に違反する行為をした取締役はそれによって会社の被った損害を賠償する責めに任じる旨を定めるものであるところ，取締役を名あて人とし，取締役の受任者としての義務を一般的に定める商法254条3項（民法644条），商法254条ノ3の規定（以下，併せて「一般規定」という。）及びこれを具体化する形で取締役がその職務遂行に際して遵守すべき義務を個別的に定める規定が，本規定にいう「法令」に含まれることは明らかであるが，<u>さらに，商法その他の法令中の，会社を名あて人とし，会社がその業務を行うに際して遵守すべきすべての規定もこれに含まれるものと解するのが相当である</u>。けだし，会社が法令を遵守すべきことは当然であるところ，取締役が，会社の業務執行を決定し，その執行に当たる立場にあるものであることからすれば，会社をして法令に違反させることのないようにするため，その職務遂行に際して会社を名あて人とする右の規定を遵守することもまた，取締役の会社に対する職務上の義務に属するというべきだからである。したがって，<u>取締役が右義務に違反し，会社をして右の規定に違反させることとなる行為をしたときには，取締役の右行為が一般規定の定める義務に違反することになるか否かを問うまでもなく，本規定にいう法令に違反する行為をしたときに該当することになるものと解すべきである</u>。」（下線は筆者。法令は原文のまま）

---

26) 最（二）判平成12年7月7日判時1729号28頁。

同判決は，非限定説の立場をとり，野村證券が東京放送との取引関係の維持拡大を目的として同社に対し本件損失補塡を実施したことは独占禁止法19条に違反しており，同条の規定は旧商法266条1項5号の「法令」に含まれると明確に述べた。しかし，取締役らが法令違反行為により損害賠償を負うためには，当該違反行為につき故意または過失があることが必要とされるところ，取締役らは旧証券取引法や通達については注意を払っていたが独禁法違反の問題については思い至らなかったこと，関係当局においても当初は独占禁止法違反の問題を取り上げていなかったこと，公正取引委員会が損失補塡行為が独占禁止法19条違反という見解をとるまでに相当の時間がかかったこと，などの事実から，取締役らが当時において損失補塡の行為が独占禁止法に違反するとの認識を有するに至らなかったとしてもやむを得ないものと認定したのである。結果的に，法令違反を認識しなかったことについての過失は否定され，取締役らに対する損害賠償請求は退けられた。

以上の法廷意見に加え，本判決には河合伸一裁判官の補足意見が付されている。河合裁判官は対立説である限定説に対して，「取締役の行為に対会社規定違反があっても，なお任務懈怠の評価を経るべきものとするのは，取締役の行為を，右違反の点をも含め，全体として観察すれば，任務懈怠とはいえない場合がある，すなわち前記の取締役の任務にかなうものと評価できる場合があるとの理解を前提とするのであろう。それは，結局，取締役が会社をして対会社規定に違反させることになる行為をしても，それが会社の利益を図るものであれば，会社に対する関係では債務不履行とはならない場合のあることを承認するものであり，換言すれば，会社の利益を図るためには，会社をして法令に違反させることになるような行為をすることもなお取締役の任務に属する場合があることを承認するものではなかろうか。しかし，私は，そのようなことを承認することには，とうてい賛成できない。」と批判した上で，さらに続けて以下のように述べている[27]。

①限定説は取締役の責任が拡大することを懸念するが，非限定説をとっても結

---

27) 最判平成12年7月7日における河合伸一裁判官補足意見。

論においてさほど差を生じることはない。法廷意見の立場からも，緊急避難等の違法性阻却事由や期待可能性等の責任阻却事由の存在が認められるときは，取締役の責任は否定される。

②限定説では取締役の責任を追及する側が主張・証明責任を負うことになるが，とくに株主代表訴訟の場合にはそれが難しく，原告にその主張・証明責任を課すことにより取締役が勝訴するという結果は公平でなく妥当でもない。

③限定説のように，不履行要件を任務懈怠として対会社規定に違反した取締役の責任を全面的に否定する方法によってではなく，その責任を肯定した上で要賠償額の量定を妥当なものとする方法（過失相殺や損益相殺など）によってされる方が望ましい。

(b) 同判決に対する評価

本判決は，旧商法266条1項5号の「法令」の意義について，取締役を名宛人とする規定のほか，会社を名宛人とし，会社がその業務を行うに際して遵守すべきすべての規定が含まれると述べているが，これは従来の漠然とした非限定説から一歩踏み出し，その根拠を示して，意識的な非限定説の立場をとることを明らかにしたものであると評価されている[28]。また，会社がその業務を行うに際して遵守すべき規定に会社を違反させるような取締役の行為は，当然に上記「法令」に違反したときにあたるという法廷意見に対する法理上の根拠として，河合裁判官は補足意見の中で，法令違反行為は当然に債務不履行要件のひとつである本旨不履行に該当し，その意味で民法415条に対する特則をなすという見解を示している。これは，法令遵守義務と善管注意義務は異なる義務であるとした上で，法令違反の点を重く見たものといえる[29]。また，本判決は会社を名宛人とする法令に違反する行為はそれだけで取締役の会社に対する損害賠償責任原因になるとするが，取締役の責任が成立するためには，なお故意・過失が必要であるとする。この場合の過失とは行為の違法性に関する認識を意味し，知らなかったという取締役の心理状態ではなく，そのような状態

---

28) 宮島司「判批」ジュリスト1202号（2001）91頁，92頁。
29) 石原全「判批」判例時報1755号〔判例評論512号〕（2001）211頁，215頁。

に至る過程が問題にされるべきだと指摘されている[30]。したがって，本件で損失補塡行為の実施に際して法律家など専門家の意見を照会していないことが過失なしと言い切れるかどうかは疑問である[31]。しかし，専門家への信頼は善管注意義務が尽くされたか否かの判断の際の一要因に過ぎないので，認定された事実関係の下では過失にあたらないとする見解もある[32]。いずれにせよ，損失補塡が罰則をもって禁止されるに至った現在では，取締役に違法性の認識がなく過失がないと認定されることはあり得ないだろう[33]。

(4) 野村證券損失補塡事件最高裁判決以後の判例

(a) 丸協青果市場株主代表訴訟事件[34]

この事件では，野菜，青果および食料品の卸売り販売等を目的とするP株式会社の株主であるXが，P社の代表取締役であるY1および取締役であるY2に対し，Y1らが出荷者との良好な関係を維持するために「集荷対策費」を支出したことによりP社にその支出額相当の損害を与えたとして，旧商法266条1項5号に基づく損害賠償責任を株主代表訴訟により追及した。名古屋地方裁判所は，Y1，Y2の支出行為は卸売市場法及び市条例等に違反すると認定した上で，「取締役が同義務に違反し，会社をして前記規定に違反させることとなる行為をしたときには，取締役の同行為が一般規定の定める義務に違反することになるか否かを問うまでもなく，同条1項5号にいう法令に違反する行為をしたときに該当することになるものと解すべきである」と述べた。その上で，裁判所は，取締役が法令に違反する行為をしたとして旧商法266条1項5号の規定により損害賠償責任を負うには，その違法行為について故意またはその行為が法令に違反するとの認識を欠いたことに過失があることを要するところ，Y1，Y2が集荷対策費の支出を決定し実施した当時，卸売市場法及び市条例

---

30) 島袋鉄男「判批」琉球法学65号（2001）155頁，170頁以下。
31) 石原・前掲注29) 215頁。
32) 畠田公明「取締役の責任と法令違反」別冊ジュリスト229号〔会社法判例百選（第3版）〕（2016）102頁。
33) 黒沼悦郎「証券会社の損失補塡に対する株主代表訴訟」別冊ジュリスト199号〔経済法判例・審決百選〕（2010）254頁。
34) 名古屋地判平成13年10月25日判時1784号145頁。

等に違反するという認識を有するに至らなかったとしてもやむを得なかった面があるというべきであり，集荷対策費の支出を卸売市場法または市条例等に違反する行為として旧商法266条1項5号の規定により損害賠償の責任を負うに足る過失があったと認めることはできないとした。しかし，同判決がY1，Y2が違法性の認識を有するに至らなかったとしてもやむを得ないとしている点については疑問が残る。監督当局から強く是正を求められることがなかったとしても，公正な取引を確保するという法の趣旨はやはり生きており，市条例が完全に死文化していたとまでは言い難いからである[35]。

なお，同判決の注目すべき特徴は，法令違反の認識の有無を審理しただけではなく，さらに続けて取締役の善管注意義務違反の有無を審理しているところである。この判断にあたり，裁判所は経営判断原則の枠組みを用いている。

「前記善管注意義務又は忠実義務の懈怠があるか否かの判断に当たっては，取締役によって当該行為がされた当時における会社の状況及び会社を取り巻く社会・経済・文化の情勢の下において，当該会社の属する業界における通常の経営者の有すべき知見及び経験を基準として，当該行為をするにつき，その目的に社会的な非難可能性がないか否か，その前提としての事実調査に遺漏がなかったか否か，調査された事実の認識に不注意な誤りがなかったか否か，その事実に基づく行為の選択決定に不合理がなかったか否かなどの観点から，当該行為をすることが著しく不当とはいえないと評価されるときは，取締役の当該行為に係る経営判断は，裁量の範囲を逸脱するものではなく，善管注意義務又は忠実義務の懈怠がないというべきである。そこで，本件について検討すると，前記…において認定したとおりであって，<u>Y1，Y2に卸売市場法又は市条例に違反するとの認識を欠いたことについて過失があったとはいえない</u>。また，前記認定のとおり，集荷対策費は，近時の青果物取引をめぐる社会情勢の中で，青果物卸会社としてやむを得ざる支出であること，仮に，この支出を停止するとしたら，その後の青果物の集荷に著しい支障を来すことが明白であって，そ

---

[35] 小林量「判批」私法判例リマークス27（下）(2003) 88頁，91頁。また，釜田薫子「判批」旬刊商事法務1725号（2005）51頁も同旨。

のようなことをすることは株主の利益にも反するものであるといわざるを得ないこと,同業他社においても同趣旨の支出が行われており,P社のみがその支出を停止することは実際問題として不可能であったこと,毎年行われていた名古屋市による検査において,集荷対策費の支出は把握されていたにもかかわらず,名古屋市は,その支出について直ちにこれを止めるように等の指導・勧告等は行っていないことが認められる。したがって,<u>Y1,Y2が集荷対策費の支出を行った経営判断には,その判断の過程に著しく不合理な点があるとはいえないから,許容される裁量の範囲を逸脱したものとは認められず,取締役としての善管注意義務又は忠実義務を怠ったものということはできない。</u>」(下線は筆者)

このように,名古屋地方裁判所は,まず当時は法令違反の認識可能性がなかったと認定して過失を否定し,さらに善管注意義務違反の有無を審査した上でこれを否定している。これは最高裁判所が打ち出した非限定説に立った上で,法令違反行為に関する判示の後に,さらに善管注意義務違反の有無についても判断したものと評価できよう。しかしながら,過失と善管注意義務違反の有無の判断対象となる事実はまったく同じものであり,責任原因としては両者は本来一体として判断されるべきだという批判がある[36]。また,帰責事由を予見義務違反と結果回避義務違反として構成する立場からは,本判決は野村證券損失補塡事件最高裁判決を法令違反の認識欠如についての過失さえあれば取締役の責任が発生すると考えているために無理な認定をしているが,それは不正確な理解であり,同最高裁判決は一般論として「過失」の対象を予見義務だけに限定したわけではないという指摘もなされている[37]。

(b) 蛇の目ミシン工業事件[38]

本事件は,大手ミシンメーカーであるP社の取締役Y1らに対し,忠実義務・善管注意義務違反の責任(旧商法266条1項5号),および株主に対する利

---

36) 鳥山恭一「判批」法学セミナー575号(2002)120頁。
37) 後藤元「判批」ジュリスト1272号(2004)151頁,153頁。
38) 最(二)判平成18年4月10日民集60巻4号1273頁。

益供与の禁止規定違反の責任（旧商法266条1項2号）があるとして，同社の株主Xが損害賠償を求めて提起した株主代表訴訟である。Xは，いわゆる仕手筋として知られており暴力団との関係も取り沙汰されているAがP社の大株主となり取締役として就任したことから，同社の社会的信用が損なわれることを恐れた取締役Y1らが，Aの恐喝による金員の交付，Aの経営する企業に対する多額の債務の肩代わり，所有物件や工場敷地等の担保提供，の各行為をしたことによって，P社に合計939億円の損害を与えたと主張している。

原審の東京高等裁判所は，金員の交付や債務の肩代わり，担保提供を行ったY1らの行為は，当時の判断として無理からぬところがあったので過失はなく，また利益供与禁止規定にも該当しないとしてXの請求を棄却した。

これに対して，最高裁判所第二小法廷は，株主の権利行使に関する利益供与禁止規定違反の責任（旧商法266条1項2号）については，本件事案においてY1らが，大量のP社株を暴力団の関連会社に売却したというAの言葉を信じ，暴力団関係者がP社の経営等に干渉する事態を回避する目的で，株式の買戻しをするためにおよそ正当化できない巨額の金員をう回融資の形式を取ってAに供与したことは，上記の禁止規定に違反すると判示した[39]。また，Aの恐喝による金員交付に関するY1ら取締役の善管注意義務・忠実義務違反の責任についてはつぎのように判示した。

「証券取引所に上場され，自由に取引されている株式について，暴力団関係者等会社にとって好ましくないと判断される者がこれを取得して株主となることを阻止することはできないのであるから，会社経営者としては，そのような株主から，株主の地位を濫用した不当な要求がされた場合には，法令に従った適切な対応をすべき義務を有するものというべきである。」

---

39) 最高裁は，会社から見て好ましくないと判断される株主が議決権等の株主の権利を行使することを回避する目的で，当該株主から株式を譲り受けるための対価を何人かに供与する行為は，上記規定にいう「株主ノ権利ノ行使ニ関シ」利益を供与する行為にあたるというべきであると判示している。

本件事案においては，Aの言動に対して，警察に届け出るなどの適切な対応をすることが期待できないような状況にあったということはできないから，Y1らの行為について，やむを得なかったものとして過失を否定することはできないとした。この点，従来の最高裁判例は「法令違反行為につき取締役の故意・過失を必要とする」としていたが，過失が否定されるのが法令違反の認識可能性がなかった場合に限定されるのか，あるいは認識可能性はあったが法令遵守の期待可能性がなかった場合にも無過失免責が認められるのかという点が明確ではなかった。結果として取締役らの過失を否定した高裁判決を覆す形ではあったが，本件において最高裁は，理論上，法令遵守の期待可能性がない場合に過失が否定される余地があることを認めたものと評価する見解がある[40]。さらに本判決により，ほとんどの場合において過失の判断と善管注意義務違反の判断とは実際上重なり合うことが示されたとみる見解もある[41]。

(c) 西松建設政治献金事件[42]

建設会社であるP社は，平成5年頃ゼネコン汚職事件に関連して副社長が逮捕されるなどの不祥事があったにもかかわらず，その後も複数の政治団体を設立するなどのスキームを用いて政治献金やパーティ券の購入を行っていたが，これらの行為は平成6年改正後の政治資金規正法に違反するものであり，同社の取締役らは故意に上記スキームに関与し，過失により上記スキームによる会社資産の流出を阻止せずまたは法令遵守体制を構築しなかったから善管注意義務に違反すると主張して，同社の株主Xが株主代表訴訟を提起した。東京地方裁判所は以下のように述べて，原告の請求の一部を認めた。

「P社の行為は新規正法22条の6第1項又は22条の8第4項により準用された22条の6第1項に違反するところ，旧商法266条1項5号にいう『法令』には，

---

[40] 後藤元「最高裁判所民事判例研究」法学協会雑誌124巻9号（2007）165頁，179頁。松中学「判批」旬刊商事法務1885号（2009）49頁，53頁。なお，吉井敦子「原審判批」旬刊商事法務1752号（2005）44頁も，本件は期待可能性がなかったとして帰責性を否定すべき事案であるとする。
[41] 小柿徳武「判批」私法判例リマークス35（下）（2007）92頁，94頁。
[42] 東京地判平成26年9月25日資料版商事法務369号72頁。

会社を名宛人とし，会社がその業務を行うに際して遵守すべき全ての規定が含まれると解するのが相当であり，また，会社がこのような法令に違反する行為をした場合において，取締役が当該法令違反行為の全部又は一部に関与したときは，『法令又は定款に違反する行為を為したるとき』（旧商法266条1項5号）又は『その任務を怠ったとき』（会社法423条1項）に当たると解されるから，このような西松建設の行為に関与した取締役には善管注意義務違反があると解され，<u>当該取締役に，その行為が法令違反行為であることについての認識がなく，かつその行為が法令に違反するとの認識を欠いたことにつき過失がない場合等には，当該取締役に法令違反行為を帰責することはできないと解するのが相当である。</u>」（下線は筆者）

本件において東京地方裁判所は，取締役の免責抗弁は「法令違反行為についての認識」であるとした上で，具体的な事実に即して取締役ごとに違法な会費スキームについての認識の有無を検討し，一部の取締役について故意または過失による善管注意義務違反の責任を認めているのである。これは，本件が建設会社の政治資金規正法違反が問題となる典型的なケースであり，取締役の法令違反行為への関与があれば善管注意義務違反となるという判断にさほど困難がなかったことから，裁判所は野村證券損失補塡最高裁判決の立場に忠実に従ったものと評価できる。

(d) 判例の傾向

以上のように，野村證券損失補塡事件最高裁判決が出て以降の判例の多くは，法令違反行為は直ちに任務懈怠にあたり，違法性の認識もしくはその可能性があるかぎり取締役は責任を免れないという前提に立っているが，それだけで審理を終えることなく，違法性の認識可能性以外の事実を取締役側の免責事由として考慮する傾向が見られるのである。

(5) 会社法制定以後の学説

(a) 会社法の内容

2005年（平17），会社法が制定され，取締役らの会社に対する責任に関しては，同法423条1項において，「取締役，会計参与，監査役，執行役又は会計監査人は，その任務を怠ったときは，株式会社に対し，これによって生じた損害を賠

償する責任を負う」と定められた。本規定は，旧商法266条1項5号の取締役の法令・定款違反行為の責任規定，および，旧商法277条，商法特例法9条・21条の17第1項の監査役，会計監査人，委員会設置会社の取締役・執行役の任務懈怠責任規定を引き継いだものである。旧商法266条1項に列挙されていた取締役の責任は，1号（違法中間配当）および5号（法令・定款違反）を除き，無過失責任と解するのが多数説であったが，会社法においては過失責任を原則とすることになった[43]。

このように，会社法では任務懈怠に基づく損害賠償責任を負うことになったが，このような文言の変更が取締役らの責任の内容および旧法における「法令」の解釈に変更を生じさせることになるか否かについては議論がある。

(b) 一元説・二元説

立法担当者は法令定款違反の責任が任務懈怠の責任と表現を変えたことにより，取締役の責任に実質的な違いをもたらすものではないと説明していた。この見解によれば，会社法の「任務懈怠」要件の下でも，野村證券損失補塡事件最高裁判決がとる「非限定説」の立場が依然として妥当すると考えられることになる。

しかし，条文から「法令」という要件が消えたことによる影響は無視できず，法解釈において変化が生じる可能性が民法学者の潮見佳男教授から指摘された。潮見教授の見解は次の通りである[44]。伝統的な民法学説によれば，不完全履行による損害賠償責任に関して，債権者は債務の内容とともに不完全履行の事実につき主張・証明責任を負い，債務者はこれに対する抗弁として，違法性阻却事由や帰責事由の不存在（＝無過失）について主張・証明責任を負うとされてきた。しかし，最近の契約責任学説は，結果債務と手段債務の二分論を前提として，債権者は「債務の内容・本旨不履行」の事実を主張・証明すれば，債務者が抗弁として出しうる免責事由としては「不可抗力」しかないとされるよ

---

43) 例外としては，会社法428条1項（自己のために直接取引をした取締役・執行役の責任），120条4項（利益供与をした取締役・執行役の責任）がある。
44) 潮見佳男「民法からみた取締役の義務と責任——取締役の対会社責任の構造——」商事法務1740号（2005）32頁。

うになった。そうすると，取締役の義務は手段債務に分類されるから，「個々の具体的状況下で取締役としてどのような注意を尽くして行動すべきであったか」ということが取締役の「債務の内容」であり，したがって「本旨不履行があった」ということは直ちに「過失を犯した」ということを意味するのである[45]。この点に関する商法学説を見ると，その多くは「善管注意義務違反（任務懈怠）」の主張に対する取締役の「無過失の抗弁」を認めているが，これは債務不履行責任において過失の主張・証明責任を転換しているのが伝統的な民法学説であると理解した上で，この考え方を形式的に取締役の任務懈怠責任に適用した結果ではないかと述べている。最近の民法学説によれば，善管注意義務違反と過失の内容とは重複することになるから，取締役の善管注意義務違反に対して「無過失の抗弁」を観念するのは適切ではないとされる。また，旧商法266条1項5号にいう「法令」の意味に関わる従来の限定説と非限定説の対立については，①具体的な法令違反の場合と，②それ以外の取締役の注意義務違反との場合とで，会社に対する取締役の責任の判断構造に違いがあるかという点に関する議論として捉え直すことができるという。そして，具体的な法令違反の場合とそれ以外の取締役の善管注意義務違反の場合とで両者を分けずに捉える考え方を「一元説」，取締役の責任の判断構造を分けて捉える考え方を「二元説」と呼ぶことを提唱したのである。

一元説によれば，会社との関係で取締役の損害賠償責任が根拠付けられるためには，当該取締役の行為が会社に対する善管注意義務に違反するものでなければならない。その結果，法令違反行為が問題となる場合に任務懈怠の内容と

---

[45] 平井宜雄『債権総論〔第2版〕』（弘文堂・1994）79頁は，医師の診療債務のような行為債務の場合には，判決例は，①債務者がいかなる内容の債務を負っているか，どの程度の行為（作為・不作為）をすれば要求された債務を履行したことになるか，あるいは債務の内容を実現するためにどのような結果を回避すべき義務を負っているか，を特定した上で，②現実になされた債務者の行為と①とを比較し，両者間に食い違いがあれば「責ニ帰スヘキ事由」がある，という形で，その存在を判断すると分析し，このような判断の構造は，(a)行為債務にあっては，「債務ノ本旨」に従った履行かどうかという判断と「責ニ帰スヘキ事由」の存否とが表裏一体の関係にあること，(b)債務者のなすべき行為債務は，それに反すれば原則として「責ニ帰スヘキ事由」に該当するから，「責ニ帰スヘキ事由」は主観的要件たる「故意過失」につきないものとなっていることを示している，とする。

なるのは,「会社が具体的な法令に違反したこと」ではなく,「会社に法令違反をさせないように注意して行動すべき取締役の義務に対する違反」ということになる。原告が善管注意義務違反の事実の主張・立証に成功したならば,もはや取締役側が不可抗力を主張・証明して責任を免れる余地はほとんどない。

これに対して二元説によれば,具体的法令違反が問題となる局面で会社に対する取締役の損害賠償責任が問われる場合には,「会社が具体的な法令に違反した」という事実さえ主張・証明されれば,任務懈怠の要件についての主張・証明は十分であることになる。その上で,取締役の側が提出できる抗弁としては,「法令違反であることについて認識可能性がなかった」ことが想定されているのである。ここで,法令違反行為について無過失責任でないとみれば,この抗弁は「無過失の抗弁」ということになる。

以上のように整理した上で,潮見教授は会社法423条1項にいう「任務懈怠」の要件に関しては,一元説が親和的であり理論的にも優れていると主張したのである。

(c) その後における学説の動き

潮見教授による上記の主張は大きな反響を呼んだ。

①会社法の規定

まず,立法担当者は,会社法の条文上,任務懈怠と帰責事由という用語が使い分けられていることから(会社法423条1項・3項・428条1項),旧商法から実質的な変更があったものではないとする。また,任務懈怠と過失とを同視する「一元説」の考え方に対しては,取締役の責任はたんに委任契約上の責任ではなく,それを超えた法律上生じる責任であるから,民法415条の責任を会社法423条1項の責任を同列に論じることはできないとする[46]。しかし,立法担当者は,債務不履行責任について,債務二分論に立ち手段債務について不完全履行と過失とを一元的に把握する見解を一元説と呼び,任務懈怠の要件と帰責事由の要件とを区別する会社法の立場を二元説と呼んでいるのであって,潮見教授が意味するところとは少し異なっており,議論がかみ合っていないことが

---

46) 相澤哲=石井裕介「株主総会以外の機関(下)」旬刊商事法務1745号(2005)13頁,23頁。

指摘されている[47]。

②主張・証明責任の所在

　つぎに，非限定説に立っていた吉原和志教授は，取締役の責任において，任務懈怠＝善管注意義務違反の要件を基礎付ける事実と，過失の要件を基礎付ける事実とが実質上重なり合うことが多いことを承認した上で，一元説と二元説の実際上の違いは，取締役の責任が否定されるべき事情が，一元説では善管注意義務の有無の考慮の中で考慮されるのに対し，二元説では帰責事由の有無の中で考慮され，また，一元説では取締役の責任を追及する側に責任を肯定すべき事情の証明責任が課されるのに対し，二元説では責任を追及される側が責任を否定すべき事情の証明責任を負うという証明責任の分配の仕方に帰着するのではないか，と述べている。そうすると，経営判断の適法性を確保するための体制をどのように構築するか，当該行為の適法性を確保するために具体的にどのような措置を講じたか，という事情は会社内部の事情であり取締役の支配下にあるから，その主張・証明責任を取締役の側に負わせることが合理的とするのである[48]。同様に，田中亘教授は，一元説・二元説の対立は主張・証明責任の所在に関する対立に還元できるとし，取締役にどこまで厳格な法令遵守義務を負わせるべきかという実体法的な判断はいずれの説をとるかとは関係ないという。そして，会社の法令遵守を求める社会的要請は強まりこそすれ，なんら弱まっていないことに鑑みれば，会社法の下での法令違反に基づく取締役の責任は二元説に立って解釈すべきだと主張する[49]。

　このように二元説に立つ見解は[50]，会社に法令遵守義務があることを前提として，法令違反行為を行った場合は取締役の側で過失がないことを主張・証明すべき責任があることを強調するのである。しかし，これに対しては，主張・証明責任の所在は決め手にはならないという指摘がある[51]。たしかに，実際の裁判において証明責任の所在により勝敗が決まることはほとんどなく，当

---

47) 吉原和志「会社法の下での取締役の対会社責任」江頭憲治郎先生還暦記念『企業法の理論（上）』（商事法務・2007）528頁。
48) 吉原・前掲注47）533頁。
49) 田中亘「利益相反取引と取締役の責任（下）」旬刊商事法務1764号（2006）8頁。執筆当時は准教授。

事者の訴訟活動に応じた裁判所の訴訟指揮により柔軟に対応されている。したがって、取締役の責任において任務懈怠＝善管注意義務違反の要件を基礎付ける事実と過失の要件を基礎付ける事実とが実質上重なり合うことが多いことを承認しつつ、一元説と二元説の違いを証明責任の所在において見出す立場をとる限り、実際上、両説が導く結論はほとんど変わらないことになるだろう。

③過失と善管注意義務違反の判断内容が異なるとする考え方

これに対して、一元説と二元説の実質的対立は、主張・証明責任の所在にあるのではなく、善管注意義務違反の判断基準ないし任務懈怠の下における過失概念の理解にあるとする見解がある[52]。すなわち、法令違反行為それ自体を任務懈怠行為として、後は法令違反であることの認識可能性の問題とすべきか、善管注意義務違反の問題として総合的判断の可能性を認めるかどうかが問題であるというのである。たしかに、具体的な法令違反の場合とそれ以外の取締役の善管注意義務違反との場合とで会社に対する取締役の責任の判断構造に違いがあると考えるのが二元説だとすれば、その名にふさわしい問題の立て方であると思われる。

判例においては、野村證券損失補塡事件最高裁判決にみられるように、具体的な法令違反行為における過失の有無が「違法の認識を欠いたことについて過失の有無（予見可能性だけを問う）」という形で判断されていることから、過失の有無の判断と善管注意義務違反の有無の判断とが重なり合わない部分がある[53]。

学説においては、法令違反行為それ自体を債務不履行としつつ、帰責事由について違法性の認識可能性に限定することなく柔軟に解するという立場がある[54]。また、功利主義的立場に立ちつつ、会社法制定後も具体的法令違反行為は直ちに任務懈怠に該当するとし、免責事由としては株主レベルでの利害得

---

50) ただし潮見教授の立場からは、任務懈怠＝善管注意義務違反の要件を基礎付ける事実と過失の要件を基礎付ける事実とが実質上重なり合うことが多いことを承認するこれらの学説は一元説ということになろう。潮見・前掲注44) 42頁注（26）参照。
51) 森本滋「法令違反行為と利益相反取引に係わる取締役の責任」金融法務事情1849号（2008）27頁。
52) 岩原紳作編『会社コンメンタール(9)―機関・3』（商事法務・2014）251-253頁〔森本滋〕。
53) 吉原・前掲注47) 533頁。判例の立場は、非限定説・二元説である。

失計算に止まらず社会全体の利害得失計算もしくは適法性に争いがあるような場合も含まれると主張する見解もみられる[55]。

(6) 検　討

(a) 限定説から一元説へ

　筆者は，旧商法266条1項5号にいう「法令」に関して限定説に立ち，実質的な会社法規定のほか，善管注意義務・忠実義務などの一般規定が含まれるにすぎないものと考え，その他の法令違反は，刑法など公序にかかわる規定も含めて，すべて会社との関係における善管注意義務違反の判断において考慮されるべきであると考えていた[56]。すなわち，実質的会社法規定以外の一般法令違反は取締役の注意義務違反を構成する要因のひとつにすぎず，結果として法令に違反していても，行為様態によりその他の点で注意義務が尽くされていれば会社に対する関係では違法性なしという可能性も残されることになる。

　その後，新たに制定された会社法には違反行為を直ちに任務懈怠とすべき場合について特別な責任規定が設けられ[57]，また，潮見教授による一元説・二元説の整理がなされた現時点においては，具体的法令違反行為については取締役に善管注意義務違反があったといえる場合にのみ任務懈怠にあたるとする一元説の立場が支持されるべきと考える[58]。

　野村證券損失補塡最高裁判決が説くように，法令違反行為の事実があれば直ちに任務懈怠になると考え，取締役の無過失の抗弁事由として違法の認識可能性のみを検討する立場は，やはり事案解決の具体的妥当性において不十分な結果をもたらすだろう。実際その後の判例をみると，この点に苦慮してさまざまな工夫をしているように思われる。しかし，丸協青果株主代表訴訟事件判決の

---

54) 三浦治「利益相反取引に基づく取締役の対会社責任」岡山大学法学会雑誌59巻1号（2009）88-89頁。
55) 得津晶「取締役法令遵守義務違反責任の帰責構造——最高裁判決，会社法，そして債権法改正——」北大法学論集61巻6号（2011）1971頁。
56) 伊勢田道仁「法令違反行為と取締役の善管注意義務」金沢法学39巻1号（1996）291頁。
57) 利益供与に関する会社法120条4項，違法な剰余金の配当等に関する会社法462条など。
58) 吉原・前掲注47) 535頁は，かつての「限定説」の立場はおのずと「一元説」に行きつくと指摘する。

ように，法令違反行為の任務懈怠の有無を判断した上で，さらに取締役の免責事由として過失の有無を検討することは，理論的矛盾とまでは言えないとしても，一つの行為を二度審査する不経済が生じるという批判を免れない。

また，取締役の無過失の抗弁事由を違法の認識可能性以外にも広げて解するという学説の見解に対しては，どのような事情を，どのような根拠に基づき，どの程度まで考慮することができるのかが問われることになる。主張・証明責任の問題を別とすれば，二元説は法令違反行為について厳格な審査を行い無過失の抗弁を違法性の認識可能性だけに制限することに本来の意味がある。免責事由の有無の判断中でさまざまな事情を広範囲に考慮できるとするのならば，その立場は一元説に限りなく近づくことになるだろう。

(b) **遵法経営義務の肯定**

一般の法令違反を善管注意義務の判断要素にすぎないと解釈する限定説の立場に対しては，取締役の違法義務と会社の利益増大義務が衝突したときに，法令を遵守する場合と遵守しない場合に予想される利害得失を考慮して，遵守するか否かを決定することを取締役に許容する結果になるのではないか，という批判があった[59]。この点については，「会社に違法な行為をさせないよう注意を尽くす義務がある」という意味において，取締役の遵法経営義務の存在を肯定したいと考える。

ただし，株式会社に一般的法令遵守義務という概念を認める二元説の立場によらずとも，法令違反行為があった場合には，会社法355条の取締役に対する「法令遵守義務」を根拠として事実上の証明責任が転換されると考えることによって，一元説の立場からも取締役の法令違反行為を一般的に抑止する解釈が可能である。とりわけ，会社の業務執行が具体的法令に違反していることが誰の目にも明らかであり，取締役に故意が認められるような場合には，直ちに善管注意義務違反が認められる。すなわち，刑法であれ行政法規であれ，その違法行為が発覚したときには会社に重大な損害や不利益を与える可能性の高いことを取締役が実際に認識していた場合には，会社に対する任務懈怠にあたると構成できる。なぜなら，故意による法令違反行為はその反倫理性が強く，取締

---

59) 吉原・前掲注13) 30頁。

役の合理的な選択の範囲外にあると考えられるからである。株主は、故意に法令違反をしてまで会社の利益を上げることを取締役に対して期待していないと説明することもできよう。

(c) 経営判断原則の適用可能性

一方で、取締役に法令違反の認識がなかった場合には、善管注意義務違反（過失）の問題として予見可能性の有無と結果回避義務違反の有無が判断されることになる。

まず、予見可能性については、法が完全に死文化している場合や監督当局が明確に違法性の問題なしと判断していたようなときには、違法性の認識可能性（予見可能性）がないと判断されるだろう。そのような場合には、結果的に法令違反があっても取締役の責任は生じない。

また、違法性の認識可能性があるといえる場合にも、なお結果回避義務違反がなければ、取締役の責任は生じない。このとき取締役の結果回避義務違反の有無を判定するにあたり、経営判断原則の適用が問題となる。わが国においては、経営判断原則について統一的な理解があるわけでもなく、経営判断原則の存在に肯定的な論者によっても、法令違反の場合には経営判断原則は適用されないとされている[60]。たしかに取締役の行為が会社法の具体的法規違反となるような場合には、取締役のとるべき行動規範は明確であり、裁判所がその違法性を判断するのに困難はなく、取締役の判断が尊重される必要はない。しかし、現行法令にはさまざまな種類のものがあり、その解釈が一義的に定まっていないものも少なくはない。法令違反が問題となる場合であっても、結果回避義務違反の認定にあたって経営判断原則ないしその判断枠組みを適用する余地は残されているのではないかと思われる。すなわち、その判断の時点では違法性が十分に明らかではなく（したがって取締役に故意はなく、その合理的裁量の範囲を超えているともいえない）、判断に至る過程において複数の専門家に意見を聞くなど十分な情報収集と検討がなされていたのであれば、結果的に法令に

---

[60] たとえば、近藤・前掲注5）126頁は、裁判官たるものが、たとえ経営者の判断だとはいえ、法令に違反する判断について取締役の裁量だとか判断の尊重だとかいうことは不当だとする。

違反する決定や行動がなされその結果会社に損害が生じたとしても，結果回避義務違反なしと評価することもできるのではないだろうか。前出の野村證券事件控訴審判決において，損失補塡行為は取締役の裁量権の範囲を超えるものではなかったと判示されているのは，このような考え方のあらわれと見ることもできよう。したがって，法令違反行為が問題となるケースにおいても，つぎに述べる通り一定の法令遵守体制が社内に構築されていることを前提として，取締役の結果回避義務違反の有無を判断する際の分析方法として，経営判断原則もしくはその考え方を用いることは可能だと思われる。

(7) 法令違反行為と内部統制システムの関係

法令違反行為は代表取締役の業務執行において問題となることが多い。前述の通り，代表取締役は会社をして法令違反を犯すことのないように業務執行をする善管注意義務（適法経営義務）を負っていると考えられる。したがって，代表取締役に業務執行が法令に違反する（している）かもしれないという認識もしくは予見可能性がある場合には，結果回避義務として，直ちに違法行為を中止するだけではなく，それに加えて，社内に法令遵守を目的とした内部統制システムを構築しておかなければならない。近時の判例の中には，この点に言及するものがみられる。

(a) ジャージー高木乳業事件[61]

本件は，牛乳等の製造販売業を営むＰ社が同社製造の牛乳を飲用した多数の児童を被害者とする食中毒事件後に解散したことに関して，同社の従業員であったＸらが，上記食中毒事件は，同社代表取締役であったＹがクレームを受けて回収した牛乳を牛乳の原料とする違法な再利用を決定して指示するなど，代表取締役としての職務を行うにつき悪意又は重大な過失による任務懈怠があったために発生したものであり，その結果，同社が廃業を余儀なくされ，Ｘら従業員は解雇されて損害を被ったと主張して，旧商法266条の3第1項に基づき，Ｙに対し損害金の支払を求めた訴訟である。一審の金沢地方裁判所がＸらの請求の一部のみ認容したところ，これを不服とする双方からの控訴に対し，名古屋高等裁判所金沢支部はつぎのように判示して，Ｘらの請求をほぼ認める

---

[61] 名古屋高金沢支判平成17年5月18日判時1898号130頁。

に至った。

「会社の代表取締役は，会社の業務を執行する職責を担う者であるから，会社がその業務に関して遵守すべき法令がある場合には，これに違反する結果を招来させることのないようにして業務の執行に当たるべき注意義務を負うのであり，代表取締役が同注意義務に違反して，上記法令に違反する結果を招来させたときには，過失によりその任務を懈怠したものというべきである。Yは，雪印乳業事件及び金沢市保健所の本件指導により，それまでの本件会社における牛乳等製品の再利用には食品衛生法に違反する再利用があることを知ったのであるから，本件会社の代表取締役として，<u>直ちに同法に違反する再利用を廃止する措置を講ずるのはもとより，すみやかに今後同様の違法な再利用が行われることのないようにするための適切な措置（牛乳等製品の再利用に関する取扱基準の策定，従業員に対する牛乳の再利用に関する教育・指導等の徹底等）を講じて，法令を遵守した業務がなされるような社内体制を構築すべき職責があったものというべきである。</u>そして，上記職責を有するYとしては，上記措置を自ら講ずることなく，会社内の職掌分担に従ってこれを部下に任せるとしても，部下が取った措置の内容及びその結果を適宜報告させ，法令違反状態が解消されたこと等を確認し，仮になお法令に適合しない再利用がなされている状態が残存する場合には，自ら速やかに是正を指示するなどの指揮監督権限を行使して，違法な牛乳から牛乳への再利用をしない社内体制を築くべき義務があったものというべきである。」（下線は筆者）

本件では，野村證券損失補塡事件最高裁判決を踏襲して，代表取締役の法令違反行為が直ちに任務懈怠にあたるとされており，また，Yが食品衛生法違反の認識をもっていたことについて疑問はなかったことから，無過失の抗弁は認められなかった。Yは，その取扱いを部下に任せ切りとして，再利用の有無に関する実情を聴取することもしなかったため，P社でなお再利用という法令に違反する状態が続いていることを全く知らなかったのであるから，結果的にYには責任ありとされた。

(b) NOVA事件[62]

　特定商取引法に違反する解約清算方法を是正しなかった等の理由により，英会話学校の受講生から運営会社P社の役員らに対して会社法429条第1項に基づく損害賠償請求がなされた事件において，大阪高等裁判所は，代表取締役であるY1が適法経営義務を負っていたにもかかわらずそれを怠ったとして，悪意・重過失による任務懈怠を認めた。

　　「取締役は，その職務を執行するに当たり，法令を遵守すべき義務を負っており，会社を名宛人とし，会社がその業務を行うに際して遵守すべき規定について，会社が法令に違反することのないよう，当該規定を遵守することも取締役の義務に属すると解される。P社は，平成11年10月以降，特定継続的役務提供取引を行う事業者として，特定商取引法を遵守する義務を負うから，Y1は，P社の代表取締役として，P社が同法の各規定に違反することのないよう，法令遵守体制を構築し，必要な指示を行うべき義務を負っていたというべきである。…（中略）…

　　Y1は，P社の代表取締役として，業務全般を掌握しており，契約締結をめぐる顧客とのトラブルの実情や，東京都による調査及び改善指導，本件解約清算方式の有効性に関する下級審判決の動向等についても当然認識していたと認められる。したがって，Y1は，P社が外国語会話教室を開設して受講希望者と契約を締結するに当たり，特定商取引法を遵守するよう指示，指導を行うとともに，違法な行為が行われないよう社内の法令遵守体制を構築すべき注意義務を負っていたところ，上記事実経過からすると，Y1は，東京都の指導を受けても何らの改善策も講じないどころか，むしろマニュアルや通達，指導により違法行為を指示して全社的に行わせていたと認められ，また，本件最高裁判決（筆者注：最判平成19年4月3日）によって無効の判断が示されるまで本件解約清算方法を改めなかったのであり，したがって，Y1は，故意又は重過失により上記注意義務を怠ったものといわざるを得ない。」（下線は筆者）

---

[62] 大阪高判平成26年2月27日判時2243号82頁。

この事件では，代表取締役Ｙ１が自らを含めて業務担当者による違法行為が行われないよう社内の法令遵守体制を構築すべき注意義務を負っていたとされたことが重要である。Ｐ社の業務執行が適法に行われることを確保するために，代表取締役として内部統制システムの構築の義務を負っていたにもかかわらず，それを怠ったことが遵法経営義務に違反し，かつ，悪意または重過失よる任務懈怠にあたると判示されているのである。

(c)　以上の判例から得られる示唆

　以上のように，ジャージー高木乳業事件では，再利用の違法性を認識していた代表取締役Ｙ自身が牛乳の再利用をやめるべきことは当然として，Ｙには法令を遵守した業務が確保できるような社内体制を構築すべき職責があったとされている。また，ＮＯＶＡ事件において，業務の違法性について認識があった代表取締役Ｙ１は，会社が外国語会話教室を開設して受講希望者と契約を締結するにあたり，特定商取引法を遵守するよう指示，指導を行うとともに，違法な行為が行われないよう社内の法令遵守体制を構築すべき注意義務を負っていたとされた。

　したがって，代表取締役の法令違反行為が問題となるケースにおいては，自らの違法行為を中止することに加えて，会社の業務執行における法令遵守のための適切な内部統制システムを社内に構築・運営していたかどうかが，結果回避義務違反の有無を判断するにあたり重要な要素になることが明らかである。これに対し，代表取締役が，その業務執行にあたり，あらかじめ弁護士の意見を聴取するなどして慎重な手順を踏み，かつ，社内に法令遵守のため一定の内部統制システムを構築していたときは，結果的に法令違反に該当しても任務懈怠とならないと考えられる。

3．日本法のまとめ

　かつては旧商法266条１項５号にいう「法令」の意味について，限定説と非限定説の対立があったが，わが国の最高裁判所は野村證券損失補塡事件判決において非限定説の立場を採用し，代表取締役らの行為が法令違反にあたるとされる場合には直ちに任務懈怠に該当し，取締役の免責事由としては違法性の認識可能性がなかったことを主張する必要があるとした。しかし，免責事由とし

て違法性の認識可能性以外の事情をどこまで考慮できるのか否かについては明確ではなく，その後の下級審裁判例は動揺している。

その後，会社法が制定され会社に対する取締役ら役員の責任原因が「任務懈怠」に変更されたことにより，従来の「法令」の解釈をめぐる対立は意味を失ったが，なお，学説においては任務懈怠の判断の場合と免責事由の判断の場合とで内容が異なるのか否かについて議論が続いている。一元説は，両者の判断内容は事実上同一であると主張するが，二元説はなお具体的法令違反の場合に考慮される免責事由は制限的なものであり，具体的法令違反の場合には主張・証明責任が転換されるにすぎないと主張している。

第3節 アメリカ法

1. 総 説

アメリカ法においては，取締役，役員または従業員の法令違反行為が会社に対する信任義務違反に該当するが，会社自体は非難に値しない場合に，会社はその違法行為の結果被った損害をその個人に求償する権利を与えられる。この理由について，取締役の信任義務とりわけ注意義務は，会社財産の受託者である取締役に対して，会社経営において違法行為に彼ら自身が関与しないこと，または会社を関与させないようにすることを要求しているからであるとする判例もみられる[63]。しかし実際には，役員または従業員などの個人に対する会社の求償権は，それらの個人による法令違反行為の結果として会社が金銭支出を負担したときに当然に認められるわけではない。会社側はその役員または従業員などの個人が会社に対する信認義務に違反したことを証明することが必要である。コモンロー上は，この要件は当該個人の故意または過失行為の証明を意味する。

アメリカにおいて，取締役による違法行為とネグリジェンス責任の関係に言及している判例はさほど多くない。そのほとんどは反トラスト法違反に関わるものである。

---

63) たとえば，Wilshire Oil Co. v. Riffe, 409 F. 2 d 1277 (10th Cir. 1969)。

2. 法令違反行為とネグリジェンス責任

(1) 判 例

(a) サイモン対ソコニー・バキューム・オイル事件[64]

本件は、別の反トラスト法違反の訴訟事件の結果生じた罰金 (fines) およびその他費用 (その費用の中には取締役に対して科せられた罰金を会社が立て替えたものを含む) の損害賠償を求めて、同社の取締役に対して提起された株主代表訴訟である。被告会社は、他の石油企業と共同参加した買付プログラムに従い、中東地域の小さな精製会社 (refiners) から「危機 (distress)」石油の購入を行ったが、別訴において、この取引はシャーマン法に違反し、石油の価格を固定し釣り上げることによって通商取引を制限することを企図した不当な企業結合かつ共謀 (conspiracy) であるとして、有罪の判決を受けた[65]。被告取締役が会社に対する信認義務に違反したという原告の主張に対して、ニューヨーク州最高裁判所はつぎのように述べてその請求を棄却した。

> 「本件においては、被告会社が違法な買付プログラムに参加したことは争われていない。また、会社のために被告取締役がそのプログラムに関与したことも問題とされてはいない。しかし、被告は、それらの行為をするうえで取締役として会社に対するいかなる義務にも違反しておらず、彼らは会社の最善の利益になると誠実かつ合理的に信じて行為したと主張する。証拠に鑑みれば、この主張は首肯できる。被告らが詐欺的に、過失により、不正に、あるいは悪意をもって行動したという証明はされていない。また、被告が当該買付プログラムがシャーマン法に違反するということを知っていた、あるいは違反すると信じるべき理由を有していたことを示す証拠はない。さらに彼らが会社の犠牲において個人的な利益を得たという証拠も存在しない。したがって、被告取締役は

---

64) Simon v. Socony-Vacuum Oil Co., 38 N. Y. S. 2 d 270 (Sup.Ct. 1942), aff'd mem., 47 N. Y. S. 2 d 589 (1st Dept. 1944).

65) United States v. Socony-Vacuum Oil Co., 310 U.S. 150. 取引制限の共謀とは、取引拒絶、再販売価格維持など競争を制限し制圧する企業間取決めを内容とするものであり、シャーマン法1条および連邦取引委員会法 (FTCA) 5条により当然違法 (per se illegal) とされている。

彼らの行為が公正かつ誠実なものであるという推定または尊重を受ける資格を有している。」66)

「原告の主張によれば，被告取締役が制定法により禁止されている行為に関与した場合には責任を負うべきだという。すなわち，取締役が会社のために違法な買付プログラムに参加したときは，たとえ誠実かつ相当の注意義務を尽くして行動していたとしても，会社に対するその義務に違反するというのである。原告の主張する法理はいささか漠然としている。取締役が制定法により禁止されている行為をしたことにより個人的に責任を負うか否かは当該禁止法の性質（その制定法が単純かつ明確であるかどうか，それが会社の権能または取締役自身の権限もしくは義務に対する限界や制限を含んでいるかどうか）に左右される。しかも，その法理はその行為が権能外の行為（ultra vires）であるか，制定法によって禁止されているかということと同じである。」67)

「取締役の行為がその権限または会社の権能を超えたとき，あるいは制定法もしくは定款の規定に違反しているときは，取締役の行為がその権限内である場合には妥当した合理的な注意の基準は，責任を考える上でその役割を失う。ただし，取締役が問題とされる行為を会社の権能外もしくは明白な禁止行為もしくは彼の権限を超えるものであると認識すべきであったかどうかという点についてはかかる注意基準を問題となしうる。もし取締役が故意にその権限もしくは会社の権能を逸脱したときは，彼は合理的な注意の履行を問題とすることなく責任を負わなければならない。」68)

「本件における被告取締役らは，『故意に』彼らの権限もしくは会社の権能を超える行為をしたのではなく，当該買付プログラムがシャーマン法に違反するという認識あるいはそのように信じる理由もみあたらない以上，取締役らに個人的な損害賠償責任を問うことはできない。」69)

---

66) Simon, 38 N. Y. S. 2d at 272-3.
67) Id. at 273-4.
68) Id. at 274.
69) Id.

(b) クレイトン対ファリッシュ事件[70]

　スタンダード・オイル社の株主が，同社の取締役およびその共犯者であるドイツ法人に対して同社およびその子会社のために提起した株主代表訴訟である。スタンダード社は連邦反トラスト法に違反する共謀およびカルテル協定を行い，政府による訴追事件の結果，その保有する特許の一部の無償提供と罰金に応じる内容の同意審決を受け入れた。原告は，ドイツ法人共犯者に対する違法な支払および会社が失った利益に加えて，同意審決の結果失った特許権の対価および罰金の額を総計した3万5千ドルを会社の損害として取締役等に賠償を求めた。管轄の欠如を理由とする被告の却下申立を退けたのち，NY州最高裁はつぎのように述べて原告の請求を棄却した。

　　「当裁判所としては，連邦反トラスト法に違反したという理由のみで被告等に損害賠償責任を負わせることはできない。この場合，彼らが責任を負うためにはスタンダード社に対する信任義務に違反する行為があったことが必要である。…（中略）…しかしながら，かかる事実を基礎に責任が確定した場合には，損害賠償額の算定は会社が被った損失全体により，それはすべての損害と違法行為によりスタンダード社によって支払われた制裁金を含むのである。」[71]

　　「被告等がドイツ会社との競争を回避した理由が，競争回避による利益をスタンダード社の利益よりも尊重したいと欲したことであれば，それは被告等が会社に対して責任を負わなければならない違法行為である。その違法行為が，スタンダード社をしてその特許権を失わしめ，または損害賠償もしくは罰金の支払いを要求されるような結果をもたらす連邦反トラスト法違反という追加的な悪徳を有するとき，それらの会社の損失は被告の行為による直接の結果であり裁判所により回復が命じられる。もちろん，事実審理において原告は独禁法審決におけるこの制裁が取締役の義務に関するわが国の法律に違反するような被告の行為により課せられたものであり，単に連邦反トラスト法に違反する行為により課せられたものではないことを証明することを要する。」[72]

---

70) Clayton v. Farish, 73 N. Y. S. 2d 727 (1947).
71) Id. at 744-45.

このように，アメリカの判例法においては，取締役によるたんなる反トラスト法違反は直ちに会社に損害賠償の根拠を与えるものとはならず，その違反行為が同時に会社に対する信認義務違反を構成する場合に，会社は損害賠償を認められるとされているのである。その場合，取締役が故意に法令違反を行った場合であれば，会社に対する信任義務に違反することになる，という判示内容が注目される。

(2) 学 説

アメリカにおいて，取締役による法令違反行為と会社に対する信任義務との関係に関しては，以下のような議論がなされている[73]。

第一に，コモンロー上，ネグリジェンス責任に関する法理においては，制定法上，刑罰をともなう法規が存在するとき，その行為規範は注意義務の一般基準を補完し具体的な内容を与えるものとなるという考え方がある。しかしながら，この主張は近年あまり好まれない法理を用いているだけではなく，制定法が防止を意図した被害者のクラス内で法益侵害が生じなければならないという前提条件を考慮していない点において弱点を有していると批判されている。

第二に，権能外の理論（ultra vires）と関連して，取締役が会社を違法行為に導いたとき，彼らの行為は制定法や定款により与えられた権能の範囲を超えているので，最終的な責任は会社ではなく取締役個人が負うべきだという考え方がある。このアプローチはいくつかの判例により採用されているが，それらはごく特殊な事例における場合であり，一般的な法令違反のコンテクストとは程遠いものとされる。

第三に，会社運営に関して，詳細かつ明確な制定法の強行規定が存在するとき，取締役がそれに違反した結果会社に損害が生じた場合，その制定法から離れてその行動がネグリジェンスに該当するか否かに関する審理はなく，取締役が厳格な責任を問われることがある。たとえば，貸付や投資を制限されている金融機関において，それらの取締役が制定法により授権されていない方法で取

---

72) Id. at 745.
73) Blake, The Shareholders' Role in Antitrust Enforcement, 110 U. Pa. L. Rev. 143, 160 (1961).

引を実行した場合，自己取引の疑いがないことが明白であっても，ネグリジェンス責任を考慮することなく取締役は責任を問われている[74]。また処分可能な利益がないにもかかわらず配当を宣言した場合にも同様の扱いがなされている。このような責任が認められる理由としては，これらの規定が誤用のおそれがないほど明確かつ強行的なものであることが考えられる。

(3) 経営判断原則の不適用

ところで，アメリカ法のもとでは，取締役が忠実義務に違反せず，会社のためになると信じて行った経営判断については司法介入を否定するという，いわゆる経営判断原則（Business Judgement Rule）が存在する。

この経営判断原則と取締役による違法行為の関係について，しばしば引用されるのがミラー対AT&T事件判決[75]である。この事件では，AT&T社が1968年の民主党全国大会の期間中，民主党全国委員会に対して同社が提供した通信サービスの料金150万ドルの回収を怠った。同社の取締役および役員は，その信任義務に違反し，かつ同委員会に違法な貢献をしたことにより連邦選挙管理法に違反したとして，株主が代表訴訟を提起し，債権の取立および通信サービスの停止を請求した。これに対し，連邦地方裁判所は経営判断原則を適用して原告の請求を退けた。第三巡回区連邦控訴裁判所はこの原審判決をくつがえし，本件の事案においては，経営判断原則を適用することは不適当であるとして，つぎのように判示した。

> 「原告の請求が，単に会社の債権回収の怠慢を主張するときには，経営判断原則を適用することにより，株主は取締役の決定を攻撃できないとする原審の判決が支持されるべきであろう。しかしながら，本件においては会社の債権を回収しないという決定がそれ自体違法行為にあたるという主張がなされているのであって，この場合には異なる法理が適用される。」[76]

---

74) Broderick v. Marcus, 272 N.Y.S. 455 (1934).
75) Miller v. AT&T., 364 F. Supp. 648 (E.D. Pa. 1973), rev'd 507 F. 2 d 759 (3d Cir. 1974). 本件については，近藤光男『経営判断と取締役の責任』（中央経済社・1994）78頁に詳細な事案紹介がある。

このように，取締役に忠実義務違反がなく，会社の利益になると信じた行為であっても，法令違反行為が問題となっている場合には，取締役の裁量権を尊重する必要はなく，経営判断原則は適用されないというのが一般的な理解のようである。しかし，いかなる法令違反の場合にもまったく同法理が適用されないというわけではなく，独占禁止法のように裁判所に広範な裁量の余地が残されている法令については，適用の可能性が残されるとする見解も存在しないわけではない。それによると，会社の利益追求の目的と独占禁止政策はしばしば真正面から対立する。取締役が，独禁法違反で摘発される可能性，罰金の額，裁判で勝訴する可能性などを十分に考慮した上で（その意味で注意義務は尽くしたわけである）独禁法に違反する行為をしたとき，取締役は責任を問われないという考え方も成り立つ。利益考慮において重大な誤りを犯した場合であっても，それが注意義務違反ではなく，会社の最善の利益になると信じて行われたものであれば，取締役は責任を問われない，というのである[77]。

3．アメリカ法のまとめ

アメリカの判例法においては，故意によるものでない限り，取締役の法令違反行為が直ちにネグリジェンスに結びつくことはなく，その違法行為が同時に会社に対する信認義務違反を構成する場合に，損害賠償責任が認められるとされている。また，一般的に，法令違反行為に対する経営判断原則の適用は否定されているが，そもそも取締役の故意責任を原則とする以上，経営判断原則の適用を問題とする場面は少ないと思われる。

第4節　本章の結論

本章においては，監視の対象となる代表取締役や業務担当取締役による法令違反行為と任務懈怠責任の関係につき考察した。

かつてわが国では，旧商法266条1項5号にいう「法令」の意味について限

---

76) Id. at 762.
77) Blake, supra note 73, at 162-3.

定説と非限定説の対立があったが，最高裁判所は野村證券損失補塡事件判決において非限定説の立場をとり，代表取締役らが法令違反行為を行った場合には直ちに債務不履行に該当し，免責事由としては違法性の認識可能性がなかったことを主張する必要があるとした。しかし，免責事由として違法性の認識以外の事情を考慮できるのか否かについては明確ではなく，その後の下級審裁判例は動揺している。会社法が制定され，会社に対する取締役ら役員の責任原因が「任務懈怠」に変更されたことにより従来の「法令」の解釈をめぐる議論は意味を失ったが，なお，任務懈怠の判断の場合と免責事由の判断の場合とでその内容が異なるのか否かについての議論が続いている。一元説は両者の判断内容は事実上同一であると主張するが，二元説はなお具体的法令違反の場合に考慮される免責事由は制限的なものであり，その主張・証明責任が取締役側にあると主張している。

　アメリカ法は，故意によるものでない限り，取締役の法令違反行為が直ちにネグリジェンス責任に結びつくことはないとする点で，日本法よりも取締役の損害賠償責任が認められる場合が少ないと思われる。

　なお，法令違反行為は代表取締役の業務執行について問題となることが多いが，代表取締役は遵法経営義務を負っていると考えられることから，業務執行が法令に違反することにつき可能性がある場合には，結果回避義務の内容として，自らの行為が法令に違反しないよう注意するだけではなく，会社内部に法令遵守を目的とした内部統制システムを構築し，従業員らの行為が法令に違反しないよう監視しなければならない。代表取締役がその業務執行の決定にあたり，弁護士の意見をあらかじめ聴取するなどして慎重な手順を踏んでおり，かつ，社内に法令遵守を目的とする内部統制システムを構築・運営していた場合には，結果的に業務執行が法令に違反していたとしても，それは善管注意義務違反とはいえず任務懈怠にもあたらないと考えられる。

終　章

第1節　本書の主張の要約

　本書では，内部統制システムの構築・運営に関する取締役等役員の法的責任に関して，比較法的観点としてアメリカ法を参照しつつ，会社法および金融商品取引法における多数の論点を検討してきた。内部統制システムに関する取締役等役員の具体的な行動基準を統一的に明らかにすることを目的として，判例に現れた具体的事実を検討の対象とし，善管注意義務違反を過失と共通の「予見可能性」と「結果回避義務」という視点から整理し直すという分析方法を採用した。本書の主張は以下のようにまとめることができる。

1．内部統制システムの意義と目的（第1章）

　取締役会の構成員として各取締役が負う監視義務は取締役会上程事項に限られず会社の業務執行全般に及ぶことを前提に，取締役が直接監視を行うことができない中規模以上の株式会社については，監視義務履行の手段として適切な内部統制システムの構築・運営が要請される。このように，内部統制システムの構築・運営義務は取締役会の監督機能に由来するものである。2005年（平17）施行された会社法において，内部統制システムは，株式会社における業務の効率性の確保，コンプライアンス（法令遵守）体制，効果的な監査体制を確保するための手段として位置付けられている。

　日本では株主代表訴訟の利用が拡大するにつれて，大規模株式会社における取締役会のもつ監督機能が明確に認識されるようになった。コンプライアンスが強く求められる現代社会にあっては，国民生活に重大な影響をもつ株式会社の業務執行が法令に違反しないように注意を払うことが，経営者に要請されている。すなわち，取締役会の構成員である各取締役に対しては法令遵守体制を

確保するために適切な内部統制システムを構築・運営することが，その善管注意義務の内容として求められるのである。

さらに日本では，会社法429条1項の利用を通じて，株式会社に対して法令遵守体制の構築が求められる場面の拡大傾向が生じている。すなわち，内部統制システムの意義は，その構築・運用を通じて会社・株主の利益を守ることだけではなく，会社以外の第三者の利益を守ることも含むようになったのである。これは，取締役会の監督機能の内容が，株式会社の短期的利益の増大という目的に尽きるものではないことを示している。

なお，アメリカの判例法においては，事業リスク管理に関する内部統制システム構築義務が明確に否定されており，法令遵守体制だけが問題とされている。この点は，会社法において，事業リスク管理体制および法令遵守体制の両方を内部統制システムの目的として明確に規定している日本と異なるところである。

2．内部統制システムに関する義務を負う者（第2章）

株式会社の各機関はそれぞれに異なる権能と責務を有しており，それに応じて監督責任の範囲が異なる。内部統制システムに関する義務の内容もいろいろである。取締役会は，会社の業務執行について一般的な監督権能を有しており，内部統制システムの大綱を定める義務がある。代表取締役は，その大綱に従って，社内事情や維持コストなどを勘案しつつ，具体的な内部統制システムの設計を行う（内部統制部門の設置など）。業務執行取締役は，担当する各部門のリスク管理体制を整備する義務を負う。このように，内部統制に関する義務は階層化していることがわかる。監査役については，以上のような業務執行を監督するための内部統制システムが社内に構築され適切に運営されていることを独自の視点から監査するとともに，異状事態が発生したときには適切な内部統制の整備を取締役会に対して助言・勧告しなければならない。また，監査役は自らの監査を実効的に実施するための内部統制システムを構築・運営する善管注意義務を負っていると考えられる。会計監査人については，内部統制システムの構築・運営に対する直接の義務は負っていないが，会計監査を実施するにあたり，対象会社の内部統制システムの実効性を評価し，もしそれが信頼できないものであれば，独自の調査方法を用いて情報を収集し，監査を実行しなけれ

ばならないのである。以上の通り，株式会社の各機関の権限と責務の内容は異なっているが，民事責任の前提となる予見義務の内容として内部統制システムに対する一定の行動が要請されている点で共通している。

監査等委員会設置会社および指名委員会等設置会社においては，取締役会の設置する内部統制システムを利用して監査委員会および監査等委員会の活動が行われることが予定されている。したがって，これらの会社の取締役会は内部統制システムの大綱を決定するにとどまらず，各委員会が職務を効果的に実行できるような具体的な設計を行わなければならないと解される。委員会設置会社の社外取締役に関しては，事実上，監視の対象が取締役会上程事項に限定されることから，内部統制システムに対する関与が強く求められる。各取締役に対しては，解釈上，個別の業務調査権が認められるべきである。また，企業グループにおいては，警告事実が生じているときに親会社の代表取締役に子会社調査義務が発生するにとどまらず，平常時から，親会社の取締役会がグループ企業全体の法令遵守体制を確保するための内部統制システムの構築・運営を行うことが求められている。しかし，グループ企業における内部統制システムの具体的内容については今後の判例の展開をまたなければならない。

なお，この文脈において重要であるのは信頼の権利である。信頼の権利は善管注意義務の履行を認定するための一要素にすぎず，絶対的な抗弁になるものではない。信頼の権利が認められるためには，適切な内部統制システムが存在していることが前提となる。したがって，会社内部の権限分担が行われ，業務執行担当者の適切な選任と監督がなされ，さらに内部統制システムが構築・運営されている場合には，その実効性を疑うような特段の事情が存在しない限り，権限が委譲された者に対する信頼は保護され，結果的に不正行為を発見できなかったとしても，会社役員等は善管注意義務違反にはならない。

3．内部統制システムの法的水準（第3章）

ここでは内部統制システムの構築・運営に対する善管注意義務の内容を，警告事実の有無により，平常時と異状発生時に分けて考察を行った。これらの場合では必要とされる内部統制システムの具体的内容が異なっており，平常時においては事前防止体制と情報伝達体制の整備が要請され，異状発生時には調査

体制と損害拡大防止体制とが要請される。

　まず，警告事実が存在していない平常時において内部統制システムを構築・運営する義務があるかどうかである。判例には予見可能性を肯定した事例とこれを否定した事例が見られ，事業活動の性質上頻繁に起こりうる既知リスクが予見できる場合に予見可能性が肯定されている。しかし，予見可能性の司法判断には相当の幅がある。一方，予見可能性が肯定できる場合にも結果回避違反がないとして取締役らの責任が否定されている事例がある。これらの事例においては「経営判断」という表現が用いられており，学説には経営判断原則の適用を主張する見解もあるが，妥当ではなく，この場合の結果回避義務の内容は会社が社会の中で事業を行って行く上で備えるべき内部統制システムを構築するという取締役の行動準則として理解すべきと考えられる。平常時の内部統制システムに関する行動準則を決定するものは，結局のところ，条理および経験則であり，業界慣行や実務ガイドライン，判例などの積み重ねによって形成されていくものである。

　つぎに，異状発生時については，警告事実の内容に応じて具体的な対応行動が要請されている。取締役らに対しては迅速な調査や損害拡大の防止が要請されており，経営判断原則の適用は極めて限定的である。

　以上のような日本法の状況をアメリカ法と比較すると，平常時の内部統制に関して，デラウェア州ではストーン事件判決以来，誠実義務違反が基準とされており，取締役らの内部統制システム構築義務違反を理由とする民事責任の認定に関して消極的な立場をとっている。しかし，これは同国における株主代表訴訟の裁判手続きの特異性によるところが大きいとみられ，デラウェア州判例法のこのような立場に対する学説からの批判も少なくない。なお，異状発生時の内部統制の水準に関しては，日米間で大きな相違はみられなかった。

4．不実開示の防止と内部統制システム（第4章）

　開示書類の虚偽記載に関する民事責任について，会社役員らの免責抗弁としての「相当な注意」と「故意・過失」を共通の注意義務基準として捉え，予見可能性と結果回避義務の観点から分析した。このとき，わが国の金融商品取引法の規定の特徴としては，これらの抗弁について主張・証明責任が転換されて

いることであり，かかる観点からは，会社役員らの具体的な抗弁事実としては，①合理的な調査を行ったこと（結果回避行動をしたこと）に加えて，②不実開示についての予見可能性がなかった，のいずれかを主張すればよいことになる。この点においてアメリカ法におけるセーフ・ハーバーとは異なるものである。

　合理的調査義務は不実開示に関する警告事実を会社役員が認識していたときに認められるが，たとえ会社役員にその認識がないときであっても，認識すべきであったといえる場合であれば，予見義務違反であり，無過失の抗弁は否定される。金商法においては，平常時の内部統制システムを構築すべきことが法令によって要請されていることから，会社役員にとって不実開示の予見可能性がなかったことを主張・証明することはかなり困難であるといえる。開示書類の作成に直接関与していない社外取締役に対しては，内部役員と同様の注意水準を課すことは妥当ではないが，たんに情報を受け取るだけでは不十分であり，証券発行に関する会議等に出席して積極的に質問を行うことが求められる。発行会社に不正会計を予防し情報を伝達するための内部統制システムが存在していないときには，社外取締役に警告事実の認識がないときであっても，予見可能性が認められることになる。公認会計士・監査法人についても，専門家としての責任に応じて，内部統制システムが有効に機能していることを確認し，積極的にリスク・アプローチを採用し，職業的猜疑心を発揮しつつ監査業務にあたることが求められる。

　以上のような日本法の状況に対して，アメリカ法はかなり異なっている。流通市場の不実開示に対する民事責任は規則10ｂ－5を中心に展開しており，そこでは原告が欺罔の意図を証明することが求められている。また，発行市場における不実開示に適用される証券法11条は相当な注意をセーフ・ハーバーとして位置付けており，合理的な調査の履行が問題となる。

　アメリカ法とは異なり，日本では発行会社の過失責任が法定され，流通市場における会社役員らの責任についても相当な注意による免責抗弁が認められる。いまだ投資者のためのクラスアクション制度は整備されていないものの，この分野における法の発展はむしろ日本において期待される。

5．法令違反行為と取締役の責任（第5章）

　最後に，これまでの各章とは視点を変えて，監視の対象となる代表取締役や業務担当取締役による法令違反行為と任務懈怠責任の関係につき考察した。かつては旧商法266条1項5号にいう「法令」の意味について，限定説と非限定説の対立があったが，わが国の最高裁判所は野村證券損失補塡事件判決において非限定説の立場をとり，代表取締役らが法令違反行為を行った場合には直ちに債務不履行に該当し，免責事由としては違法性の認識がなかったことを主張する必要があるとした。しかし，免責事由として違法性の認識以外の事情を考慮できるのか否かについては明確ではなく，その後の下級審裁判例は動揺している。

　会社法が制定され会社に対する取締役ら役員の責任原因が「任務懈怠」に変更されたことにより従来の「法令」の解釈をめぐる学説の対立は意味を失ったが，なお，任務懈怠の判断の場合と免責事由の判断の場合とで内容が異なるのか否かについての議論が続いている。

　なお，法令違反行為は代表取締役の業務執行について問題となることが多いが，代表取締役は適法経営義務を負っていると考えられることから，業務執行が法令に違反する予見可能性がある場合には，結果回避義務の内容として，自らの行為が法令に違反しないよう注意するだけではなく，会社内部に法令遵守を目的とした内部統制システムを構築し，従業員らの行為が法令に違反しないよう監視しなければならない。代表取締役が，その業務執行の決定にあたり，弁護士の意見をあらかじめ聴取するなどして慎重な手順を踏んでおり，かつ，社内に法令遵守を目的とする内部統制システムを構築・運営していた場合には，結果的に法令違反があったとしても，善管注意義務違反とはいえず，任務懈怠にはあたらないと考えられる。

　アメリカ法における状況は，日本法とは異なっており，取締役が故意に法令違反行為を行わないかぎり信認義務違反には該当せず，会社に対する損害賠償責任が発生することはないとされている。違法性の認識可能性を免責要件とする日本法と比較すると，法令違反行為を理由として取締役が損害賠償責任を負うケースは少ないものと思われる。

第2節　残された課題

1．損害賠償の減額要素

　本書では会社役員等の内部統制システムに関する善管注意義務違反の有無の判断のあり方に重点を置いて考察を行ったために，損害賠償の減額が認められる要素については十分に検討できなかった。そのような要素としては，過失相殺，損益相殺，および割合的因果関係があげられる。実際の裁判においては，これらを理由として損害賠償額が減額されることも少なくない上に，学問的見地からしても重要な論点である。

　まず，過失相殺については，衡平の観点から認められるものであり，責任を問われた役員から内部統制システムの整備を怠っていたことが会社側の過失であるという主張がなされることがある[1]。しかし，本書における考察から明らかな通り，責任を問われた役員自身も内部統制システムの構築に関しては義務を負っているのであり，簡単に過失相殺を認めることには疑問がある。結局，事案の具体的事情によると考えられ，どのような事情があればどの程度の過失相殺が認められるのか，今後の判例動向を慎重に分析する必要がある。また，損益相殺については，一般の債務不履行責任の場合と同様に，取締役らの任務懈怠により会社に損害が生じたが，同時に利益も生じている場合に，その利益分を損害賠償額から差し引くことができるという主張である。しかし，取締役の違法行為が公序に反するものである場合には，一般的に損益相殺は認められないとされている。どのような場合であれば損益相殺が認められるのか，また，相殺対象となる利益にはどのようなものが含まれるのか，検討すべき課題が多い。さらに，割合的因果関係に関しては[2]，日本航空電子工業事件において，裁判所は罰金等と取締役の違法行為との法的因果関係を認めた上で，取締役らの責任の範囲を寄与度に応じて限定している。原則的には罰金等の損害性を肯定しつつも，特定の取締役に全面的な責任を負わせることに躊躇し，なんらか

---

1) たとえば，青森地判平成18年2月28日判時1963号110頁，名古屋高判平成26年2月13日金融・商事判例1444号30頁など。

の方法で取締役の責任範囲を限定しようとした裁判所の意図がうかがわれる。しかし，役員等の責任については連帯責任に関する規定が設けられており（会社法430条），このような処理には問題が多い。割合的因果関係という考え方を用いることの妥当性は疑問である[3]。

以上，本書で十分に検討できなかった論点については今後の検討課題とせざるを得ないが，最後に，会社役員の損害賠償責任にかかわる政策論について問題点を検討しておきたい。

2．罰金等の損害性

(1) 概　説

取締役自身が法令違反行為に関与した場合や，従業員による違法行為に対する監視義務を怠った結果，善管注意義務違反であることが確定した場合，取締役は，それらの違法行為により会社が被った損害を賠償しなければならない。このとき取締役が賠償すべき会社の損害の範囲は，民法の債務不履行の規定（民法416条）により決定されることになる。すなわち，取締役は債務不履行によって通常生じるべき損害の賠償をしなければならず，会社が支払った罰金，制裁金，課徴金，指名停止による損害，信用低下による売上げの減少，などの会社の損害のうち通常損害について賠償の責めに任じる[4]。

しかし，取締役または従業員による行為が刑罰法規に違反する結果，両罰規定により，会社が罰金や制裁金などの刑事罰を受けた場合については，取締役の損害賠償の範囲について別段の考慮が必要であるように思われる。なぜなら，これを取締役に負わせることに対しては，取締役自身が違法行為に関与しており，取締役がすでに刑事罰を受けている場合には二重処罰になるのではないか，

---

2) 本来は不法行為による損害の発生に関して用いられる考え方であり，債務不履行責任である取締役の責任に直ちに適用できるのか疑問の余地はある。また，割合的因果関係という考え方自体が多義的であって，理論的にも問題があることが指摘されている（平井宜雄『債権各論Ⅱ不法行為』（弘文堂・1992）85-86頁）。
3) しかし，笠原武朗「監視・監督義務違反に基づく取締役の会社に対する責任について（七・完）」法政研究72巻1号（2005）27-31頁は，旧商法266条1項を前提として，取締役の責任について「寄与度」による減責の可能性を認める。会社法の規定の下で同様に考えるべきかどうか，なお検討を要する問題である。

また，本来会社が受けるべき制裁を取締役個人に転化することになるのではないかとの疑問が生じるからである。監視義務違反の場合には，取締役自身が刑事罰を受けているのではないから，二重処罰の問題は生じないが，やはり会社が受けるべき刑事罰を取締役個人に転化しているのではないかとの疑問が残る。

(2) わが国の刑事政策

違法行為者に刑事責任を科するには，その者に責任能力がなければならないとするのが刑事法の原則である。わが国では伝統的に，法人には不法行為能力はあるが刑事責任能力はないとされてきたが，近年刑法学者の間では法人に限定的な犯罪能力を認める見解がむしろ多数になって来ているようである。

いずれにせよ，わが国における法人処罰は，ほとんどが両罰規定によるものである[5]。その規定方式は，おおむね「法人の代表者または法人若しくは人の代理人，使用人その他の従業員が，その法人または人の業務に関し，前○○条の違反行為をしたときは，行為者を罰するほか，その法人または人に対して各本条の罰金刑を科する」というものが大多数である。これらの両罰規定は行為者らの選任，監督その他違法行為を防止するために必要な注意を尽くさなかった過失の存在を推定したものと考えられ，法人等事業主は，行為者の監督・選任にあたり過失がなかったことを証明しないかぎり責任を負わなければならないとされている[6]。これらの両罰規定は，法人代表者の意思と行為とを媒介しつつ，代表者の違反行為については法人の「行為責任」を，非代表者である従業員の違反行為については法人の「監督責任」を規定したものと一般に解されている[7]。

---

4) 間組株主代表訴訟事件判決では，取締役が刑法に違反して支出した賄賂の損害性が肯定されている。「取締役がその任務に違反して会社の出えんにより贈与を行った場合には，それだけで会社に右出えん額の損害が生じたものとしてよいと解されるが，とくに贈賄の場合は公序良俗に反する行為であり，交付した賄賂は不法原因給付として返還を求めることができないものであるから，本件において賄賂として供与した1400万円が会社の損害となることは明らかである。」東京地判平成6年12月22日判時1518号3頁。
5) 両罰規定に関する刑法学者の説明をみると，犯罪能力否定説からは法人の受刑能力のみを認めたものであるとされ，また肯定説からは，行政取締を目的とした刑罰法規に限って法人の犯罪能力が認められるとされている。たとえば，大谷實『刑法講義総論〔新版第4版〕』（成文堂・2012）107-108頁。
6) 過失推定説。最(二)判昭和40年3月26日刑集19巻2号83頁参照。

近年では，上のような法人代表者のみに着眼した考え方は多くの事業組織体の実態から見て非現実的であるとの批判から，わが国においても，アメリカにおける法人処罰の影響を受け，いわゆる企業組織体責任論が提唱され，有力になりつつある。しかしこれに対しては，過失推定説に立つ従来の伝統的な論者から，法人意思の執行者たる違反行為防止義務の担い手を法人代表者のみならず，従業員である高級職員（おそらく部長・支店長レベル）まで拡張し，あるいは事業主に要求される選任監督義務の内容を，個別・具体的な違法行為の防止から，従業員の違反行為を防止・監督するための制度上ないし組織上の措置を講じ，この措置が有効に機能すべく注視・監督する義務に合理化するなどの解釈も行われているようである[8]。

　ところで，従来の両罰規定においては，法人等に対する罰金刑の多寡が自然人である従業員等行為者の罰金刑の多寡と連動する形態となっていたために，法人に対しては自然人である従業員等の違反行為に対する法定刑の最高罰金額を超える罰金を科すことができなかった。このため，従来の両罰規定は法人に対し，十分な抑止力となることが期待できる刑罰としての罰金刑を科すことができなかったのである。そこで，わが国では法人等に対する罰金刑の多寡と従業員等に科する罰金刑の多寡を切り離すこととし，1992年（平4）の旧証券取引法および独占禁止法の改正により両罰規定の罰金の額を引き上げた。

　このように，わが国の刑事政策では，上述のような罰金額のリンクの切離しも含めて，近年，企業組織体責任論ないしはそれに類似した方向の論調もみられるものの，現行法下における法人処罰については依然として代表者個人の行為の媒介が前提であり，違法行為を法人組織体の行為そのものと評価するまでには至っていないのである。

(3)　**罰金刑と取締役の損害賠償責任**

　以上のことを前提にしたとき，株式会社が罰金刑を受けた場合にその代表者である取締役に対する損害賠償責任の是非はどうなるであろうか。現在のわが

---

7)　伊東研祐「法人の刑事責任」芝原邦爾ほか編『刑法理論の現代的展開・総論Ⅱ』（1990・日本評論社）128頁。
8)　伊東・前掲注7) 129頁参照。

国の刑事法が法人処罰については両罰規定を原則とし違法行為者の存在を前提としている以上，その特定個人に対して民事賠償責任を負わせることが直ちに刑事政策に反するとは言えないように思われる[9]。ただし，法人に対する罰金刑の額が自然人に対する罰金額と切り離され，かなり高額となったことからすれば，連帯責任とはいえ，これを自然人である取締役ら役員に転嫁して賠償させることは酷にすぎるのではないかとの見方はありえよう[10]。刑事罰は厳格な構成要件を持っていることから有罪とされる人物の範囲は極めて限られるのに対して，企業が受けた罰金刑の求償は，民事賠償として実質的に責任を負うべき取締役のみならず従業員をも含めた広範囲に求償することができることにも疑問が残る。今後は，企業組織体責任論など法人処罰のあり方とも関連して，会社法の分野においても罰金等の損害性を再検討する必要があるだろう。

第3節 結　語

　内部統制システムに関する法理論はアメリカで生まれたが，その後の判例の展開をみると取締役の監督責任はあまり厳格に追及されなくなった。日本においても，内部統制システムの構築義務に関しては経営判断原則の適用が有力に主張され，判例法上，法的義務として求められる水準はかなり低く抑えられているようである。ところが，最近の日本では複数の上場企業において入札談合や不正会計などの不祥事が発覚し，あらためて内部統制システムのあり方が問われている。本書は，そのような状況を背景として，会社役員等の善管注意義務違反＝過失という法的枠組みを用いて内部統制システムの位置付けを試みたものである。

---

[9]　最近の判例においても，有価証券報告書等の虚偽記載により会社に課徴金が課された場合に，会社法423条を通じてこれを取締役個人に転嫁することが許容されている。仙台地判平成27年1月14日LEX/DB25506084。なお，平成27年度重要判例解説ジュリスト臨時増刊1492号（2016）105－106頁（久保大作）参照。

[10]　松井秀征「会社に対する金銭的制裁と取締役の会社法上の責任」江頭憲治郎先生還暦記念『企業法の理論（上）』（商事法務・2007）585－586頁は，刑事罰および課徴金については，その制裁の趣旨を損なう危険があることを理由に，いずれも会社法による取締役に対する転嫁を許容していないと主張する。

アメリカ会社法のように内部統制システム構築義務違反に対する取締役の民事責任を制限し，会社経営の効率性を優先する立場も決して間違っているとはいえないであろう。企業の自由活動を促進し，社会全体が富を蓄積する結果，さまざまな技術が進展して想像を超えるような工夫がなされ，長期的には人々の安全性・快適性が向上するかも知れない。しかし一方で，経済的発展よりも数値では計ることのできない人々の幸福を重視する道がある。それは，功利主義に立つ人々からすればやや厳しすぎる法的義務であるという批判を受けるかも知れないが，企業経営の効率性より人々の安全性・快適性を優先する姿勢としては望ましいものと思われる。

内部統制システムの水準を高めることに対しては，不祥事の防止のために取締役等役員に監視義務違反を理由として民事責任を負わせることは効果的ではないという批判も存在する[11]。すなわち，一般論として，不注意による損害に対して民事責任を問うことの意味は，①威嚇による違法行為の抑止，②損害の塡補，ということがあげられるが，②の損害の塡補に関しては，保険の活用によって実現することができるから，むしろ①違法行為の抑止という点を重視すべきであると説かれる。そして，違法行為の抑止のためには，民事制裁の脅しよりも，法令遵守に対して報償を与える仕組みのほうが効果的であるという。これは興味深い指摘であり，傾聴に値する提案である。しかし，論者は違法行為の抑止に関して損害賠償金による威嚇効果の低さを指摘するが，少なくともこれまでの日本社会では，賠償金額が威嚇としては高額に過ぎるのではないかということが指摘されていることに加えて，賠償金額の支払それ自体よりも，「裁判所によって賠償責任ありと認定されること」の威嚇効果が無視できないのではないかと思われる。

もちろん，民事制裁の脅しを背景として内部統制システムを充実させていくだけではなく，それと同時に，株式会社の業務執行が形式的に法令違反とされるケースが減少するように規制緩和を進めること，不祥事が行われにくい社内環境が整えるため従業員の流動性を高めるような労働法制の改革を進めること

---

11) 飯田秀総「取締役の監視義務の損害賠償責任による動機付けの問題点」民商法雑146巻1号（2012）33頁．

なども不可欠であろう。そのような社会制度とのバランスの中において内部統制システムに関する会社役員等の行為基準は決定されて行くべきものである。

　条理や経験則に基づいて法的に要求される水準の内部統制システムとは，本来，自由な企業行動を制限するような性質のものではないはずである。法令遵守をはじめとした社会的規範に合致するような事業活動が行われてこそ，真の意味で活力のある企業社会が実現するのではないだろうか。

重要判例集

日本編（J）

【J1】大和銀行株主代表訴訟事件（本案）
【J2】ダスキン株主代表訴訟事件
【J3】ヤクルト株主代表訴訟事件
【J4】日本システム技術開発事件
【J5】新潮社貴乃花名誉毀損事件
【J6】ＮＯＶＡ事件
【J7】セイクレスト事件

アメリカ編（A）

【A1】アリスチャルマース株主代表訴訟事件
【A2】ケアマーク株主代表訴訟事件
【A3】マッコール対スコット事件（株主代表訴訟）
【A4】アボット株主代表訴訟事件
【A5】ストーン対リッター事件
【A6】シティグループ株主代表訴訟事件

〔日本編（J）〕

【J1】大和銀行株主代表訴訟事件（本案）
大阪地判平成12年9月20日判タ1047号86頁

〈事実の概要〉

　大和銀行ニューヨーク支店に勤務していた社員が過去11年間にわたり米国債の無断取引を約3万回繰り返し，約11億ドルの損失を同行に発生させ，その損失を隠すため帳簿類の偽造・虚偽記載などを行っていた。この社員から当時の大和銀行頭取に宛てた手紙（告白文）により取締役らは平成7年7月中には上記の事実を把握していたが，大和銀行はその後も連邦銀行法などに違反してアメリカおよび各州の監督官庁に虚偽の報告を続け，訂正報告書の提出を遅延しつづけた結果，大和銀行はアメリカから全面撤退することを命じられるとともに，24の訴因につき刑事訴追を受けるに至った。同行は16の訴因について有罪を認めて罰金3億4千万ドルを支払う旨の司法取引を行い，連邦地方裁判所によって同額の罰金を科すとの判決を受け，罰金全額を支払った。その後，大和銀行の株主により，同行の取締役および監査役（元取締役および元監査役を含む）を相手として，この社員の無断取引により発生した損失11億ドルと同額の損害金を会社に支払うよう求める株主代表訴訟が提起された。
　なお，被告らは，原告による訴訟提起は悪意に基づくものであるとして，株主代表訴訟を本案とする担保提供命令の申立を行った。大阪地方裁判所は，原告株主に対し被告36名につきそれぞれ2千万円（合計7億2千万円）の担保提供を命じたが，大阪高等裁判所は原決定を取り消し，被告らの申立を却下する決定を行った（大阪高決平成9年12月8日）。

〈裁判の結果〉

（第一審）被告取締役らに損害賠償責任が認められた。
　控訴審において和解。

〈大阪地裁判決〉
(内部統制システムの構築義務について)
　「健全な会社経営を行うためには，目的とする事業の種類，性質等に応じて生じる各種のリスク，例えば，信用リスク，市場リスク，流動性リスク，事務リスク，システムリスク等の状況を正確に把握し，適切に制御すること，すなわちリスク管理が欠かせず，会社が営む事業の規模，特性等に応じたリスク管理体制（いわゆる内部統制システム）を整備することを要する。そして，重要な業務執行については，取締役会が決定することを要するから（商法260条2項），会社経営の根幹に係わるリスク管理体制の大綱については，取締役会で決定することを要し，業務執行を担当する代表取締役及び業務担当取締役は，大綱を踏まえ，担当する部門におけるリスク管理体制を具体的に決定するべき職務を負う。この意味において，取締役は，取締役会の構成員として，また，代表取締役又は業務担当取締役として，リスク管理体制を構築すべき義務を負い，さらに，代表取締役及び業務担当取締役がリスク管理体制を構築すべき義務を履行しているか否かを監視する義務を負うのであり，これもまた，取締役としての善管注意義務及び忠実義務の内容をなすものと言うべきである。監査役は，商法特例法22条1項の適用を受ける小会社を除き，業務監査の職責を担っているから，取締役がリスク管理体制の整備を行っているか否かを監査すべき職務を負うのであり，これもまた，監査役としての善管注意義務の内容をなすものと言うべきである。もっとも，整備すべきリスク管理体制の内容は，リスクが現実化して惹起する様々な事件事故の経験の蓄積とリスク管理に関する研究の進展により，充実していくものである。したがって，様々な金融不祥事を踏まえ，金融機関が，その業務の健全かつ適切な運営を確保するとの観点から，現時点で求められているリスク管理体制の水準をもって，本件の判断基準とすることは相当でないと言うべきである。また，どのような内容のリスク管理体制を整備すべきかは経営判断の問題であり，会社経営の専門家である取締役に，広い裁量が与えられていることに留意しなければならない。」（法令は原文のまま）

(NY支店におけるリスク管理体制について)
　「ところで，取締役は，自ら法令を遵守するだけでは十分でなく，従業員が

会社の業務を遂行する際に違法な行為に及ぶことを未然に防止し，会社全体として法令遵守経営を実現しなければならない。しかるに，事業規模が大きく，従業員も多数である会社においては，効率的な経営を行うため，組織を多数の部門，部署等に分化し，権限を部門，部署等の長，さらにはその部下へ委譲せざるを得ず，取締役が直接全ての従業員を指導・監督することは，不適当であるだけでなく，不可能である。そこで，取締役は，従業員が職務を遂行する際違法な行為に及ぶことを未然に防止するための法令遵守体制を確立するべき義務があり，これもまた，取締役の善管注意義務及び忠実義務の内容をなすものと言うべきである。この意味において，事務リスクの管理体制の整備は，同時に法令遵守体制の整備を意味することになる。財務省証券取引には，取引担当者が自己又は第三者の利益を図るため，その権限を濫用する誘惑に陥る危険性があるとともに，価格変動リスク（市場リスク）が現実化して損失が生じた場合に，その隠ぺいを図ったり，その後の取引で挽回をねらいかえって損失を拡大させる危険性（事務リスク）を抱えている。また，カストディ業務には，保管担当者が自己又は第三者の利益を図って保管物を無断で売却して代金を流用する等，権限を濫用する危険性（事務リスク）が内在している。このような不正行為を未然に防止し，損失の発生及び拡大を最小限に止めるためには，そのリスクの状況を正確に認識・評価し，これを制御するため，様々な仕組みを組み合せてより効果的なリスク管理体制（内部統制システム）を構築する必要がある。」

（被告らの任務懈怠の有無について）

「前判示のとおり，店内検査は，検査部の統括の下，検査部が担当取締役の決裁を経て作成した検査要領に基づいて実施されていたのであり，臨店検査は，検査部が右検査要領に基づいて実施していたのであるから，検査部の担当取締役が業務担当取締役あるいは使用人兼務取締役として，財務省証券の保管残高の確認方法が適切さを欠いていたことにつき，任務懈怠の責を負う。また，店内検査及び内部監査担当者による監査は，ニューヨーク支店長の指揮の下実施されるのであるから，取締役が支店長を務めている場合には，同支店長が業務担当取締役としてあるいは使用人兼務取締役として，財務省証券の保管残高の確認方法が適切さを欠いていたことにつき，任務懈怠の責を負う。さらに，米

州企画室の担当取締役は，米州企画室が実施した財務省証券の保管残高の確認方法が適切さを欠いていたことにつき，任務懈怠の責を負う。」

【J2】ダスキン株主代表訴訟事件
大阪地判平成16年12月22日判タ1172号271頁
大阪高判平成18年6月9日判時1979号115頁

〈事実の概要〉

　P社は，環境衛生及び清掃用資器材等の製造販売，料理飲食店等の経営並びにこれらの事業を経営するフランチャイズ店に対する経営指導及び業務委託等を目的とする株式会社である。平成12年10月，P社が経営するファストフード店「MD」において，現在の食品衛生法上使用が認められていない添加物であるTBHQの混入した商品「大肉まん」が販売される事態が生じた。これは製造委託先の食品メーカーのひとつであるQ社が中国で同商品を製造する際に使用した酸化防止剤の中に，現地では使用可能とされるTBHQが含まれていたことによるものであった。P社の食品販売に関する事業部門の業務担当取締役Aおよび使用人兼務取締役Bは，関連業者Cの指摘により，TBHQがわが国で使用できない添加物であることに気づいたが，すでに店舗販売が開始されていたため，Cに口止め料を支払って商品の販売を継続した（以下「本件販売」という）。

　P社代表取締役Y1，取締役Y2－Y11（Y7は監査役）は，それぞれ，平成13年7月中旬頃までには本件販売の事実を認識するに至ったが，担当者A，Bの社内的処分を検討したのみで，当該事実を積極的に公表はしないという方針をとった。

　平成14年5月になって，厚生労働省に匿名の通報があり，本件販売の事実や隠蔽疑惑が大々的に新聞報道された。その結果，P社は行政庁から当該商品の販売禁止を命じられ，食品衛生法違反の罪で罰金20万円の略式命令を受けた。また，P社は，本件販売に関連して，フランチャイズ加盟店の営業補償費，キャンペーン関連費用，信頼回復・新聞掲載費用などのために，合計105億円余りの出捐を余儀なくされた。

　P社株主であるXは，同社役員であるY1らには，商品へのTBHQの混入を

未然に防止し，本件販売を防止するために，リスク管理体制を整備する義務があるのにこれを怠り，また，本件販売を認識した後も当該事実を公表して信用回復のため適切な対応をとらなかったために会社に多額の出捐をさせたことにおいて，善管注意義務違反があると主張して，取締役・監査役らの損害賠償責任を追及する株主代表訴訟を提起した。

〈裁判の結果〉
(第一審) A，Bの直属の上司である取締役Y2のみ善管注意義務違反を認め，全損害の5％の賠償を命じた。
(控訴審) 取締役会のメンバー全員について，本件販売を認識した後に事実を公表するなど適切な対応をとらなかった点に善管注意義務違反を認め，全損害の5％の賠償を命じた。
　上告不受理。

〈大阪高裁判決〉
(TBHQ混入に関する善管注意義務違反について)
　「食品を販売する会社であるからといって，他の食品製造業者から食品の供給を受ける際，当然にかつ一律に，自社においても独自に検査等をしなければならないとか，贓作品製造過程に自社の人材を派遣しなければならないということはできず，前判示のとおり，P社としては，平成12年当時，Q社から『大肉まん』の供給を受けるについて品質確保のために必要な措置を講じていなかったとまでは認めることができないから，Xの上記主張は採用することができない。また，Xは，総論的にマニュアルの作成及び周知徹底等のリスク管理体制構築義務の懈怠を主張するが，本件において，P社としては，自社において独自に検査等をしなくとも，Q社から『大肉まん』の供給を受けるについて品質確保のために必要な措置を講じていなかったとまでは認めることができないから，マニュアルの作成及び周知徹底等の有無が善管注意義務違反の有無に関する判断を左右しないことは明らかである。」
(本件販売に関する善管注意義務違反について)
　「健全な会社経営を行うためには，目的とする事業の種類，性質等に応じて

生じる各種のリスク，例えば，信用リスク，市場リスク，流動性リスク，事務リスク，システムリスク等の状況を正確に把握し，適切に制御すること，すなわちリスク管理が欠かせず，会社が営む事業の規模，特性等に応じたリスク管理体制（いわゆる内部統制システム）を整備することを要する。もっとも，整備すべきリスク管理体制の内容は，リスクが現実化して惹起する様々な事件事故の経験の蓄積とリスク管理に関する研究の進展により充実していくものである。したがって，現時点で求められているリスク管理体制の水準をもって，本件の判断基準とすることは相当でないというべきである。また，どのような内容のリスク管理体制を整備すべきかは基本的には経営判断の問題であり，会社経営の専門家である取締役に，広い裁量が与えられているというべきである。

　本件は，食品販売に関する事業部門の業務担当取締役及び使用人兼務取締役が，自社が販売していた食品に食品衛生法上使用が許されていない添加物が含まれていることを知ったにもかかわらず，その販売を継続するという違法行為に出たという事案である。そこで，Ｐ社の本件販売当時におけるリスク管理体制のうち，違法行為を未然に防止するための法令遵守体制（具体的な取組みを含む。）について検討するに，前記…のとおり，Ｐ社は，当時，担当取締役は経営上の重要な事項（販売していた食品に食品衛生法上使用が許されていない添加物が混入していたことは，食品を販売する会社にとっては経営上極めて重要な問題であるのは明らかである。）を取締役会に報告するよう定め，従業員に対しでも，ミスや突発的な問題は速やかに報告するよう周知徹底しており，違法行為が発覚した場合の対応体制についても定めていた（「内部摘発」による違法行為の発覚も想定されている。）。また，その上で，実際に起こった食中毒に関する企業不祥事の事案を取り上げて注意を促すセミナーも開催していたものである。これらを総合してみると，Ｐ社における違法行為を未然に防止するための法令遵守体制は，本件販売当時，整備されていなかったとまではいえないものというべきである。」

【J3】ヤクルト株主代表訴訟事件
東京地判平成16年12月16日判時1888号3頁
東京高判平成20年5月21日判タ1281号274頁

〈事実の概要〉

　乳酸菌飲料等の製造販売業を営むP社は，東証一部上場の株式会社であるが，昭和59年から特定金銭信託による余裕資金の運用を開始した。この特金の運用は，会社の業務執行として，取締役Y1の決裁ないし判断に基づいて経理部財務課内の資金運用チームが行っていたが，平成2年以降の株価暴落によって多額の含み損が発生した。そこで平成3年7月，今後の資金運用について経営政策審議会（社長や専務以上の取締役等で構成）は対応策を検討したが，直ちに損切りをせず株式価格の回復を待って徐々に特金の整理・縮小をすること，特金は拡大しないこと，責任者は引き続きY1とすること等を決定した。Y1は，運用益で特金を整理・縮小するためにデリバティブ取引を開始し，テスト的運用が成功したので，徐々に取引を拡大していったが，平成7年の株価暴落に伴い多額の含み損が発生した。そこでP社は，A監査法人の助言に従い，平成7年5月以降のデリバティブ取引について，個別取引報告書等による事後チェックを行うとともに，想定元本額を増大させない，単純な期日延長は行わない等の制約事項を設けた。さらに平成8年6月に社長に就任したY2は，デリバティブ取引から撤退する方向を明示し，同年11月の常務会では，資金運用は2年程度で収束させること，これまで行ってきたものと異なる資金運用については行わないようにすること等を決定した。しかしY1は，平成9年5月以降，損失をカバーするために通貨スワップ取引を頻繁に繰り返すようになった。この取引は，強化された管理体制（監査法人監査，個別報告書による監査室のチェック，想定元本増額禁止等の内容的制約，新規の取引の禁止）の下で業務執行として行われたが，上記常務会決定に違反してY1が決裁実行したものである。その後，平成9年8月以降の株価暴落により含み損が拡大し，資金繰りにも支障が生じたことで，P社は平成10年3月の取締役会でデリバティブ取引からの完全撤退を決定した。最終的に，デリバティブ取引によりP社が被った損失額は合計約533億円となった。

P社の株主Xらは、取締役Y1、Y2、および監査役Y3に対し、本件デリバティブ取引についてY1が善管注意義務違反等をしたことにより、P社が上記損失を被ったとして、旧商法266条1項5号および267条に基づく損害賠償を求めて株主代表訴訟を提起した。

〈裁判の結果〉
（第一審）Y1の善管注意義務違反を認めたが、Y2、Y3については善管注意義務違反を否定した。
（控訴審）控訴棄却。
　上告不受理。上告棄却。

〈東京高裁判決〉
（内部統制システム構築義務について）
　「デリバティブ取引は、少額の原資で多額の取引ができるため、投機性が高く、市場動向の見通しが的中すると多額の利益が得られる反面、見通しを誤ると会社の存立にも関わるような巨額な損失が生ずるおそれがあるものであり、かつ、市場動向は完璧には予測ができないものであるから、損失の発生を完全に回避することは不可能といえる。したがって、事業会社が、本業とは別に、このような投機性の高いデリバティブ取引を行うについては、市場動向の見通し等について可能な限り情報収集をし、それを分析、検討して適切な判断をするように務める必要があるほか、このようなデリバティブ取引により発生する損失によって会社の存立にまで影響が及ぶような事態が生ずることを避ける目的で、損失が生じた場合の影響を一定の限度に抑えられるよう、リスク管理の方針を立て、これを適切に管理する体制を構築する必要が生ずるというべきである。もっとも、デリバティブ取引から生ずるリスク管理の方針及び管理体制をどのようなものにするかについては、当該会社の規模、経営状態、事業内容、デリバティブ取引による資金運用の目的、投入される資金の性質、量等の諸般の事情に左右されるもので、その内容は一義的に定まるようなものではないのであり、そこには幅広い裁量があるということができる。
　…（中略）…

以上によると、ヤクルト本社のような事業会社がデリバティブ取引を行うに当たっては、〔1〕各取締役は、取締役会等の会社の機関において適切なリスク管理の方針を立て、リスク管理体制を構築するようにする注意義務を負うというべきである。もっとも、どのようなリスク管理の方針を定め、それをどのようにして管理するかについては、上記のように、会社の規模その他の事情によって左右されるのであって、一義的に決まるものではなく、そこには幅広い裁量があると考えられるのである。また、上記のように、デリバティブ取引のリスク管理の方法等については、当時未だ一般的な手法は確立されておらず、模索の段階にあったのであるから、リスク管理体制の構築に向けてなされた取締役の判断の適否を検討するに当たっては、現在の時点における知見によるのではなく、その当時の時点における知見に基づき検討すべきものである。」
（Ｙ２、Ｙ３の善管注意義務違反の有無）
「Ｙ２は経理担当取締役、Ｙ３は監査役であり、Ｙ１が行っていた本件デリバティブ取引について、事後的なチェックをする職責を負っていたものであるが、上記のように、個別取引報告書の作成や調査検討を行う下部組織等（資金運用チーム・監査室等）が適正に職務を遂行していることを前提として、監査室等から特段の意見がない場合はこれを信頼して、個別取引報告書に明らかに異常な取引がないか否かを調査、確認すれば足りたというべきである。ところが、Ｙ１の想定元本の限度額規制の潜脱は、隠れレバレッジなどのレバレッジを掛けて、表面上想定元本の限度額規制を遵守したかのように装って、実質的にこれを潜脱するという手法で行われたものであり、監査室からも、本件監査法人からも特段の指摘がなかったのであるから（なお、そこからあがってくる報告に明らかに不備、不足があり、これに依拠することに躊躇を覚えるというような特段の事情があったとは認め難い。）、金融取引の専門家でもないＹ２やＹ３がこれを発見できなかったとしてもやむを得ないというべきで、Ｙ１の想定元本の限度額規制違反を発見できなかったことをもって善管注意義務違反があったとはいえない。」

【J4】日本システム技術開発事件
東京地判平成19年11月26日判時1998号141頁
東京高判平成20年6月19日金商1321号42頁
最(一)判平成21年7月9日判時2055号147頁

〈事実の概要〉

　Y社は，ソフトウェアの開発及び販売等を業とする東京証券取引所第二部に上場している株式会社であり，Aが代表取締役に就任していた。Y社では以下のような事業体制をとっていた。まず，甲事業部の営業担当者が販売会社と合意に至ると，販売会社から注文書が届けられ，その注文書は同事業部のBM課（伝票や書類の形式面を確認する部門）に送付され，同課は受注処理を行った上で検収書を作成し，営業担当者を通じて販売会社に検収を依頼する。また，同事業部のCR部の担当者がエンドユーザーである大学に行き，納入したシステムが稼働していることを確認して最終的な検収が行われる。さらに，BM課から売上報告を受けた財務部は，期末に残高確認書の用紙を販売会社に郵送し，同書面の返送を受ける，というものであった。ところが，Y社の甲事業部の部長であったBは，自らの立場を維持するため，平成12年9月以降，営業社員らに指示し，正式な注文がない段階で注文書を偽造するなどして実際に注文があったかのように装い，売上げとして架空計上していた。

　平成16年12月頃，本件不正行為が発覚し決算内容に変更が生じたため，Y社は有価証券報告書の訂正を行ったが，東証は同社株式を監理ポストに割り当てた。それら事実がマスコミで報道されたため，Y社の株価は大幅に下落した。そこで，Y社の株式を購入した投資者であるXが，Aに従業員らの不正行為を防止するためのリスク管理体制を構築すべき義務に違反した過失があり，その結果，株式を売却したことより損害を被ったなどと主張して，Y社に対し，旧商法261条3項・78条2項が準用する平成18年改正前民法44条1項（現在の会社法350条）に基づき，損害賠償を求めて訴えを提起した。

〈裁判の結果〉
(第一審,控訴審)
　Aのリスク管理体制構築義務違反を認め，XのYに対する損害賠償請求を認めた。
(上告審)
　破棄自判。Aのリスク管理体制構築義務違反を否定し，Xの請求を棄却。

〈東京地裁判決〉(東京高裁判決もほぼ同旨)
　「被告は，本件不正行為当時の被告の内部統制システムは被告の事業内容及び規模等からすれば相当なものであって被告代表者には過失はない，本件不正行為は本件事務手続から逸脱したものではなく，元事業部長らによる巧妙な隠蔽工作にまで耐え得るような内部統制システムを構築することは取締役の義務の範囲を超えていると主張する。確かに，…元事業部長らによる注文書，出荷指示書，検収書及び売掛金残高確認書の偽造等といった隠蔽工作により，本件不正行為は，形式的には本件事務手続から逸脱するものではなかったといえる。しかしながら，…本件不正行為当時，甲事業部はソフトウェア商品の納入，売掛金の回収，不良債権の処理方針の決定及び各種伝票資料の管理を含む幅広い業務を分掌しており，注文書や検収書の形式面の確認を担当するＢＭ課及びエンドユーザーである大学に赴き，事務ソフトの稼働の確認を担当するＣＲ部が同事業部に直属していたことが認められる。このような被告の組織体制に基づき構築されたものと解される本件事務手続においては，ＢＭ課が作成した検収書は，元営業社員を経由して販売会社に送付することとされていたが，これが元事業部長らによる検収書の偽造を可能とした要因であったと認めることができる。また，本件事務手続においては，ソフトウェア商品の出荷，納品及び大学におけるシステムの稼働確認といった業務をすべて同事業部が行うこととされていたために，実際には商品の出荷，納品及びＣＲ部の担当者による大学におけるシステムの稼働確認がなされていないにもかかわらず，元事業部長らによってこれらの作業がなされたかのような資料を作成することが可能となったものと認めることができる。このようにみると，本件不正行為当時の甲事業部の組織体制及び本件事務手続には，元事業部長ら同事業部の上層部が企図すれ

ば，容易に本件不正行為を行い得るリスクが内在していたというべきである。そして，被告代表者は，被告の取締役及び代表取締役として，被告の健全な運営を図るため，各部門の適切なリスク管理体制を構築し，機能させる義務を負うものと解するのが相当であるところ，上記本件事務手続の流れを踏まえて，不正行為がなされる可能性を意識すれば，本件不正行為当時においても，被告代表者が上記リスクが現実化する可能性を予見することは可能であり，また，当該リスクを排除ないし低減させる対策を講じることが可能であったというべきである。にもかかわらず，被告代表者は，各部門に不正はないものと過信し，組織体制や本件事務手続を改変するなどして当該リスクを排除ないし低減させる対策を講じることをせず，適切なリスク管理体制を構築すべき義務を怠ったものというべきである。」

〈最高裁判決〉

「本件不正行為当時，Y社は，①職務分掌規定等を定めて事業部門と財務部門を分離し，②甲事業部について，営業部とは別に注文書や検収書の形式面の確認を担当するBM課及びソフトの稼働確認を担当するCR部を設置し，それらのチェックを経て財務部に売上報告がされる体制を整え，③監査法人との間で監査契約を締結し，当該監査法人及びY社の財務部が，それぞれ定期的に，販売会社あてに売掛金残高確認書の用紙を郵送し，その返送を受ける方法で売掛金残高を確認することとしていたというのであるから，Y社は，通常想定される架空売上げの計上等の不正行為を防止し得る程度の管理体制は整えていたものということができる。」

「本件不正行為は，甲事業部の部長がその部下である営業担当者数名と共謀して，販売会社の偽造印を用いて注文書等を偽造し，BM課の担当者を欺いて財務部に架空の売上報告をさせたというもので，営業社員らが言葉巧みに販売会社の担当者を欺いて，監査法人及び財務部が販売会社あてに郵送した売掛金残高確認書の用紙を未開封のまま回収し，金額を記入して偽造印を押捺した同用紙を監査法人又は財務部に送付し，見掛け上はYの売掛金額と販売会社の買掛金額が一致するように巧妙に偽装するという，通常容易に想定し難い方法によるものであったということができる。」

「本件以前に同様の手法による不正行為が行われたことがあったなど,Y社の代表取締役であるAにおいて本件不正行為の発生を予見すべきであったという特別な事情も見当たらない。」

【J 5】新潮社貴乃花名誉毀損事件
東京地判平成21年2月4日判時2033号3頁
東京高判平成23年7月28日LEX/DB 25543181

〈事実の概要〉

本件は,元横綱であるX1及びその妻であるX2が,「週刊甲」を発行するY1社,同社代表取締役であるY2,「週刊甲」編集長であるY3に対し,同週刊誌上にXらの名誉を毀損する内容の記事を5回にわたって掲載されたことにより財産上の損害を被ったと主張して,Y1社,Y3に対しては不法行為責任等に基づき,Y2に対し旧商法266条の3第1項に基づき,それぞれ損害賠償を求め,かつY1社に対して民法723条に基づく謝罪広告の掲載を求めた事案である。

裁判においてXらは,Y2は,Y1社の代表取締役として,その業務を執行するに際し,出版,報道行為によって第三者の権利を侵害しないよう注意し,第三者の権利を侵害する結果を防止し得る社内管理体制を整備・構築すべき注意義務を負っていたにもかかわらず,上記体制の整備,構築その他の措置を何ら講ずることなく,Xらの名誉を毀損する記事を掲載,又は掲載を漫然と放置したものであるから,その任務を悪意・重過失により懈怠したものであると主張した。

〈裁判の結果〉

(第一審)Y1社,代表取締役Y2,Y3の責任をいずれも認めた。
(控訴審)代表取締役Y2の責任を否定し,Y1社およびY3の賠償額を減額した。

〈東京高裁判決〉

（代表取締役Ｙ２の責任について）

「出版，報道といった企業活動は，性質上，他者の名誉を毀損する危険性を常に伴うから，出版，報道を主要な業務とする株式会社の代表取締役は，業務を執行するに際し，出版，報道によって，第三者の権利を侵害しないよう注意し，第三者の権利を侵害する結果を防止し得る仕組み，社内体制を整備，構築する義務を負うものと解せられる。しかしながら，内部統制システムの内容そのものは，各会社の業種や規模等に応じて様々であり得，どのような内容のリスク管理体制を整備するかは経営判断の問題でもあると解せられる。

…Ｙ１会社では，出版物の編集から販売までの全過程を扱っているところ，業務の各分野に関して代表取締役が全てを把握し管理することは困難であるため，業務の効率性を維持するため，事業ごと及び出版物の種類ごとに担当取締役制をとっている。そして，和歌山カレー事件に関する訴訟の判決において，Ｙ１会社の社内体制が構築，整備されていなかった旨を認定されたことを契機に，Ｙ２は，平成14年10月，週刊甲の編集に当たっては，編集の経験が豊富なＡ取締役を担当取締役として，同人が編集長と打合せをし，毎週ゲラのチェックをし，Ｙ２は，自らはゲラをチェックすることはしないものの，Ａ取締役に委ねて，日常的に個々の記事に目を通させて問題点を指摘させることとしていた。また，Ｙ２は，Ｙ４取締役に対し，編集部員に対する違法行為防止のための教育を任せ，同人は，２年に１度の割合で勉強会を実施していた。また，Ｙ２は，弁護士の見解を聞く機会を確保するため，社員住所録に顧問弁護士の事務所を記載し，法律専門家による相談体制を整え，掲載された記事について編集部に抗議があった場合は，重要なものにつき，編集長からＡ取締役に報告が上がり，Ａ取締役は編集部からＹ２へ裁判の結果の報告をさせていた。以上の事実が認められる。

以上によれば，Ｙ２は，Ｙ１会社が発行する週刊甲に掲載する記事によって，他人の名誉が毀損されるなどの違法行為が生じないように，Ｙ１会社における一応の社内体制を整えるなどの対応をしていたと認められる。もっとも，Ｘら主張のとおり，本件各記事が掲載された時期に近接した時点の民事訴訟において，Ｙ１会社の名誉毀損による不法行為責任が認められた判決が相当程度に多

数存在することは，前記…のとおりであり，上記の社内体制が当時十分に機能していなかったと評価できる面があるが，しかし他方，ほぼ同時期以降において，Ｙ１会社の不法行為責任が否定された判決等が相当数あることも前記…のとおりであって，上記の社内体制が機能不全に陥っていたとまでは認定できないというべきである。そうすると，本件各記事が掲載された当時においては，違法行為防止のためにＹ２が構築，整備した社内体制は，不十分ながらもその役割を果たしていたと評価すべきであり，これを前提とすると，上記の社内体制の構築，整備についての不備（義務懈怠）が存するとしても，Ｙ２に，その職務を行うについての悪意があったとは認められないのみならず，重大な過失があったとまでは認めるに足りないことになる（なお，もとよりこの認定判断は，本件各記事が掲載された当時におけるものであり，その後の状況下における判断は，異なることがあり得ることを付記しておく。）。この点に関する被控訴人らの主張を斟酌しても，以上の結論に影響しない。よって，ＸらのＹ２に対する旧商法266条ノ３の取締役の責任に基づく請求を認めることはできない。」

【Ｊ６】ＮＯＶＡ事件
大阪地判平成24年６月７日金判1403号30頁
大阪高判平成26年２月27日判時2243号82頁

〈事実の概要〉
　全国的に展開する外国語会話教室を運営していたＰ社は，積極的な広告宣伝などを通じて急速に成長してきた。しかし，Ｐ社の業務運営に関しては，受講料を支払ったのにレッスン予約が入りにくい，解約した場合の清算金の計算方法が受講生に不利な内容となっているなどの苦情も多く寄せられたことから，平成14年２月に東京都が特定商取引法違反等を理由とする業務改善指導を行った。同じ時期に，Ｐ社は，同社の解約清算規定が特定商取引法に違反して無効であるという理由で元受講生から提起された複数の民事訴訟において敗訴判決を受けた。以上の事実にもかかわらず，Ｐ社が積極的な是正・改善の措置をとることはなかった。その後，平成19年４月，最高裁がＰ社の解約清算規定は無効である旨の判決を下し，また，平成19年２月に経済産業省及び東京都により

多くの特定商取引法違反行為を指摘されP社は業務停止処分を受けるに至った。これらにより，P社の社会的信用は著しく低下し，新規契約も激減するなどした結果，同社は資金繰りが逼迫し，平成19年11月26日，破産手続開始決定を受けた。

そこで，受講生及び元受講生であるXらは，P社の破産によって未受講のレッスン代相当の損害を被った，あるいは解約清算金の支払を受けられなくなったと主張して，P社の取締役であったY1～Y5に対して不法行為に基づく損害賠償責任を追及する訴訟を提起した。またXらは，予備的請求として，Y1には代表取締役としての任務懈怠があり，その他の取締役Y2～Y5にはY1の任務懈怠についての監視義務違反があったとして，会社法429条（旧商法266条ノ3）に基づく損害賠償を求めた。

〈裁判の結果〉
（第一審）Y1らの責任をいずれも否定。
（控訴審）Y1の任務懈怠責任を認め，Y3ないしY5について監視義務違反の責任を認めた。Y2については監視義務違反と損害との間に因果関係がないとして責任を否定した。
　　上告不受理。

〈大阪高裁判決〉
（Y1の法令違反による任務懈怠について）
「取締役は，その職務を執行するに当たり，法令を遵守すべき義務を負っており，会社を名宛人とし，会社がその業務を行うに際して遵守すべき規定について，会社が法令に違反することのないよう，当該規定を遵守することも取締役の義務に属すると解される。P社は，平成11年10月以降，特定継続的役務提供取引を行う事業者として，特定商取引法を遵守する義務を負うから，Y1は，P社の代表取締役として，P社が同法の各規定に違反することのないよう，法令遵守体制を構築し，必要な指示を行うべき義務を負っていたというべきである。…（中略）…

　Y1は，P社の代表取締役として，業務全般を掌握しており，契約締結をめ

ぐる顧客とのトラブルの実情や，東京都による調査及び改善指導，本件解約清算方式の有効性に関する下級審判決の動向等についても当然認識していたと認められる。したがって，Ｙ１は，Ｐ社が外国語会話教室を開設して受講希望者と契約を締結するに当たり，特定商取引法を遵守するよう指示，指導を行うとともに，違法な行為が行われないよう社内の法令遵守体制を構築すべき注意義務を負っていたところ，上記事実経過からすると，Ｙ１は，東京都の指導を受けても何らの改善策も講じないどころか，むしろマニュアルや通達，指導により違法行為を指示して全社的に行わせていたと認められ，また，本件最高裁判決（筆者注：最判平成19年４月３日）によって無効の判断が示されるまで本件解約清算方法を改めなかったのであり，したがって，Ｙ１は，故意又は重過失により上記注意義務を怠ったものといわざるを得ない。」

（Ｙ３らの監視義務違反について）

「この点についてみると，Ｐ社の取締役会において，本件解約清算方法の採用・維持や，その他の特定商取引法への対応が議題として取り上げられた形跡はない。しかし，取締役の監視義務は取締役会に上程された事項に限らず，代表取締役の業務執行の全般に及ぶものであり，多数の受講者との間で締結する受講契約の内容や新規受講者の勧誘，契約締結時の説明等が特定商取引法等の法令を遵守しているかどうかは，Ｐ社が外国語会話教室の事業を営む上で重要な事項であるから，これらの事項については，取締役として当然関心を持って調査を行い，Ｙ１の業務執行を監視すべきであったということができる。また，Ｙ３ら３名は，Ｐ社の幹部従業員として，外国語会話教室の運営に関わる業務に従事していたのであるから，日頃の業務を通じて，新規受講者の勧誘や契約締結の実情，受講生からの苦情やトラブルの発生等，Ｐ社の特定商取引法違反行為や法令遵守体制の問題点に関する事実を当然認識し得たものと考えられる。特に，Ｙ３は，平成14年に実施された東京都の事業者調査・指導に際し，Ｐ社の担当者としてこれに対応し，平成16年７月頃から生徒相談室長として受講生からの苦情に対応していたのであるから，Ｐ社の営業活動が特定商取引法に反する疑いがあるとして，その改善を求められていたことや受講生との間で多数のトラブルが発生していたことを認識していたと認められる。また，Ｙ４は，平成18年頃，外国人エリアマネージャーから，レッスンの予約が取りにくいと

いう受講生からのクレームがあることを聞いた旨供述し，Ｙ５も，平成18年半ば頃，インタービジョンの従業員から，レッスンの予約が取りにくいという理由で受講生からの解約が増えていると聞き，これを被控訴人Ｙ１に伝えた旨陳述しているのであるから，前記被控訴人両名も，受講契約をめぐるトラブルや問題点について認識し得たと認められる。しかるに，Ｙ３ら３名は，代表取締役であるＹ１が特定商品取引法違反の行為を全社的に行わせているのを放置し，何らの是正措置もとらなかったのであるから，重大な過失による監視義務の懈怠があったといわざるを得ない。」

【Ｊ７】セイクレスト事件
大阪地判平成25年12月26日判時2220号109頁
大阪高判平成27年５月21日判時2279号96頁

〈事実の概要〉
　Ｐ会社（破産会社）は，平成３年３月に設立され，不動産の売買・賃貸・仲介・斡旋・管理・鑑定及びこれらの代理並びにコンサルタント業務等を目的とし，主に，分譲マンションの企画・販売等を行っていた株式会社であり，平成21年中には，大会社の要件を満たすようになっていた。Ｐ社は，平成23年５月２日に破産手続開始決定を受けた。大阪地方裁判所（破産裁判所）は，弁護士であるＸを破産管財人に選任した。Ｐ社の代表取締役であったＡは，平成22年12月29日，Ｐ社の資金8,000万円を出金の上，第三者に交付したところ（本件金員交付），Ｘは，Ａによる本件金員交付が，Ｐ社の代表取締役としての任務懈怠行為であることを前提に，Ｐ社の社外監査役であったＹを相手方として，善管注意義務違反によりＰ社に損害を生じさせたと主張して，破産裁判所に対し，破産法178条に基づき，損害賠償請求権の額を8,000万円とする役員責任査定の申立をしたところ，破産裁判所は，Ｙには善管注意義務違反があるものの，悪意・重過失があったとは認められないとして，ＹとＰ社の間の責任限定契約に基づき，Ｙに対する損害賠償請求権の額を648万円と査定する旨の決定をした（本件査定決定）。
　これに対して，Ｙが，本件査定決定を不服とし，Ｙには善管注意義務違反は

ないから損害賠償債務は負わないと主張して，Xを被告として，本件査定決定の取消しを求めて訴えを提起し，また，Xは，Yが善管注意義務に違反したことについては重過失があり，上記責任限定契約の適用はないと主張して，本件査定決定の変更を求めて反訴を提起した。

〈裁判の結果〉
（第一審）Yには善管注意義務があるが，重過失があるとは認められないので，責任限定契約に基づいてP社に対する損害賠償請求権の額は監査役報酬の2年分である648万円に限定されると判断して，本件査定決定を認可した。
（控訴審）控訴棄却。
　上告不受理。

〈大阪高裁判決〉
（予見可能性の有無について）
「本件金員交付は，その時点までにAが行ってきた行為と同種又は類似した態様の行為であるということができる。そして，破産会社においては，平成22年9月15日開催の臨時取締役会において，本件募集株式の発行が決定され，その払込期日が同年12月29日と定められており，同日，本件募集株式の発行に係る払込金が入金されることが見込まれる状況にある中，会計監査人である明誠監査法人からの要求に基づいて，同年11月15日開催の取締役会において，本件手形取扱規程が制定されたにもかかわらず，Aが，本件手形取扱規程が制定された翌日である平成22年11月16日から，取締役会の承認決議を経ないまま，多額の約束手形を振り出すに至り，そのことが，遅くとも同年12月7日の取締役会の時点で明らかになったというのであるから，破産会社の取締役ら及び監査役らは，同日の時点において，Aが，本件募集株式の発行に係る払込金が入金された機会等に，破産会社の資金を，定められた使途に反して合理的な理由なく不当に流出させるといった任務懈怠行為を行う具体的な危険性があることを予見することが可能であったということができる。なお，破産会社の取締役ら及び監査役らが，同年12月7日の時点で，Aによる本件金員交付そのものを具体的に予見していなかったとしても，そのことは，上記の結論を左右するもの

ではない。したがって，破産会社の取締役ら及び監査役らには，上記同日の時点で，本件金員交付についての予見可能性があったと認められる。なお，控訴人は，Aがあえて本件金員交付のような資金繰りを悪化させる行為をすることは考えられない，破産会社の取締役ら及び監査役らは，本件募集株式の発行による払込がされることによってAが資金繰りのために無理をする必要はなくなったと理解していたと主張する。しかし，本件金員交付が資金繰りを悪化させる行為であり，本件募集株式の発行による払込が破産会社の資金繰りに資するものであったとしても，既に判示したとおり，Aは，同種又は類似の態様の行為を行っているから，破産会社の取締役ら及び監査役らは，本件金員交付について予見可能性があったものと認められる。」
(内部統制システムの構築義務について)
「…破産会社の取締役らには，この時点で，Aが，破産会社の資金を，定められた使途に反して，合理的な理由なく不当に流出させるといった任務懈怠行為を行う可能性があることを具体的に予見することが可能であったということができるのであるから，破産会社の取締役らのうち，同年10月15日以降，経営管理本部長（経理財務部長を兼務）に就任していた取締役のBは，財務担当の取締役として，上記のような事態の発生を防止するための内部統制システムを，取締役会において整備すべき義務を負っていたということができる。具体的には，同年12月7日の時点で問題になっていたのは，Aによる，取締役会の承認を経ない約束手形の振出しであったことから，本件手形取扱規程を即時施行することが必要であったことはもとよりであるが，前記…で判示したとおり，破産会社においては，同年9月15日開催の臨時取締役会において，本件募集株式の発行が決定され，その払込期日が同年12月29日と定められており，同日，本件募集株式の発行に係る払込金が入金されることが見込まれる状況にあったのであるから，Bにおいて，破産会社が日常的な支払等に使用する程度の金額を超える現金，預金等の出金や払戻しについては，予め使用使途等，当該出金や払戻しの合理性を確認するために必要と認められる事項を明確にした上で，経営管理本部長に対して出金や払戻し等を依頼し，経営管理本部長が上記依頼を取締役会に上程し，取締役会の承認決議を得た上で出金や払戻し等を実行し，かつ，上記出金や払戻し等の状況等について取締役会で報告することなど，本

件手形取扱規程に準じた，現金及び預金の管理規程を制定し，即時，これを施行することを取締役会に提案し，取締役会においてこれを決定すべき義務を負っていたということができる。

　なお，破産会社の『金庫管理規程』では，金庫の管理責任者は経理財務部長とされ，経理財務部長は金庫のマスターキーを保管し，金庫の施錠・解錠を行うこと，出納責任者はサブキーを保管し，経理財務部長を代行して金庫の施錠・解錠を行うこと，管理責任者は，毎日業務開始前に金庫を解錠して，経理財務部長又は出納責任者のうち，最終に退社する者が施錠することなどが定められていたのであるが，既に認定した前記…Ａの一連の行為や破産会社における手形帳等の保管状況からすると，『金庫管理規程』のみでは不十分というべきであり，上記認定のとおりの内部統制システムの整備が必要であったということができる。」

(内部統制システムの構築を助言・勧告する義務について)

　「破産会社の取締役らは，平成22年12月7日の時点において，Ａが，破産会社の資金を，定められた使途に反して，合理的な理由なく不当に流出させるといった任務懈怠行為を行う可能性があることを具体的に予見することが可能であったといえ，取締役らの中でも，経営管理本部長であり，財務担当の取締役であるＢは，このような事態の発生を防止するための内部統制システムを，取締役会において整備すべき義務を負っており，具体的には，現金及び預金の管理規程を制定し，即時，これを施行することを取締役会に提案し，取締役会においてこれを決定すべき義務を負っていたということができる。ところが，Ｂは，Ａに手形帳を保管させたり，記載内容が未記入の白地手形に捺印がされているものが存在する状態を放置するなどしていた。また，本件手形取扱規程が制定された後も，Ａが取締役会の承認を経ないで約束手形の発行を継続していたことが判明した平成22年12月7日の時点においてさえ，Ｂが，Ａに対して，このような行為を止めさせるための具体的な方策を取ろうとした形跡も存しない。そして，以上のような事情と，前記…で認定したとおり，Ｙが平成3年8月から日本公認会計士協会近畿会に所属する公認会計士であり，平成13年3月に破産会社の社外・非常勤監査役に就任し，平成23年3月30日に辞任するまでの間，同社の監査役であった者であって，また，前記…で認定したとおり，平

成22年度の監査役の監査業務の職務分担上,経営管理本部管掌業務を担当することとされていたことに加えて,取締役会への出席を通じて,Aによる一連の任務懈怠行為の内容を熟知していたことをも併せ考えると,Yには,監査役の職務として,本件監査役監査規程に基づき,取締役会に対し,破産会社の資金を,定められた使途に反して合理的な理由なく不当に流出させるといった行為に対処するための内部統制システムを構築するよう助言又は勧告すべき義務があったということができる。そして,Yが,破産会社の取締役ら又は取締役会に対し,このような助言又は勧告を行ったことを認めるに足りる証拠はないのであるから,Yが上記助言又は勧告を行わなかったことは,上記の監査役としての義務に違反するものであったということができる。」

アメリカ編（A）

【A 1】 アリスチャルマース株主代表訴訟事件
Graham v. Allis-Chalmers Mfg., 188 A. 2 d 125（Del. 1963）.

〈事実の概要〉

　アリスチャルマース社は，多種類の電気機器を製造・販売している大規模な企業である。その従業員数は約3万人強，全国に24の工場，145の営業所，5千名の販売員を有し，年間総売上高は5億ドルを超えていた。同社の営業は2グループに分かれて行われており，それぞれのグループが1名の副社長により管理されていた。同社の営業方針は，できる限り下位の管理者に権限と責任を委譲して分権化を図ることであった。したがって，高額の特殊なものでない限り，製品価格は通常部長レベルで設定されることになっていた。アリスチャルマース社の取締役会は14名の取締役から構成され，うち4名は役員を兼務していた。月に一度会議が開かれ，事前に準備された議題につき検討を行っていた。この会議には取締役全員が積極的に参加し，5〜6時間の討論を行うことが通例であった。取締役会には毎回会社の全部門の活動に関する財務及び営業データが提出されていた。しかしながら，同社における取締役会の役割は一般的な経営方針に関する事項を討議し決定することに限定されていた。けだし，その会社の営業活動の広範性かつ複雑性のゆえに，取締役会が種々の部門の個別問題を詳細に討議することは非現実的であったからである。年に一度，取締役会は会社の2つのグループおよび部門別の収益目標予算を決定するにすぎなかった。取締役らは時折価格水準に関する一般的質問をすることはあったが，会社の営業が複雑であるために，取締役会が個別製品の価格決定に関与することはなかったのである。

　1956年，アリスチャルマース社の片方の営業グループに属する動力機器部門において反トラスト法違反行為が摘発された。このとき法人としてのアリスチャルマース社および4名の従業員が，他の製造業者と共謀して違法に価格を固定し電気事業会社および官公庁に対する付け値を不正に操作したとして起訴されたが，被告の中に取締役は含まれていなかった。アリスチャルマース社の

取締役が同社の従業員により反トラスト法に違反する行為が行われた事実を初めて知ったのは3年後の新聞報道が契機であった。直ちにグループを管理する副社長が社内調査を行ったが，このときは目ぼしい事実は発見されなかった。しかし，その後従業員の数名が大陪審に召喚される事態となったので，同社の法務部がさらに調査を行ったところ，反トラスト法違反を疑うべき事実が明らかとなり，召喚を受けた従業員に対しては事実を隠さずに話すよう指示がなされた。1960年2月に取締役会の指示により反トラスト法問題に関する方針表明が出され，法務部は関連部門の全従業員を集めて一連の講習を行った。これらの行程の目的及び効果は，まさに反トラスト法違反行為の未然防止にあった。

アリスチャルマース社の株主により，同社の取締役および4名の取締役でない従業員に対して損害賠償を求める代表訴訟がデラウェア州の衡平法裁判所に提起された。

〈裁判の結果〉
（第一審）デラウェア州衡平法裁判所は，原告の請求を棄却。
（上訴審）デラウェア州最高裁判所は原審の判断を支持。

〈判決要旨〉
（アリスチャルマース社の従業員が，過去においても反トラスト法違反事件を起こしたことがあり，そのとき連邦取引委員会（FTC）により下された同意審決が取締役らに対する警告として存在しており，したがって取締役らはかかる違法行為を発見しそれが再発しないように積極的手段をとる義務があったという原告の主張について）

「本件において被告とされている取締役は全員が，当時は取締役の地位になく，役員を兼務している取締役は就任後に上記の同意審決の存在を知ったが，かかる違法行為はその後ないものと信じており，取締役会は違法な価格固定の可能性に関する示唆を受けていなかった。」
（法律問題として，アリスチャルマース社の取締役は会社業務を積極的に監視・監督するコモンロー上の義務に対する重大な不注意を理由として，会社が

被った損害を賠償する責任を負うべきであるという原告の主張について）

「原告によれば，会社業務の監督にあたり取締役は，通常の注意深く慎重な人物が同様の状況の下で払うであろう注意を払う義務を負うことから，本件の取締役がたとえ会社従業員の違法行為を実際に知らなかったとしても，彼らはなおかかる違法行為を中止させるために十分な時間的余裕をもってそれを探知しうるような実効性ある監視システムを設置しておくべきであったとされる。しかしながら，デラウェア州最高裁判所は，同州の判例法は取締役に対してそのような行為を要求しておらず，逆に，違法行為の存在を疑わしめるような事実が生じていない限り，取締役は誠実かつ正直に部下を信頼する権利を有すると述べた。アリスチャルマース社の取締役が負う義務の内容は，同社が大規模会社であったことから必然的に従業員全員を個別に知ることはできず，取締役会の構成員として会社の方針の決定に限定される。」

「取締役が監視義務の懈怠により会社に対して損害を与えたか否かは結局のところ状況により決定される。取締役が不用意にも明らかに信用すべきでない従業員に信頼をおいた場合や，取締役としての義務の履行を理由もなく拒絶もしくは無視した場合，または従業員による違法行為の明白な危険サインを故意もしくは不注意により見落としたような場合には，取締役はその責任を問われることになる。しかし，本件における取締役らは反トラスト法違反行為を中止させその再発を防止するため迅速に行動しており，上述のような場合に該当しない。原告は，違法行為の疑いが存在しなかった時点から，これらの行動がとられるべきであったと主張するが，法は取締役に対してかかる要求をしていない。」

【A 2】 ケアマーク株主代表訴訟事件
In re Caremark International Inc. Derivative Litigation, No.13670, 698 A.2d 959（Del. Ch. 1996）.

〈事実の概要〉
ケアマーク社は患者介護の提供を業務とするヘルスケア会社であり，その従業員数は約7千人で，全国に90の支店を有していた。紹介謝礼禁止法（Anti-

Referral Payments Law）は，ケアマーク社のようなヘルスケア提供者が，医療保険・医療扶助の対象となる患者の紹介に対して謝礼金を支払うことを禁止している。ケアマーク社は，公式には，会社の方針として，医療保険・医療扶助の患者紹介を誘導するようなサービスは禁止していると宣言していたが，紹介謝礼禁止法の下でいかなる金銭交付が違反行為となるかは不明確であり，ケアマーク社による医師との契約は，違法な謝礼金に該当する可能性もあった。

1994年，ミネソタ州とオハイオ州の連邦大陪審は，それぞれ，ケアマーク社が同社の製品を使用してもらうために，医師に対して110万ドルを超える支払をしたという理由で，ケアマーク社を紹介謝礼禁止法の罪で刑事訴追した。第一訴追の後，ケアマーク社の複数の株主がそれぞれ独立した代表訴訟を提起した。その後，ケアマーク社は，郵便詐欺に関する訴因について有罪を認め，罰金および損害賠償金を支払った。

〈裁判の結果〉

株主代表訴訟はいずれも和解。株主代表訴訟の和解に際しては裁判所の承認を必要とするため，和解条項がデラウェア州衡平法裁判所において審査された。

〈決定要旨〉

「1963年，デラウェア州最高裁判所は，アリスチャルマース事件において，会社が合衆国反トラスト法に違反した結果として会社の受けた損害に対して取締役会の構成員が負うべき責任について判断をした。その事件においては，取締役に対する責任認定の基礎となるような会社従業員の違法行為に関する取締役の認識は存在しなかった。むしろ本件と同様に，取締役はかかる違法行為を認識しておくべきであったし，もし取締役がそれを認識していたならば彼らは会社を法令に従って運営すべき義務の下におかれることになり，その結果，会社の損害は避けられたはずである。デラウェア州最高裁は，その認定した事実によれば，取締役が会社の継続的運営に関して情報を得ておくべき義務に違反したと認定できる証拠はないと判示した。同裁判所は，様々な文言を費やして『取締役は，違法行為の存在を疑うべき理由がない限り，違法行為を発見するために会社の監視システムを構築し実施する義務を負わないことは疑う余地が

ない』という趣旨を述べている。そして同裁判所は、当該事件においては違法行為を疑うべき理由は存在していなかったことから、会社の損害を導くような行為に取締役が気が付かなかったことは非難に値しないと結論した。

　今日、このような判決を一般化することはできるだろうか。すなわち、現代において、法令違反行為の疑いを生じさせるような何らかの原因がない限り、取締役は、業務に関連する法令や規則の遵守状況を含んだ、会社内部の重要な行動、出来事、状況に関する情報を上級役員および取締役会に与えるための善意の努力を示すような会社内部の情報収集および報告システムの存在を確保する義務を負わない、ということが可能であろうか。明らかにそうではないと本官は信じる。1963年の時点において最高裁によって採用されたグレイム判決の立場をかくの如く広汎に一般化することを本官は疑うものである。当該判決の主旨は、不正行為を疑うような理由が存在しない限り、会社の取締役および上級役員はいずれも違法行為に対する責任を問われることはなく、従業員の忠実さおよび彼らの会社の業務執行における誠実さを当然のこととして仮定することが許される、という前提に立つものとして、より狭義に解釈することが可能である。」

　「現在の時点では、最高裁も自己の見解に同意するはずである。…第一に、企業買収の事例において見られるように、最近の会社法においては取締役会の役割が重視されていること、第二に、適切かつ適時の情報を得ることはデラウェア州一般事業会社法141条に定められた取締役会の監視・監督職務の遂行にとって極めて重要であるということ、第三に、適正な法令遵守プログラムを構築している会社の違法行為に対しては、特別の量刑計算を行い軽減された制裁を加えるとする合衆国制裁ガイドラインができたことにより、法令遵守プログラムの構築はすでに一般的な企業慣行となっていること。」

　「一般に、会社の損害に対する取締役の責任が、会社の活動が違法なものであることを知らなかったことに基づくものである場合には、監督権の行使に対する継続的または構造的な取締役会の任務懈怠（例えば、合理的な情報および報告システムの存在を確実にするための努力をまったく欠いているような場合）のみが、取締役の責任を問うために必要な要件である善意の欠如を証明することになる。このように、合理的な監視職務を取締役が継続的または構造的に怠った

事実により証明される善意の欠如という責任基準は、かなり高いものである。しかし、このような責任基準は、誤った経営判断の責任に関する場合と同様に、全体の株主にとって利益となるものである。けだし、それはより適格のある人物によって取締役会の職務が行われるようにさせるし、一方で、かかる取締役に対して善意の職務遂行を奨励することにもなるからである。」

【A 3】マッコール対スコット事件（株主代表訴訟）
McCall v. Scott, 239 F. 3 d 808 (6th Cir. 2001).

〈事実の概要〉

　コロンビアHCA社（以下，「コロンビア社」という）は，その本社と主たる事業所をテネシー州ナッシュビルに置くデラウェア州株式会社である。1987年の設立以降，同社は急速に拡大し，1995年までにはアメリカ合衆国における営利目的病院の45％を所有し運営するに至った。その経営拡大方針は，中規模から大規模の一般ないし救急病院を買収することであった。同社は，第2位の同種事業者に対して3倍の規模をもつ大規模な雇用主であり，合衆国35州と3つの外国において，314の病院，143の外来手術センター，500を超えるヘルスケアセンターを運営していた。

　1997年，コロンビア社の株式を有する個人投資家および機関投資家は，以下のように主張して同社の複数の取締役を被告とする株主代表訴訟を提起した。同社の上級経営者らは広範な認識を有しつつ，会社の利益を不正に増加させる計画を立て，詐欺的行為に関与するよう従業員に対して強い誘因を与える経営方針を実行した。経営者らは，業界平均の3～4倍にあたる15％から20％という成長目標を立てたが，通常，それは医療関係法令に違反しない限り達成不可能なものである。従業員らの業績はスコアカードを使ってモニターされ，良い結果を出した者は現金賞与をもって表彰された。原告により主張された詐欺的行為とは次のようなことを含んでいる。①診断結果の水増し，②不適切な費用の申告，③コロンビア社の施設利用を推薦した医師に対する金銭の提供，④対象企業の役員に対する報奨金支払い，医師との既存関係を破壊するような企業買収の手法，である。また，原告は，被告取締役の数名が，会社の詐欺的行為

を知りつつ，違法な株式のインサイダー取引を行ったと主張している。損害としては，主として，連邦当局および州当局による捜査，株主および内部告発者による訴訟の結果，コロンビア社の信用が喪失され，同社株式の価値が下落したと原告は主張している。

　本件株主代表訴訟の提起にあたり，原告は無益であるとして事前請求を行わなかったため，被告から訴え却下の申立がされた。

〈裁判の結果〉
(第一審) 連邦地裁は，本件では事前請求が必要であったとして，被告の申立を認めて訴えを却下した。
(控訴審) 連邦第 6 巡回区控訴裁判所は，原決定を破棄し，連邦地裁に差し戻した。

〈決定要旨〉
　「株主代表訴訟において，連邦民事訴訟規則23.1条は，原告に対し，事前請求をなすことが無益である理由を具体的に主張することを求めている（同様のプリーディング要件は，デラウェア州衡平法裁判所規則23.1条にもある）。連邦地方裁判所は，本件においては意識的な経営判断が存在しないために，事前請求の無益性はアロンソン基準ではなくラレス基準により判断されるべきであると判示したが，我々もこれに賛成する。… 原告は，コロンビア社においてなされた組織的詐欺行為に対して同社取締役会がなんら行動しなかったことが，あえて行動を控えるという意識的決定に等しいと結論するよう我々に求めている。しかし，原告の注意義務違反に関する主張は，コロンビア社取締役会の義務不履行（すなわち，潜在的な詐欺行為を示す『警告事実（the red flags）』を故意に無視したこと，または意欲的に目を閉じたこと）に基づくものであり，当該状況において同社取締役会が行動や調査を行わなかったことを非難するものである。その主張は，同取締役会があえて行動を控えるという意識的決定をしたことを意味していない。」

　「ラレス基準のもとで，裁判所は原告により主張された具体的事実が，請求が行われた時点で取締役会メンバーの過半数が事前請求に対してその独立かつ

利害関係のない経営判断を適切に行使することができたという点に関して合理的な疑いを生じさせるかどうか，を判断しなければならない。この合理的な疑いを証明するにあたり，原告は事前請求の無益性を裁判所が判断するために十分な事実を主張することまでは求められておらず，また本案勝訴の合理的可能性を示すことも求められていない。さらに，原告が取締役会メンバーの過半数が利害関係を持たず独立していることに関する合理的疑いを生じさせるのに十分な事実を主張したかどうかは，集められたすべての事実を考慮して決定されなければならない，とされている。…本件において原告は，少なくとも5名の取締役について故意または無謀な注意義務違反により責任を負う可能性があるために，合理的疑いが生じると主張している。また原告は，少なくとも5名の取締役についてその忠実義務に違反するコロンビア社株式の内部者取引による利益を得ているために利害関係を有していると主張している。」

「コロンビア社はその設立定款において，取締役の責任制限を定めたデラウェア州一般事業会社法102条(b)項(7)号の規定を採用している。同規定の有効性が争われておらず，原告の請求が注意義務違反のみを示す事実に基づいている場合には，事前請求の無益性に基づく訴え却下の申立に対する判断をするにあたり，その責任制限規定が適切に考慮され適用されることになる。原告は，その注意義務違反に関する主張は，責任免除からの例外を示す『不誠実な，意図的な不正行為，または故意の法令違反を含む，作為または不作為』にあたるという。その理由として，原告は『意図的な不正行為』は『無謀な行為』を含むものであると主張するが，我々はデラウェア州最高裁判所が同規定をそのように解釈しているとは考えない。無謀な作為または不作為が，同規定の責任免除対象から除外されるかどうかは，いまだ不明確である。そうすると，我々は，意図的な不正行為のみがコロンビア社の設立定款に採用された責任免除規定から除外されるという連邦地方裁判所の判断は誤りであったことを認めなければならない。」

「事実関係について我々が重要な要素であると考えるものは，コロンビア社によって買収されたヘルスケア組織の取締役ないし経営者としての被告メンバーの事前の経歴である。…彼らの事前の経歴を前提として，原告は，取締役らが行為を怠ったことは，コロンビア社経営陣により採用され促進された組織

的詐欺行為を示す警告事実（the red flags）を彼らが故意または無謀にも無視した結果であると主張している。とりわけ，原告は，かれらの故意または無謀な無視は，監査報告書，継続的な買収業務，コロンビア社に対して提起された私人による代理訴訟（a qui tam action），連邦当局による広範な捜査，ニューヨークタイムズ紙による調査，1997年7月以前に取締役会が創業者を排除しなかったこと，に直面していたにも拘わらず何も行動しなかったこと，から推論されると主張している。…これらの主張を総合したうえで原告にとって有利な合理的推論を行った結果，我々は，それらの具体的事実は意図的または無謀な注意義務違反を理由として取締役らが責任を負う実質的可能性を示すものであり，少なくとも5名のコロンビア社取締役の利害関係のなさに関して合理的な疑いを生じさせるのに十分であると結論する。」

「最後に，原告は，一定範囲の取締役がコロンビア社による連邦法・州法に違反する組織的行為を知りながら内部者取引をなすことにより忠実義務に違反したと主張している。…しかし連邦地方裁判所は，この内部者取引に関する原告の主張は詐欺の推論を示すために十分な事実ではなく，結果として取締役らに対し責任の実質的リスクを負わせるものではないと判示した。…連邦地方裁判所が述べるとおり，役員または取締役により株式取引がなされたという単なる事実は，忠実義務違反を証明するものではない。…原告は，取締役らがコロンビア社の不適切な政策や事業を知っていたかもしくは無謀にも無視したことを示す警告事実（the red flags）を根拠とするけれども，問題の株式取引がそれらの警告と時間的に結びついていたことを証明できていない。しかも，それらの警告事実のすべてが非公開の不利な重要事実にあたるわけではない。1997年3月に行われた連邦当局の捜査，ニューヨークタイムズの記事，私人による代理訴訟は秘密事項ではない。…我々は，これらの原告の主張は，内部者取引による忠実義務違反を理由として取締役会メンバーの少なくとも過半数が責任を負うべき実質的な可能性を示す具体的事実としては不十分であると判断する。」

「以上のとおり，原告が株主代表訴訟の事前請求を行わなかったことについて連邦地方裁判所がなした却下決定のうち，忠実義務違反に関する部分については支持できるが，注意義務に対する意図的もしくは無謀な無視に関する部分

は支持することができない。したがって，本意見に沿ってさらに審理を行うために，本件を差し戻す。」

【A4】アボット株主代表訴訟事件
In re Abbott Laboratories Derivative Shareholders Litigation, 325 F.3d 795 (7th Cir. 2003).

〈事実の概要〉

　アボット社はイリノイ州法上の株式会社であり，医薬品，診断用機材，栄養食品，医院用品の開発および販売事業を全米で行っているヘルスケア企業である。このうち診断用機材の販売に対しては連邦法による高度の規制がかけられており，当該分野における事業者は連邦法規定を遵守する義務を負っている。アボット社の診断用機材部門は，当該規制の遵守手続きに関して，連邦機関FDA（Food and Drug Administration）との間で継続的に問題を抱えていた。1993年から99年までの6年間，アボット社の製造する一部診断用機材に関するデータおよび情報が科学的に有効かつ正確なものかどうか，また，治験対象となった人体が侵害や危険から保護されていたかどうかを検証する目的でFDAは10数回の立入調査を行った。その調査が行われるたびに，アボット社に複数の連邦法違反行為があることが発見され，FDAはそれらの是正を命じるとともに，同社が是正を怠った場合には制裁発動の可能性を示唆する警告書を1993年，94年，98年，および99年の計4回にわたり同社の現場責任者宛に送付した。これらの警告書のコピーは，アボット社の取締役会長兼CEOであるBおよびその後継者であるWに対して転送されていた。1999年4月，最終警告書のコピーを受け取った直後にWは所有していたアボット社株のうち30％を売却している。

　1999年6月，国内外の金融情報を提供するニュース・サービスによって最終警告書の内容が報道されアボット社の株価が急落したため，同年9月，アボット社は記者会見を行うとともに，FDAとの間で法令遵守手続きに関する問題を抱えていることを報告する開示書類をSECに提出した。同年11月，FDAが準司法手続きを開始したため，アボット社は，直ちに，①課徴金1億ドルの支

払（当時としては最高金額であった），②診断用機材125品目の米国内市場からの引き揚げ，③在庫品の処分，および，④製造手続きにおける是正措置の策定，を内容とする同意審決に応じた。機材を市場から引き揚げたこと等によりアボット社の年間売上げには約2億5千万ドルの損失が生じた。また，課徴金および在庫処分による損失の償却のため，1999年度第3四半期の利益の中から1億6千8百万ドルが使用されることになった。

　アボット社の株主である原告は，連邦法規違反の結果会社が被った上記損害について，同社の取締役（13名のうち2名が役員および従業員兼務の内部取締役であり，残り11名は社外の独立取締役であった）の賠償責任を追及する代表訴訟をイリノイ州の連邦地方裁判所に提訴した。しかし，原告は本件代表訴訟を提起するにあたり，事前請求が無益であるとしてアボット社の取締役会に対する事前請求を行っておらず，また，同社の基本定款に取締役免責条項が置かれていたため，被告側から訴え却下の申立がなされた。

〈裁判の結果〉
（第一審）連邦地裁は，原告が事前請求の無益性を示す具体的事実を主張していないと判示して，連邦裁判所規則23.1条に基づき訴えを却下した。
（控訴審）連邦第7巡回区控訴裁判所は，原決定を破棄し連邦地裁に差し戻した。

〈決定要旨〉
　「本件における全事実関係から判断するならば，（内部統制システムの不構築により従業員による違法行為を取締役が認識していなかった）ケアマーク事件とはまったく対照的に，アボット社の取締役会の構成員には連邦法規違反の問題の認識があったという合理的推論が導き出される。すなわち，アボット社においては内部統制システムが適切に構築されていることから，そのシステムが正常に作動し，同社の取締役は問題を認識することができたにもかかわらず，何ら具体的な行動をとらないという判断を下したものと見なされるのである。」
　「そこで本件では，取締役の意識的な経営判断があったことを前提に，事前請求の無益性が判断される。原告は，その主張が真実であると仮定する限り，

アボット社取締役らが問題を認識しつつ積極的対策をとらなかったことが会社に対する誠実義務（duty of good faith）に違反するものであり，経営判断原則による保護の対象外であると合理的に推測できるような具体的主張を行っているものと認められる。それゆえ，本件において事前請求は免除されるべきである。」

「原告は，リスクを認識していたのにそれを故意に無視する行為が誠実になされることはあり得ないとして，被告取締役らが連邦法規違反の問題に対して何ら対策をとらなかったことは，免責条項の対象外とされている誠実性を欠く行為もしくは意図的な非行に該当すると主張している。この主張に対する判断にはさらに審理を必要とする。したがって，会社の基本定款に取締役免責条項が存在するとしても，原告の損害賠償請求は現時点において遮断されない。」

【A 5】ストーン対リッター事件
Stone v. Ritter, 911 A. 2d 362（Del. 2006）.

〈事実の概要〉
　P社はアラバマ州バーミンガムにその主たる事業所を置くデラウェア州設立の株式会社である。P社の完全子会社であるQ社は，アメリカ南東部の6都市におよそ600の支店をもち，11,600名以上の従業員を雇用する商業銀行であった。
　2000年8月，弁護士であるAと投資顧問であるBは，テネシー州にあるQ社の銀行支店を訪れて，ベンチャービジネスに投資する投資家のための預託口座の開設をするように依頼した。そのベンチャー事業は海外における医療施設の建設にかかわるものであった。Bは，その投資の性格やリスクに関して不実表示をして，40人以上の投資家に対し，高い利益を受けられるとする有価証券への投資を勧誘した。Q銀行のテネシー州支店の従業員は，AとBによる同様の不実表示を信頼して，投資家のための預金口座の開設に同意し，Aが振り出した小切手の受取りと引き換えに，Bの指示に従い，各口座に毎月利息を入金することを合意した。AとBによる詐欺は，2002年3月に投資家が毎月支払われるはずの利息の支払を受けなかったことにより発覚した。彼らはテネシー州とミシシッピー州で被害投資家により起こされたいくつかの民事訴訟の被告とな

り，また，連邦大陪審に起訴されて資金洗浄の罪で有罪判決を受けた。

2004年にP社とQ社は4,000万ドルの罰金と1,000万ドルの民事制裁金を支払うことになったが，それは主として，連邦銀行機密法（BSA）および資金洗浄を禁じるいくつかの規則により要求されている疑わしい取引についての報告書を銀行従業員が提出することを怠ったことが理由とされていた。これらの調査は，ミシシッピー州南地区の検事局，連邦準備局，FinCEN（財務省所属の経済犯罪摘発チーム），アラバマ銀行局によって行われた。しかし，このときP社の取締役らに対しては罰金や制裁金は科せられなかったし，その他の行政的規制も加えられなかった。FinCENの認定によれば，P社の反資金洗浄法令遵守プログラムは十分な取締役会および経営陣による監督が欠けており，監督のための経営陣への報告や法令遵守行動の監視について重大な欠陥があったと結論されている（この認定について，P社は否定も肯定もしていない）。

P社の株主であるXは，同社の15名の取締役および元取締役らに対する株主代表訴訟をデラウェア州衡平法裁判所において提起した。ただし，Xは事前請求をP社取締役会に対して行わなかった。

〈裁判の結果〉
（第一審）デラウェア州衡平法裁判所は，ラレス基準の下で事前請求の無益性について十分に主張されていないとして，Xの訴えを却下した。
（上訴審）デラウェア州最高裁判所は，原審の判断を支持。

〈決定要旨〉
「事前請求が免除されるかどうかに関する本件の争点において重要なことは，取締役らの潜在的な責任がP社の基本定款にある会社法102条(b)項(7)号によって免責されるかどうかによって決まるという事実である。この規定は，取締役の注意義務違反による損害賠償責任を免除する。しかし，不誠実な行為や忠実義務違反の行為は除かれる。監視義務を果たすにあたり誠実に行動しなかったことによる取締役の個人責任に対する基準は，グレイム事件判決に始まり，ケアマーク事件を経て，最近のディズニー事件判決にもみられる。」

「誠実な行動を怠ったことは，責任という結果に結びつくかも知れない。誠

実に行動するという要求は，基本的な忠実義務の下位要素，すなわち前提条件だからである。ディズニー事件判決やケアマーク事件判決が述べる意味において，不誠実の立証は取締役の監視義務違反の認定にとって重要なので，その行為によって違反となる信認義務は忠実義務なのである。…誠実な行動を怠ったという観点は二つの理論的な結果を導く。第一に，誠実義務は注意義務や忠実義務と同じ信認義務のひとつとされているが，誠実に行動する義務は他の二つの義務と同じ意味で独立した信認義務となるわけではない。他のふたつの義務だけが，それに違反したとき，直接に責任に結びつくのである。誠実な行動を怠ったことが責任に結びつくこともあるが，それは直接的ではない。第二の理論的結果は，忠実義務は経済的または他の認識しうる利益相反の場合に限られるのではなく，誠実に行動しない場合をも包含するのである。」

「この裁判において，衡平法裁判所は次のように述べている。本件は取締役会が会社の重要な決定を注意深くしなかったものではなく，不十分な内部統制のために取締役会に情報が伝わらなかった事案である。後知恵によれば，Ｐ社の連邦銀行機密法および資金洗浄を禁じるいくつかの規則に関する内部統制システムが不十分であったことは疑いの余地がない。いずれの当事者も，内部統制システムの欠如により5,000万ドルという莫大な罰金が科せられたことは争っていない。しかし，これらの損害の事実は，裁判所にＰ社取締役会の過半数は事前請求を検討する資格に欠けていると結論させるのに十分ではない。」

「KPMGの報告書は，本件取締役らが情報・報告システムを確立する監視義務を果たしていたばかりでなく，そのシステムが取締役らにＰ社の法令遵守体制を定期的に監視することを可能とするように設計されていたことを示している。…同報告書は，取締役会がさまざまな時点で連邦銀行機密法および関連規則を確保するよう意図する政策や手続きを定めていたことを示している。」

「本件において，事前請求が免除されるという原告の主張が十分かどうかは，取締役でない従業員が書類の提出を怠ったことに対して被告取締役らが個人責任を負う可能性があることを示すのに十分な事実が主張されているかどうかにかかっている。デラウェア州の裁判所は，会社がその従業員により行った判断の大部分は取締役の注意の対象とはならないことを認めてきた。したがって，取締役が従業員の任務懈怠により個人責任を負うという主張は，会社法におい

て，原告が勝訴判決を得るには最も難しい理論である。」

【A6】 シティグループ株主代表訴訟事件
In re Citigroup Inc. Shareholder Derivative Litigation, 964 A. 2d 106 (Del. Ch. 2009).

〈事実の概要〉

　シティグループは1988年にデラウェア州で設立され，本店をNY市に置き，全米で幅広い個人と法人顧客向けの金融サービスを展開する株式会社である。同社は，2006年からサブプライムローン（個人向け住宅購入資金貸付）を開始した。当初は住宅価格が高騰しておりそれを担保にローンを得ることは容易であったが，まもなく不動産価格が暴落すると住宅所有者には多額の負債だけが残った。2007年末までに，シティグループはサブプライム関連資産により多額の損害を被ったことが明らかになった。また，同社はSIV（証券投資ビーグル）を用いていたが，それは住宅ローン債権など高リスクの資産に投資されていたため，サブプライムローン市場のリスクの影響を受けることになった。結果的にシティグループは多額の損失を計上することになった。

　原告は，デラウェア州衡平法裁判所において，シティグループの現在および過去の取締役13名に対する株主代表訴訟を提起した。原告は，その他の請求原因に加え，被告取締役らの監視義務違反に関して次のように主張した。被告取締役らは，①警告事実があったにもかかわらず，サブプライム住宅ローン市場の問題においてシティグループの事業に対する管理および十分な監視を怠った，②同社の財務報告およびその他の開示情報が完全かつ正確であることを確認することを怠った，という点においてその信認義務に違反している。ここで，原告が主張する警告事実とは，そのほとんどが，サブプライムローン市場を含んだ金融市場の状況悪化およびそれに伴う市場参加者の状況悪化を示す公的リポートからの引用であった。たとえば，経済専門家による評論，市場関係機関による発表，企業倒産に関する報道，などである。本件で提訴請求の無益性は認められないとして，被告から訴え却下の申立がなされた。

〈裁判の結果〉
(第一審) デラウェア州衡平法裁判所は, 原告の訴えを却下した。

〈決定要旨〉
「原告が主張する被告取締役が個人責任を負うべき理由は, 伝統的なケアマーク訴訟におけるものとは異なっている。典型的なケアマーク訴訟では, 原告は従業員の不正行為や法令違反を適切に監視監督することを怠ったために生じた損害に対する被告の責任を追及する。たとえば, ケアマーク事件では, 謝礼禁止に関する連邦法に違反した従業員の行為の監視を取締役会が怠ったと主張されたし, また, ストーン事件における取締役らは銀行機密に関する連邦法に従業員が違反したことに対する監視責任を追及されている。

これに対して, 本件の原告による主張はシティグループの事業リスク, とりわけサブプライム住宅ローン市場に関わる事業を被告取締役らが適切に監視しなかったことを根拠としている。すなわち原告は, 被告取締役らは, 求められる手続きを履行する善意の努力を怠ったこと, また, サブプライム住宅ローン市場に関する事業についてシティグループが負っているリスクを彼らが完全に知りうるようにするための十分かつ適切な会社内部の情報・報告システムを構築していなかったことから, ケアマーク基準の下で, 個人責任を負うと主張している。また原告は, 被告らに対してサブプライム住宅ローン市場の問題を示す, いわゆる警告事実の存在を指摘している。そして, ①本件取締役の過半数はエンロン事件が生じたときシティグループの取締役の地位にあったこと, ②彼らは監査リスク管理委員会の委員であり, 財務の専門家であったと考えられることから, 取締役会は上記の警告事実に当然に気付くべきであったと主張している。

これらの主張は原告によりケアマーク訴訟と類似のものと性格づけられているが, 原告の理論は実質的に, 被告取締役らがサブプライム証券により生じたリスクを完全に認識することに失敗したために, 会社に対して個人責任を負うべきであるということに帰着する。もしも, これらの主張を装飾するために監視義務や警告事実という高邁な表現を用いるのであれば, それは被告取締役の経営判断が会社にとって間違ったものであった場合に, 原告株主による被告取

締役らの個人責任の追及を可能にするものである。デラウェア州の裁判所はこのような種類の主張に何度も直面し，これに対処するために注意義務と経営判断原則の法理を発展させてきた。これらの法理は，決定内容の実質的評価ではなく，決定過程を適切にも重視している。これは，会社の経営判断が正しいか間違っているかを評価することに対する裁判所の不十分さや，後知恵による審査を回避すること，に基づくものである。」

事項索引

欧文

ALIプロジェクト ……………………… 51
COSO報告書 …………………………… 2
GAAS基準 …………………………… 180
NOVA事件 ………………… 34, 122, 221

あ行

アーバンコーポレイション事件 ……… 155
アイ・エックス・アイ破産管財事件 …… 79, 162
アイゼンバーク教授 …………………… 50
アボット事件 ………………………… 138
アメリカ法曹協会（ABA） …………… 50
アメリカ法律家協会（ALI） ………… 50
アリスチャルマース株主代表訴訟事件 … 44, 46
アレン判事 …………………………… 52
アロンソン基準 ……………………… 131
安全配慮義務 ………………………… 31
委員会設置会社 ……………………… 82
石原産業株主代表訴訟事件 ………… 96
異状発生時の内部統制システム …… 102
一元説 ………………………………… 211
一般的法令遵守義務 ………………… 217
一般に公正妥当と認められた会計基準
　（GAAP） ………………………… 179
一般に公正妥当と認められた監査基準
　（GAAS） …………………… 77, 179
一般不法行為 ………………………… 10
一般法令の規定 ……………………… 198
意図的な不正 ………………………… 143
違法行為の抑止 ……………………… 242
違法性の認識可能性 ………………… 223
隠ぺい ………………………………… 127
ウォール・ストリート・ジャーナル … 142
売掛金残高確認書 …………………… 110
エクイティ …………………………… 38
大阪高等裁判所 ………………… 19, 109
大阪地方裁判所 ……………………… 75
大谷重工事件 ………………………… 188
公の秩序 ……………………………… 192
親会社取締役の子会社監視義務 …… 88, 93

か行

海外不正慣行禁止法 …………………… 48
会計監査人 …………………………… 76
会社法350条 ………………………… 111
会社法355条 ………………………… 217
会社法362条4項6号 ………………… 3
会社法429条1項 …………………… 30
会社法施行規則98条2項 …………… 68
会社法施行規則100条1項 ………… 3
会社役員等 …………………………… 7
確認書 ………………………………… 5
過失推定説 ………………………… 240
過失相殺 …………………………… 237
カストディ業務 …………………… 106
合衆国制裁ガイドライン …………… 49
金沢地方裁判所 …………………… 219
河合裁判官の補足意見 ……………… 202
監査基準 …………………………… 70
監査計画 …………………………… 163
監査証明 …………………………… 147
監査等委員会設置会社 ……………… 83
監査役 ……………………………… 70
監査論 ……………………………… 1
関税法違反 ………………………… 188
企業会計審議会 …………………… 6, 159
企業グループ ………………………… 88
　——における内部統制 ……………… 8
企業組織体責任論 ………………… 240
規制緩和 …………………………… 242
帰責事由 …………………………… 213
規則10ｂ-5 ………………………… 167
既知のリスク ……………………… 112
基本定款 …………………………… 143
客観的過失論 ……………………… 150
キャリー教授 ……………………… 46
旧商法266条1項5号 ……………… 188
旧商法266条の3第1項 …………… 104
業界慣行 …………………………… 234
業務執行取締役 ………………… 68, 69
虚偽記載 …………………………… 86

金融商品取引法21条の2 ……………… 111, 151
クラーク教授 ……………………………… 46
クレイトン対ファリッシュ事件 ………… 226
グロス・ネグリジェンス …………………… 59
ケアマーク株主代表訴訟事件 …………… 133
ケアマーク訴訟 …………………………… 57
経営判断原則 …………………………… 119
──の枠組み ………………………… 206
経営判断の問題 ………………………… 116
警告事実 ………………… 102, 122, 138
刑事責任能力 …………………………… 239
契約上の手段債務 ………………………… 11
結果回避義務違反の有無 ……………… 128
限定説 …………………………………… 196
権能外の理論（ultra vires）……………… 227
故意の違法行為 ………………………… 143
公序にかかわる規定 …………………… 199
公認会計士・監査法人 ………………… 149
神戸製鋼所株主代表訴訟事件 …………… 24
功利主義 ………………………… 11, 12, 215
効率性 …………………………………… 12
効率的市場仮説（ECMH）……………… 184
合理的行為（reasonable conduct）……… 37
合理的調査（結果回避義務）…………… 153
ゴールドマン・サックス事件 …………… 58
個人情報漏洩 …………………………… 113
コモンロー ……………………… 38, 167
固有リスク ……………………………… 78
コンプライアンス・プログラム ………… 47
コンプライアンス（法令遵守）………… 231

さ行

最高裁判所第一小法廷 ………………… 110
最高裁判所第二小法廷 ………………… 208
最高裁判所第三小法廷 …………………… 18
債務二分論 ……………………………… 103
債務の本旨に従わない履行 …………… 201
債務不履行 ……………………………… 238
財務報告の信頼性確保体制 ……………… 15
サイモン対ソコニー・バキューム・
　オイル事件 ………………………… 224
事業リスク管理体制 …………………… 56
事実上の取締役 ………………………… 69
事実審理（トライアル）………………… 131
事前請求（デマンド）…………………… 130

事前請求の無益性 ……………………… 131
事前防止体制 …………………………… 129
執行役 …………………………………… 83
実質的会社法の規定 …………………… 200
実務ガイドライン ……………………… 234
シティグループ株主代表訴訟事件 …… 56
指名委員会等設置会社 …………………… 82
ジャージー高木乳業事件 ……………… 219
シャーマン法 …………………………… 224
社外監査役 ……………………………… 123
社外取締役 ………………………… 84, 175
──の内部統制構築義務 ……………… 85
蛇の目ミシン工業事件 ………………… 207
従業員の横領行為 ……………………… 113
従業員の長時間労働 …………………… 107
手段債務 ………………………………… 129
主張・証明責任の転換 ………………… 148
──された過失責任 ………………… 147
遵法経営義務 …………………………… 217
証券業務 ………………………………… 21
証券取引委員会（SEC）………………… 48
証券法 …………………………………… 166
証券法11条 ……………………………… 168
証拠開示手続き ………………………… 131
肖像権侵害 ……………………………… 30
商品先物取引 …………………… 33, 69
情報伝達システム ……………………… 66
情報伝達体制 …………………………… 129
常務会 …………………………………… 67
職業的猜疑心 …………………………… 235
食品衛生法違反 ………………………… 109
事例判決 ………………………………… 112
新潮社貴乃花名誉棄損事件 …………… 114
新潮社フォーカス事件 ………………… 104
信認義務 ………………………………… 37
信頼の権利 ……………………………… 95
信頼の抗弁 ……………………………… 95
ストーン対リッター判決 ……………… 135
セイクレスト事件 ………………… 73, 123
政治献金 ………………………………… 209
誠実義務（duty of good faith）………… 140
セーフ・ハーバー ……………………… 170
専門家作成部分に対する信頼 ………… 183
相当な注意 ……………………………… 150
──の抗弁 …………………………… 169

損益相殺	237
損害拡大防止体制	129
損失補塡	191

た行

大庄日本海庄や事件	107
大和銀行株主代表訴訟事件	19, 72
ダスキン株主代表訴訟事件	108
田中亘教授	214
チャイニーズ・ウォール	48
注意義務（duty of care）	130
中京銀行事件	67
調査体制	129
追加的調査を行う義務	158
データ改ざん	113
適合性原則等	33
デビント事件	44
デラウェア州衡平法裁判所	133
デラウェア州最高裁判所	45
デリバティブ取引	96
店舗管理マニュアル	108
東京地方裁判所	193
投資者集団訴訟	186
統制リスク	78
独占禁止法19条	192
特定継続的役務提供取引	221
特定商取引法	34, 222
取締役会上程事項	67, 85
取締役会制度	16
取締役会に上程された事柄	18
取締役会に上程されない事項	17
取締役会の監督機能	19
取締役会の専決事項	65
取締役会非設置会社	68
取締役の業務財産調査権	86
取締役の行動準則	121
取締役の誠実義務違反	137
取締役の責任制限条項	134
取引所法	166
取引所法規則10b-5	167
トレッドウェイ委員会	2

な行

内部統制システムの大綱	86
――の決定	65
内部統制部門	120
内部統制報告書	5
内部取締役	171
名古屋高等裁判所金沢支部	219
名古屋地方裁判所	67, 207
ナナボシ粉飾決算事件	78
二元説	211
西松建設政治献金事件	209
二重処罰の問題	239
2014年（平26）会社法改正	28, 92
日本公認会計士協会	81
日本航空電子工業事件	193
日本システム技術開発事件	110, 152
ニュージャージー州最高裁判所	41
ニューヨーク州最高裁判所	224
任務懈怠	10
ネグリジェンス	37
野村證券損失補塡事件（控訴審判決）	191
野村證券損失補塡事件（最高裁判決）	202

は行

間組株主代表訴訟事件	190
発見リスク	78
発行会社の過失	151
反トラスト法	48
非限定説	197
品質管理	98
品質マネジメントシステム	97
福岡魚市場株主代表訴訟事件	90
不当勧誘	69
不法行為能力	239
フランシス事件	43
プリーディング手続き	134
平常時の内部統制システム	102
ベスト・プラクティス	75
弁護士の意見	222
法令遵守（コンプライアンス）体制	23
法令遵守プログラム	23, 47

ま行

マネーロンダリング	135
丸協青果市場株主代表訴訟事件	205
マルゼン事件最高裁判決	18
ミラー対AT&T事件判決	228
無過失責任	148

無過失の抗弁 ································· 212
目論見書 ····································· 176
持株会社形態 ································· 92
モニタリング・モデル ··················· 26, 50

や行

ヤクルト株主代表訴訟事件 ··········· 95, 117
山一證券事件 ································ 160
有価証券報告書 ····························· 85
予見可能性の有無の判断 ················· 114
吉原和志教授 ································ 214

ら行

ライブドア事件 ····························· 154

ラレス基準 ··································· 132
ラレス対ブラスバンド事件 ············· 132
利益衡量 ······································ 12
リスク・アプローチ ······················ 161
リスク管理体制 ················· 66, 106, 117
両罰規定 ····································· 239
レッド・フラッグ ············ 102, 122, 138
連邦証券規制 ································ 13
連邦第9巡回区控訴裁判所 ·············· 39

わ行

割合的因果関係 ····························· 237

判例索引

海外

Aronson v. Lewis, 473 A. 2d 805 (Del. 1984)
.... 131
Blake, The Shareholders' Role in Antitrust Enforcement, 110 U. Pa. L. Rev. 143, 160 (1961) 227
Broderick v. Marcus, 272 N.Y.S. 455 (1934)
.... 228
Clayton v. Farish, 73 N. Y. S. 2d 727 (1947)
.... 226
Depinto v. Provident Security Life Ins. Co., 374 F.2d 37 (CA9 1967), cert den 389 U.S. 822 (1967) 39
Ernst & Ernst v. Hochfelder, 425 U. S. 185, 193 (1976) 168
Escott v. BarChris Construction Corporation, 283 F. Supp. 643 (S.D.N.Y. 1968) 172, 175
Feit v. Leasco Data Processing Equipment Corporation, 332 F. Supp. 544 (E.D.N.Y. 1971) 174
Francis v. United Lersey Bank, 432 A. 2d 814 (N.J. 1981) 40
Graham v. Allis-chalmers Mfg., 188 A. 2d 125 (Del. 1963) 44, 269
In re Abbott Laboratories Derivative Shareholders Litigation, 325 F. 3d 795 (7th Cir. 2003) 138, 278
In re Avant-Garde Computing Inc. Securities Litigation, 1989 U. S. Dist. LEXIS 10483 (D.N.J. Sept. 5, 1989) 177
In re Caremark International Inc. Derivative Litigation, No.13670, 698 A. 2d 959 (Del. Ch. 1996) 52, 133, 271
In re Citigroup Inc. Shareholder Derivative Litigation, 964 A. 2d 106 (Del. Ch. 2009)
.... 56, 283
In re Goldman Sachs Group, Inc., Shareholder Litigation, 2011 Del. Ch. LEXIS 151 (Del. Ch. 2011) 58
In re WorldCom, Inc. Securities Litigation, 346 F. Supp. 2d 628. (S.D.N.Y. 2004) 183
In re WorldCom, Inc. Securities Litigation, 352 F. Supp. 2d 472 (S.D.N.Y. 2005) 181
In re Worlds of Wonder Securities Litigation, 814 F. Supp. 850 (N.D.Cal. 1993) 182
In re Worlds of Wonder Securities Litigation, 35 F. 3d 1407 (9th Cir. 1994) 183
Laven v. Flanagan, 695 F. Supp. 800 (D.N.J. 1988) 177
McCall v. Scott, 239 F. 3d 808 (6th Cir. 2001)
.... 144, 274
Miller v. AT&T., 364 F. Supp. 648 (E.D. Pa. 1973), rev'd 507 F. 2d 759 (3d Cir. 1974) 228
Rales v. Blasband, 634 A. 2d 927 (Del. 1993)
.... 132
Simon v. Socony-Vacuum Oil Co., 38 N. Y. S. 2d 270 (Sup.Ct. 1942), aff'd mem., 47 N. Y. S. 2d 589 (1st Dept. 1944) 224
South v. Baker, 62 A. 3d 1 (Del. Ch. 2012)
.... 138
Stone v. Ritter, 911 A. 2d 362 (Del. 2006)
.... 55, 135, 280
Weinberger v. Jackson, 1990 U.S.Dist. LEXIS 18394 (N.D.Cal. Oct. 11, 1990) 178
Wilshire Oil Co. v. Riffe, 409 F. 2d 1277 (10th Cir. 1969) 223

最高裁判所

最（二）判昭和40年3月26日刑集19巻2号83頁 239
最（大）判昭和44年11月26日判時578号3頁 16
最（三）判昭和48年5月22日判時707号92頁 ... 18
最（三）小判昭和51年3月23日金融・商事判例503号14頁 197
最（三）判平成8年1月23日民集50巻1号1頁（虫垂炎麻酔ショック事件） 121
最（二）判平成12年7月7日判時1729号28頁（野村證券損失補塡事件） 202
最（二）判平成18年4月10日民集60巻4号1273頁（蛇の目ミシン工業事件） 207

最(一)判平成21年7月9日判時2055号147頁
　(日本システム技術開発事件) ……… 110, 256
最(三)判平成24年3月13日判時2146号
　33頁 ………………………………………… 149

高等裁判所

東京高判昭和39年7月31日判時384号50頁 …… 16
東京高判平成7年9月26日資料版商事法務
　139号177頁 (野村證券損失補填事件) …… 191
大阪高決平成9年11月18日判タ971号
　216頁 (大和銀行株主代表訴訟事件) … 19, 131
大阪高決平成9年12月8日資料版商事法務
　166号138頁
　(大和銀行株主代表訴訟事件) …………… 19, 72
大阪高判平成14年11月21日民集59巻9号2488頁
　(新潮社フォーカス事件) ………… 31, 104, 116
名古屋高金沢支判平成17年5月18日判時1898号
　130頁 (ジャージー高木乳業事件) ……… 219
大阪高判平成18年6月9日判時1979号115頁
　(ダスキン株主代表訴訟事件) … 108, 126, 250
東京高判平成20年5月21日判タ1281号274頁
　(ヤクルト株主代表訴訟事件) … 96, 117, 253
東京高判平成20年6月19日金商1321号42頁
　(日本システム技術開発事件) …………… 256
大阪高判平成23年5月25日労働判例1033号24頁
　(大庄日本海庄や事件) ………………… 32, 107
東京高判平成23年7月28日LEX/DB 25543181
　(新潮社貴乃花名誉毀損事件) ……… 114, 259
福岡高判平成24年4月13日金判1399号24頁
　(福岡魚市場株主代表訴訟事件) …………… 90
名古屋高判平成25年3月15日判時2189号
　129頁 ……………………………………………… 33
名古屋高判平成26年2月13日金融・商事判例
　1444号30頁 ……………………………… 113, 237
大阪高判平成26年2月27日判時2243号82頁
　(NOVA事件) ……………… 34, 122, 124, 221, 261
大阪高判平成27年5月21日判時2279号
　96頁 (セイクレスト事件) …… 73, 123, 128, 264

地方裁判所

東京地判昭和32年5月13日下民集8巻5号
　923頁 ……………………………………………… 17
広島地判昭和36年8月30日下民集12巻8号
　2116頁 …………………………………………… 17
東京地判昭和45年3月28日判時606号82頁 …… 17

東京地判昭和48年7月31日判時728号92頁
　(大谷重工事件) ………………………………… 188
東京地判平成6年12月22日判時1518号3頁
　(間組株主代表訴訟事件) ……………… 190, 239
東京地判平成8年6月20日資料版商事法務
　148号64頁 (日本航空電子工業事件) …… 193
名古屋地判平成9年1月20日資料版商事法務
　155号123頁 (中京銀行事件) ………………… 67
大阪地判平成12年9月20日判タ1047号
　86頁 ……………………………………………… 21
大阪地判平成12年9月20日判タ1047号86頁
　(大和銀行株主代表訴訟事件) … 66, 73, 106, 247
東京地判平成13年1月25日判時1760号144頁
　(野村證券事件) ………………………………… 89
名古屋地判平成13年10月25日判時1784号145頁
　(丸協青果市場株主代表訴訟事件) ……… 205
東京地判平成16年12月16日判時1888号3頁
　(ヤクルト株主代表訴訟事件) ……………… 253
大阪地判平成16年12月22日判タ1172号271頁
　(ダスキン株主代表訴訟事件) ……………… 250
青森地判平成18年2月28日判時1963号
　110頁 …………………………………………… 237
大阪地判平成18年3月20日判時1951号129頁
　(山一證券事件) ……………………………… 160
東京地判平成19年11月26日判時1998号141頁
　(日本システム技術開発事件) ………… 111, 256
大阪地判平成20年4月18日判時2007号104頁
　(ナナボシ粉飾決算事件) ……………… 78, 162
東京地判平成21年2月4日判時2033号3頁
　(新潮社貴乃花名誉毀損事件) ……………… 259
東京地判平成21年5月21日判タ1306号124頁
　(ライブドア事件) …………………… 154, 159
東京地判平成23年10月18日金判1421号60頁 ‥ 87
東京地判平成23年10月31日判タ1401号
　188頁 …………………………………………… 69
東京地判平成24年3月23日判タ1403号
　225頁 (アイ・エックス・アイ破産管財事件)
　……………………………………………… 79, 162
大阪地判平成24年6月7日金判1403号30頁
　(NOVA事件) …………………………………… 261
東京地判平成24年6月22日金融・商事判例1397
　号30頁 (アーバンコーポレイション事件)
　…………………………………………………… 155
大阪地判平成24年6月29日資料版商事法務342
　号131頁 (石原産業株主代表訴訟事件) …… 96

大阪地判平成25年12月26日判時2220号109頁
　（セイクレスト事件）································ 264
東京地判平成26年 9 月25日資料版商事法務
　369号72頁（西松建設政治献金事件）········ 209
大阪地決平成27年12月14日判時2298号
　124頁 ·· 76

■著者紹介

伊勢田　道仁（いせだ・みちひと）

1962年（昭37）高知県高知市生まれ
神戸大学大学院法学研究科博士前期課程修了（法学修士）
英国ノッティンガム大学ロースクール修了（LL. M.）
米国エモリー大学ロースクール修了（LL. M.）
大阪府立大学経済学部専任講師・助教授，金沢大学法学部助教授・教授を経て，
現在，関西学院大学法学部教授，弁護士

関西学院大学研究叢書　第198編
内部統制と会社役員の法的責任

2018年3月30日　第1版第1刷発行

著　者　伊勢田　道　仁
発行者　山　本　　　継
発行所　㈱中央経済社
発売元　㈱中央経済グループ
　　　　パブリッシング

〒101-0051　東京都千代田区神田神保町1-31-2
電話　03（3293）3371（編集代表）
　　　03（3293）3381（営業代表）
http://www.chuokeizai.co.jp/
印刷／㈱堀内印刷所
製本／誠製本㈱

Ⓒ 2018
Printed in Japan

＊頁の「欠落」や「順序違い」などがありましたらお取り替えいた
しますので発売元までご送付ください。（送料小社負担）
ISBN978-4-502-25681-3　C3032

JCOPY〈出版者著作権管理機構委託出版物〉本書を無断で複写複製（コピー）することは，
著作権法上の例外を除き，禁じられています。本書をコピーされる場合は事前に出版者著
作権管理機構（JCOPY）の許諾を受けてください。
JCOPY〈http://www.jcopy.or.jp　e メール：info@jcopy.or.jp　電話：03-3513-6969〉